V&R

Kerstin Ziemen

Didaktik und Inklusion

Vandenhoeck & Ruprecht

Für Achim

Mit 17 Abbildungen

Bibliografische Information der Deutschen Nationalbibliothek

Die Deutsche Nationalbibliothek verzeichnet diese Publikation in der
Deutschen Nationalbibliografie; detaillierte bibliografische Daten sind
im Internet über http://dnb.d-nb.de abrufbar.

ISBN 978-3-525-71140-8

Weitere Ausgaben und Online-Angebote sind erhältlich unter:
www.vandenhoeck-ruprecht-verlage.com

Umschlagabbildung: © Brian Joseph: Educating our Children (1993).
http://www.bydee.com

© 2018, Vandenhoeck & Ruprecht GmbH & Co. KG,
Theaterstraße 13, D-37073 Göttingen
www.vandenhoeck-ruprecht-verlage.com
Alle Rechte vorbehalten. Das Werk und seine Teile sind urheberrechtlich
geschützt. Jede Verwertung in anderen als den gesetzlich zugelassenen Fällen
bedarf der vorherigen schriftlichen Einwilligung des Verlages.
Printed in Germany.

Satz: SchwabScantechnik, Göttingen
Druck und Bindung: ⊕ Hubert & Co. GmbH & Co. KG BuchPartner,
Robert-Bosch-Breite 6, D-37079 Göttingen

Gedruckt auf alterungsbeständigem Papier.

Inhalt

1 Inklusion und Schule 7

2 Differenz(en), Intersektionalität und (Neuro-)Diversität   11
2.1 Differenzlinie ›Sozio-ökonomische Lage‹/
   ›Sozio-ökonomische Heterogenität‹   11
2.2 Differenzlinie ›Geschlecht‹   13
2.3 Differenzlinie ›Migration‹   14
2.4 Differenzlinie ›Behinderung‹   16
2.5 (Neuro-)Diversität   18

3 Pädagogik und Didaktik   21
3.1 Allgemeine Pädagogik – Sonderpädagogik –
   Behindertenpädagogik   21
   3.1.1 Menschenbild – Pädagogik und Didaktik   23
   3.1.2 Bildung   25
      3.1.2.1 Bildung, Lernen und Sozialisation   25
      3.1.2.2 Bildung und Erziehung – ein Verhältnis   26
      3.1.2.3 Kulturelles und soziales Kapital   27
      3.1.2.4 Bildung – kritisch – konstruktiv   30
      3.1.2.5 Bildung, Erziehung und Förderung   37
3.2 Dialog, Kommunikation, Kooperation und Kollektiv   39
3.3 Allgemeine Didaktik – ›Inklusive‹ Didaktik –
   Fachdidaktik   42
   3.3.1 Didaktik und Unterricht   48
   3.3.2 Tätigkeit, Unterricht und Entwicklung   54
   3.3.3 Entwicklungsbereiche und Didaktik   57
      3.3.3.1 Aufmerksamkeit   58
      3.3.3.2 Emotionen und Affekte   59
      3.3.3.3 Sprache, Kommunikation und Kognition   61
      3.3.3.4 Körper, Sinne, Wahrnehmung und Bewegung   69
      3.3.3.5 Verhalten – Sozialverhalten   83
   3.3.4 Unterricht – Medizin, Therapie und Pflege   87

4 Mehrdimensionale reflexive Didaktik 91
4.1 Didaktischer Gesamtrahmen 92
4.2 Dimensionen der Mehrdimensionalen reflexiven Didaktik 93
    4.2.1 Dimension I: Makrostrukturelle Aspekte –
        Kultur(en), Gesellschaft, Recht, Schulsystem und
        Institution Schule 94
    4.2.2 Dimension II: Rollen der Akteure und
        Kooperationen 96
        4.2.2.1 Rollen der Akteure 96
        4.2.2.2 Kooperationen 105
    4.2.3 Dimension III: Lehrpersonen und Teammitarbei-
        ter*innen – Reflexion des Gesamtprozesses und
        Selbstreflexion 109
    4.2.4 Dimension IV: Verhältnis von Schüler*innen
        und Lerngegenstand/Sache 110
        4.2.4.1 Entwicklungslogische Didaktik 110
        4.2.4.2 Pädagogische Diagnostik 114
        4.2.4.3 Das Verhältnis von Gegenstand/Sache/Inhalt
        *   und Schüler*innen* 118
    4.2.5 Dimension V: Didaktische Gestaltung von
        Unterricht 124
        4.2.5.1 Möglichkeiten der inneren Differenzierung ... 124
        4.2.5.2 Ausgewählte didaktische Konzepte 137
        4.2.5.3 Fächerübergreifender Unterricht 150
        4.2.5.4 Spezielle didaktische Konzepte 154
        4.2.5.5 Medien, Lehr- und Lernmaterialien 158
        4.2.5.6 Rituale und Regeln 162
        4.2.5.7 Raum und Zeit 164
        4.2.5.8 Bewertung, Beurteilung und Einschätzung ... 170

5 Planung und Planungshilfen 174
5.1 Unterrichtsplanung 174
5.2 Didaktische Grundfragen 176
5.3 Planungshilfen 177

Abbildungen 182

Literatur 182

Die Autorin 191

1 Inklusion und Schule

Der Begriff ›Inklusion‹ (lat. *inclusio*) bedeutet ›einschließen‹ (im positiven Sinne). Als gesamtgesellschaftliche Aufgabe sind grundsätzlich damit alle Lebensbereiche, Lebensaltersphasen und gesellschaftlichen Felder (vgl. Ziemen 2017a, 101) zu berücksichtigen mit dem Ziel, Marginalisierung, Diskriminierung und Stigmatisierung zu erkennen und diesen zu begegnen. Die Wertschätzung von Verschiedenheit in Gemeinschaften, Institutionen und Organisationen ist Kennzeichen von Inklusion.

In den 1990er-Jahren wurde der Begriff ›Inklusion‹ im Kontext der UNESCO-Konferenz *Pädagogik für besondere Bedürfnisse: Zugang und Qualität* (Juni 1994) und der Salamanca-Erklärung verwendet. Die Mitgliedsländer dieser Konferenz stimmten der Aufforderung zu, eine Schule für alle Kinder und Jugendlichen unabhängig von deren sprachlichen, kulturellen, physischen, intellektuellen, ethnischen, religiösen, weltanschaulichen Gegebenheiten zu schaffen. Der Begriff ›Inklusion‹ setzte sich in Deutschland vornehmlich nach der Ratifizierung der »UN-Konvention über die Rechte behinderter Menschen« (März 2009) durch und wird vor allem im pädagogischen und politischen Diskurs verwendet. Aus dem Artikel 24 »Bildung« (UN-BRK) wird die Forderung nach einem Bildungssystem erhoben, das kein Kind/keinen Jugendlichen ausschließt. Die Frage nach der Möglichkeit des gemeinsamen Lernens bzw. der Integration wird in Deutschland bereits seit den 1970er-Jahren gestellt. Integrative Entwicklungen wendeten sich von Anfang an strikt gegen Ausgrenzung (resp. Exklusion) und waren mit dem Ziel verbunden, nicht nur Ausschluss zu vermeiden, sondern konsequent gemeinsames Spielen, Lernen und Arbeiten zu ermöglichen. Im Fokus standen insbesondere Kinder und Jugendliche mit Behinderung, da diesen der Zugang zur Regelschule grundsätzlich verwehrt wurde. Für sie war vor allem die Sonderschule vorgesehen (vgl. auch Rohrmann 2017, 142 f.). Das Engagement von Fachleuten und Eltern führte schließlich zu Initiativen, Modellversuchen und Projekten gemeinsamen Lernens in der Schule. In den späten 1980er-Jahren lagen nicht nur erste schulpraktische Erfahrungen vor, sondern bereits die ausgearbeitete Konzeption einer Allgemeinen (integrativen) Pädagogik und »entwicklungslogischen Didaktik« (Feuser 1989, 1995), die auf der Basis der Kritik am deutschen gegliederten und ausgrenzenden Schul- und Unterrichtssystem (vgl. Feuser 1995) entstanden ist. Diese Konzeption hat bis heute an Aktualität nichts verloren. Inklusion ist eine politische, allumfassende gesellschaftliche Aufgabe und stellt das Gesellschaftssystem, eingeschlossen das Schulsystem, vor die Frage nach Demokratie, Humanität und Solidarität.

Wesentliche Eckpfeiler auf der Mikroebene von Inklusion sind die Frage
- nach der (vorurteilsbewussten) Einstellung,
- nach Berücksichtigung von Differenz(en) bzw. Vielfalt der Akteure und
- nach der Partizipation.

Diese auf Inklusion ausgerichteten Eckpfeiler sind im Verhältnis zueinander in allen gesellschaftlichen Feldern und Lebensaltersphasen grundlegend. Sie werden ebenso vom Gebot der Demokratie, der Humanität und der Solidarität gestützt.

Unumstritten wird der positiven (ggf. vorurteilsbewussten) Einstellung der Akteure gegenüber Inklusion große Bedeutung beigemessen. Einstellungen sind Bewertungen von Personen, Objekten, sozialen Gruppen und Gegebenheiten. Sie spiegeln individuelle Sichtweisen, die auf der Basis von Vorerfahrungen, Kenntnissen und Gefühlen entstanden sind. Diese sind bewusst oder unbewusst. Die Einstellung beinhaltet emotionale (z. B. Angst), kognitive (z. B. Wissen) und behaviorale (z. B. vorangegangenes Verhalten) Aspekte. Einstellungen führen dazu, sich entweder den Einstellungsobjekten zu nähern oder diese zu meiden bzw. abzulehnen. Im Kontext der zumeist als Herausforderung wahrgenommenen Umsetzung der Inklusion in der Schule wird sichtbar, welchen Einfluss eine positive bzw. vorurteilsfreie bzw. vorurteilsbewusste Einstellung notwendigerweise zum

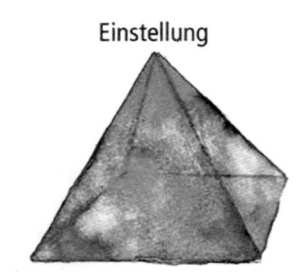

Abb. 1: Inklusion

›Gelingen‹ beiträgt. Maßgeblich dabei ist, sich der Frage positiv, möglichst angstfrei zu nähern; Bereitschaft zu zeigen und die Aufgabe als Chance für die Entwicklung aller Akteure zu betrachten. Darüber hinaus ist es bedeutsam, sich selbst wirksam zu erleben.

Inklusion ist seit jeher mit dem Anspruch verbunden, den vielfältigen und unterschiedlichen Ausgangs-, und Umfeldbedingungen der Schüler*innen gerecht zu werden und es allen zu ermöglichen, an Bildungs- und sozialen Prozessen gleichberechtigt zu partizipieren. Menschliches Lernen ist ein hoch komplexer Prozess. Der Prozess des Erkennens (z. B. der je unterschiedlichen Ausgangsbedingungen) ist über das Erklären bzw. Verstehen (z. B. von Sozialverhalten) hin zum Handeln (z. B. Angebote der Unterstützung) zu führen. Theorien und Erklärungsmodelle geben Lehrpersonen dabei Orientierung.

Partizipation (lat. *pars* – ›Teil‹; *capere* – ›nehmen, fassen‹; *particeps* – ›an etwas teilnehmend‹) bedeutet Teilhabe und Teilnahme an einer gemeinsamen Angelegenheit (vgl. www.Wortbedeutung.info). Damit sind verschiedene Formen der Beteiligung, Mitwirkung und Mitbestimmung gemeint. Partizipation steht im Einklang mit Prozessen der Demokratisierung, Humanisierung und Emanzipation. Isolation steht der Partizipation gegenüber. Partizipation von Schüler*innen umfasst die Beteiligung, Mitwirkung und Mitbestimmung an allen schulischen Angeboten als Möglichkeit. Das schließt darüber hinaus ein, sich zurückziehen zu können bzw. letztlich über die Mitwirkung und Mitbestimmung selbst zu entscheiden. Die Verschiedenheit der Schüler*innen erfordert es, unterschiedliche Variationen von Partizipation vorzuhalten bzw. in Erwägung zu ziehen. Im Gesamtprozess geht es nicht nur um die Partizipation der Schüler*innen, sondern auch der Eltern bzw. der engen Bezugspersonen.

Zu konstatieren ist, dass die Eckpfeiler der Inklusion, so Einstellung, Differenz(en) und Partizipation unter Berücksichtigung von Demokratie, Humanität und Solidarität auf alle gesellschaftlichen Felder anwendbar sind. Hier soll das schulische bzw. didaktische Feld insbesondere in den Fokus treten. Dazu werden verschiedene Dimensionen skizziert, die im Kontext der Umsetzung der inklusiven Idee in Schule an Bedeutung gewinnen. Es ist hier von fünf Dimensionen auszugehen.

Dimension I umfasst auf der Makroebene die Kultur(en), das Recht, die Gesellschaft, das Schulsystem bzw. die Institution Schule. Auf der Basis menschenrechtlicher Verbindlichkeit (z. B. der Umsetzungen der

UN-BRK) besteht ein Anspruch auf Umsetzung der inklusiven Idee im schulischen Kontext.

Mit Dimension II werden die Rollen, Aufgaben und Verantwortlichkeiten aller an Schule Beteiligter (Akteure im Feld) in das Zentrum gerückt. Um die inklusive Idee umzusetzen, sind Kooperationen der beteiligten Akteure und die klare Rollen- bzw. Aufgabenverteilung und damit die Festlegung von Verantwortungsbereichen unabdingbar.

Dimension III umfasst die Reflexion des didaktischen Gesamtprozesses und des Selbsts durch Lehrpersonen und Teammitarbeiter*innen.

Mit Dimension IV wird das Verhältnis zwischen den Schüler*innen und dem Lerngegenstand (resp. der Sache) gekennzeichnet.

Und schließlich fokussiert Dimension V die konkrete didaktische Gestaltung des Unterrichts, so die Auswahl didaktischer Konzepte; die notwendige innere Differenzierung des Unterrichts und die zu berücksichtigenden zeitlichen und räumlichen Gestaltungsmöglichkeiten. Diese fünf Dimensionen stehen in einem Verhältnis zueinander und kennzeichnen die *Mehrdimensionale reflexive Didaktik,* die in diesem Buch entwickelt wird. Gerahmt wird sie von grundlegenden Erkenntnissen zu Differenz(en), (Neuro-)Diversität und Intersektionalität; zu Pädagogik und (inklusiver) Didaktik einschließlich der relevanten Themenfelder Bildung, Erziehung; Unterricht, Lernen, Entwicklung, Tätigkeit bzw. Therapie und Pflege.

Im Schlussteil des Buches sind (aus den vorangegangenen Ausführungen abgeleitet) Planungshilfen für den Unterricht erstellt, die Orientierung für die konkrete schulpraktische Umsetzung bieten sollen.

Das Buch richtet sich insbesondere an Lehrpersonen und Teammitarbeiter*innen an Schulen, darüber hinaus aber auch an Referendar*innen, Studierende der Pädagogik (Erziehungs- und Bildungswissenschaft), der Sonderpädagogik, der Sozialwissenschaften und an alle an Schule, Didaktik und Inklusion Interessierten.

2 Differenz(en), Intersektionalität und (Neuro-)Diversität

Differenz (lat. *differentia*) bedeutet Unterschied. Im schulischen Kontext wird Differenz (ggf. auch Heterogenität oder Diversität) zumeist auf die Schüler*innen bezogen. Benachteiligung, soziale Ungleichheit, Marginalisierung bzw. Diskriminierung tritt dabei in den Fokus. Differenzkonstruktionen werden entlang von Geschlecht, Sexualität, Behinderung, Migration bzw. Ethnizität, Kultur und Sprache, sozioökonomischer Lage u. a. m. ausgemacht. In der Fachsprache ist von »Differenzlinien« oder »Heterogenitätsdimensionen« die Rede. Die Differenzen können sich überkreuzen, miteinander verknüpfen oder überlagern. Das wird letztlich mit dem Paradigma der Intersektionalität gekennzeichnet.

Neben den oben bereits angeführten Differenzkategorien können weitere in den Blick geraten, so u. a. Alter, Familienstand, Freizeitverhalten, Ausbildung, Auftreten, Arbeitsort, Gewohnheiten, Wohnlage, Einkommen u. a. m. Damit wird ersichtlich, dass sich die Risiken für Diskriminierung und Benachteiligung in jedem Lebensalter und jeder Lebenssituation zeigen können.

Im Folgenden sollen einige ausgewählte, sehr häufig im Schulkontext benannte Differenzlinien kurz skizziert und daraus Konsequenzen für die Didaktik abgeleitet werden.

2.1 Differenzlinie ›Sozio-ökonomische Lage‹/ ›Sozio-ökonomische Heterogenität‹

Die sozio-ökonomische Lage einer Person oder Familie kennzeichnet deren Lebenswelt im Vergleich zu anderen. Übergreifend wählt Tanja Sturm hier den Begriff des Milieus, der »Personengruppen mit verschiedener Lebenspraxis in Relation zu anderen« (Sturm 2013, 68) beschreibt. Differenzen entstehen durch die ungleiche Verteilung »ökonomischen bzw. kulturellen Kapitals« (vgl. Bourdieu 1983). Dieses hat entscheidenden Einfluss auf die Entwicklungs- und Lebensbedingungen, wie sich an der Situation von Kindern und Jugendlichen zeigen lässt, die in Armutslagen aufwachsen. Die Auswirkungen von Armut sind vielschichtig und zumeist verbunden mit Benachteiligungen und Diskriminierungen im schulischen Kontext. Armutslagen, die seit früher Kindheit bestehen und/oder lang andauern, haben zumeist weitreichende Folgen für die Entwicklung eines Kindes (vgl. Weiß 2017, 54 f.). Lern- und Verhaltensschwierigkeiten, Schulversagen und Lernbeeinträchtigungen können die Auswirkungen sein. Weiß konstatiert, dass sowohl eine benachteiligende sozio-ökonomische Lage zu »Be-Hinderungen« als auch umgekehrt Behinderung zu benachteiligend sozio-ökonomischer Lage führen kann (vgl. Weiß 2017, 55). Die soziale Situation der Kinder und Jugendlichen ist verändert, so sind zumeist kulturelle und soziale Erfahrungen eingeschränkt; soziale Kontakte und Interaktionen bzw. zur »Verfügung stehende Dispositions- und Entscheidungsspielräume« (Sturm 2013, 70 f.) reduziert.

Zu konstatieren ist, dass Benachteiligungen durch die sozio-ökonomische Lage einer Person bzw. einer Familie zumeist Auswirkungen auf die Wahl von Bildungsinstitutionen und damit auf Bildungsangebote, zu erwerbende Kompetenzen und auf die Entwicklung eines Heranwachsenden hat bzw. haben kann.

Folgende Konsequenzen ergeben sich für die Pädagogik bzw. die Didaktik:
- die psycho-soziale Gesamtsituation der Schüler*innen erfassen, vor allem die sozialen Ungleichheitslagen;
- benachteiligende Bedingungen für Entwicklung und Lernen erkennen und diesen begegnen;
- benachteiligende Bedingungen, die die Kommunikation und Kooperation in der Peergroup betreffen, erfassen und diesen begegnen.

Darüber hinaus sind folgende Aufgabenfelder relevant:
- Beratung und Unterstützung der Eltern/Familien/Bezugspersonen;
- Selbstreflexion der Lehrpersonen und Teammitarbeiter*innen bezüglich Vorannahmen und Einstellungen gegenüber sozio-ökonomischer Differenz, bspw. Armut.

Intersektionalität: Ungleichheitslagen, die verschiedene Differenzlinien betreffen, z. B. sozio-ökonomische Lage und Migration, Geschlecht und Behinderung, sind zu erfassen, die Beziehungen zueinander zu erkennen und pädagogische Konsequenzen abzuleiten.

2.2 Differenzlinie ›Geschlecht‹

»Erst in der Neuzeit (etwa seit der zweiten Hälfte des 19. Jahrhunderts) wurden mit der Polarisierung der Geschlechtscharaktere die Geschlechtsunterschiede von Frauen und Männern als Ausdruck naturgegebener unterschiedlicher Körperlichkeit angesehen.« (Schildmann 2017, 50)

Geschlecht gilt als zentrale, oftmals unhinterfragte Konstruktion. »Biologistische Konzeptionen des ZWEI-GESCHLECHTER-MODELLS bzw. die Zuordnung von Verhaltensphänomenen und Rollen an eine universelle Zweigeschlechtlichkeit« (ebd.) werden seit den letzten Jahrzehnten mehr und mehr in Frage gestellt. Soziale Ungleichheit, Benachteiligung und Diskriminierung, die auf der Basis der Kategorie Geschlecht entstehen bzw. auf diese zurückzuführen ist, bedürfen besonderer Aufmerksamkeit, wobei »soziale Herkunft, Alter, Behinderung, Migrationshintergrund ... bestimmte (nicht immer gleichbleibende) Wechselwirkungen mit der Kategorie Geschlecht« (ebd., 51) eingehen.

Folgende Konsequenzen ergeben sich für die Pädagogik und Didaktik:
- »(starre) soziale Zweigeschlechtlichkeit überdenken ... geschlechtliche Varianten im Sinne von Intersexualität/Transidentität ... integrieren« (Schildmann 2017, 50);
- Benachteiligungen, die durch die Kategorie Geschlecht bzw. in Variation mit anderen Ungleichheitslagen entstehen, erfassen und diesen begegnen;
- den Geschlechtern die gleichen Chancen, Zugänge, Rechte und Möglichkeiten im schulischen Kontext und darüber hinaus eröffnen (vgl. Sturm 2013, 84);
- »Bearbeitung von Geschlechterungleichheit« (ebd.) und Ungerechtigkeit, bspw. im Kontext von Verhaltenserwartungen, Leistungsbewertung und Leistungserwartung;
- Selbstreflexion der Lehrpersonen/Teammitarbeiter*innen bezüglich eigener geschlechtsbezogener Erfahrungen, Vorannahmen und Praktiken mit Konsequenzen für den eigenen Unterricht.

Intersektionalität: Ungleichheitslagen und Benachteiligungen, die verschiedene Differenzlinien betreffen, z.B. Geschlecht und sozio-ökonomische Lage, Migration, Behinderung, sind zu erfassen, die Beziehungen zueinander zu erkennen und pädagogische Konsequenzen abzuleiten.

2.3 Differenzlinie ›Migration‹

»Als ›Migration‹ werden Bewegungen bezeichnet, die zu einer gänzlichen, vorübergehenden oder teilweisen Verlegung des Arbeits- und/ oder Lebenszusammenhangs von Personen führen.« (Sturm 2013, 94). Migration hat, gesellschaftlich und sozial betrachtet, von jeher neues Denken, neue Wahrnehmungen, Sprachen und Erfahrungen mit- und eingebracht und war bzw. ist stets »bedeutender Motor gesellschaftlicher Veränderung« (Mecheril 2010, 8). Die Migrationsgesellschaft ist durch

»… allgemeine natio-ethno-kulturelle Differenzverhältnisse … durch die Anwesenheit unterschiedlicher natio-ethno-kultureller und ethno-kultureller Gruppen und Gruppierungen, ihre Lebenspraxen und Ansprüche, Überlagerungen zwischen diesen Gruppierungen sowie Mischungen und natio-ethno-kulturelle Mehrfachzugehörigkeiten charakterisiert.« (Mecheril 2010, 16)

Die Differenz wird über Nationalität, ethnische Zugehörigkeit, weltanschauliche und religiöse Überzeugungen, Kultur bzw. Sprache konstruiert.

Im erziehungswissenschaftlichen Diskurs hat es grundlegende Veränderungen gegeben, so einen begrifflichen Wandel. War zunächst der Begriff »Ausländerpädagogik« gebräuchlich, wurden nach Kritik an diesem später »Interkulturelle Pädagogik« bzw. »Migrationspädagogik« (vgl. Mecheril 2010, Sturm 2013) verwendet.

»Kulturen der Migrant/innen erlangten diskursive Anerkennung…, [das, d. V.] zeigt sich in der Anerkennung kultureller Identitäten, verbunden mit der Zielsetzung, sie zu erhalten und sie gegenseitig kennenzulernen und zu verstehen.« (Sturm 2013, 98)

Bis heute ist es der Schule nicht gelungen,

»… eine Passung zwischen schulisch-unterrichtlichen Erwartungen und den biografischen Erfahrungen und Sozialisationsbedingungen von Kindern und Jugendlichen mit Migrationshintergrund herzustellen, die erfolgreiche Lern- und Bildungsprozesse ermöglicht wie den Nichtmigrationsanderen.« (ebd. 100)
»Mehrsprachigkeit und Vielfalt lingualer Disponiertheiten sind auf Dauer eine zentrale Herausforderung für das Bildungssystem. [Die, d. V.] monolinguale Schule, die die Pflege anderer, nicht deutscher Sprachen nicht nur unterlässt, sondern zuweilen sogar explizit sanktioniert, drängt die Zweisprachigkeit der Schüler/-innen und damit sich selbst ins Abseits.« (Mecheril 2010, 132)

Die Bildungssprache zu verstehen und diese zu verwenden, wird im Kontext Schule erwartet. Diese Sprache orientiert sich an der Schriftsprache und »zeichnet sich durch Substantivierungen, Wortzusammensetzungen, Konjunktionen und abstrakte Begriffe aus« (Sturm 2013, 78). Nicht nur auf der Ebene der Sprache treten Dissonanzen auf, sondern auch auf der »Ebene religiöser, moralischer, insgesamt kultureller Praktiken« (ebd.).

Folgende Konsequenzen ergeben sich für die Pädagogik und Didaktik:
- Erfassen der psycho-sozialen Gesamtsituation der Schüler*innen im Rahmen pädagogischer Diagnostik;
- Erkennen von Ungerechtigkeiten auf der Basis ethnischer Zugehörigkeit, Sprache, weltanschaulicher bzw. religiöser Überzeugungen;
- Anerkennen unterschiedlicher Kulturen, kultureller Identitäten und Praktiken;
- Anerkennen verschiedener Sprachen;
- »im Bildungssystem eine sprachliche Bildung zu implementieren, die den Bildungserfolg aller Kinder zum Ziel hat, indem sie zu einem Sprechen führt, das auf der einen Seite wirkungsvoll ist und auf der anderen Seite individuell sein darf« – »sprachliche Diversität« (Roth 2017, 52);
- Erweiterung sprachlicher Kompetenzen, bspw. der Bildungs- bzw. Fachsprache;
- Anerkennen der »Mehrfachzugehörigkeit (z. B. hybride Selbstbeschreibungen, polykontextuelle und multilinguale Fertigkeiten und Mehrfachloyalitäten)« (Mecheril 2010, 132);
- Beratung, Begleitung und Unterstützung der Eltern/Familien/Bezugspersonen;
- Differenz als sichtbare Schulrealität (z. B. Schulkonzept in verschiedenen Sprachen) leben;
- Selbstreflexion der Lehrpersonen und Teammitarbeiter*innen bezüglich Vorannahmen und Einstellungen zu Migration, Interkulturalität, Mehrsprachigkeit.

Intersektionalität: Ungleichheitslagen und Benachteiligungen, die verschiedene Differenzlinien betreffen, z. B. Migration und Geschlecht, sozio-ökonomische Lage, Behinderung, sind zu erfassen, deren Beziehungen zueinander zu erkennen und pädagogische Konsequenzen abzuleiten.

2.4 Differenzlinie ›Behinderung‹

Der Terminus ›Behinderung‹ wird im Kontext der Begriffsgeschichte und verschiedener Disziplinen, die sich mit diesem auseinandersetzen, nicht einheitlich definiert. »Behinderung« grenzt sich von »Nicht-Behinderung« ab und orientiert sich an gesetzten Normen und Wertvorstellungen als gesellschaftlichen, sozialen bzw. schulischen Referenzrahmen. »Die definitorisch maßgebliche Differenz ist die Einschränkung, die Fehlfunktion, der Defekt oder Mangel« (Dederich 2017, 48).

Die Bezeichnung von Menschen als »abweichend«, »defekt« und »behindert« wurde und wird als zuschreibend, stigmatisierend, etikettierend und diskriminierend bewertet. Sozialwissenschaftlich gilt der Begriff ›Behinderung‹ als konstruiert, als relational und geht einher mit »gesellschaftlichen Praxen der ungleichen Verteilung von Gütern und Privilegien sowie der Gewährung bzw. Vorenthaltung von Anerkennung« (ebd.). Er verweist auf zwei grundsätzliche Bedeutungen: auf einen im Individuum gekennzeichneten Zustand (behindert sein) und ein durch verschiedene Umstände, wie Ausgangs- und Umfeldbedingungen, in ihrem Verhältnis zueinander konstruiertes Faktum (behindert werden). Ich favorisiere insbesondere die zweite Bedeutung.

Zu konstatieren ist, dass im schulischen Kontext auf den Begriff ›Behinderung‹ verzichtet wird. Stattdessen wurde schuladministrativ der Begriff des »sonderpädagogischen Unterstützungsbedarfs« (vgl. Sturm 2013, 113 ff.) eingeführt. Dieser Begriff löste verschiedene andere ab, so »Sonderschulbedürftigkeit« (KMK 1972) bzw. »sonderpädagogischer Förderbedarf« (KMK 1994). Bis in die Gegenwart wird in Deutschland nach verschiedenen Förderschwerpunkten differenziert; so wird zwischen den Förderschwerpunkten *Sehen, Hören und Kommunikation, Körperlich-Motorische Entwicklung, Geistige Entwicklung,* darüber hinaus *Lernen, Sozial-Emotionale Entwicklung* und *Sprache* unterschieden. In der Fachdebatte und in der (Schul-)Praxis werden über verschiedene Förderschwerpunkte hinweg die Termini »schwere«, »schwerste«, »schwer-mehrfache Behinderung« bzw. »komplexe Behinderung« (vgl. Fornefeld, 2017, 152 ff.) als Kategorie verwendet. Bei dieser heterogenen Gruppe von Kindern und Jugendlichen besteht insbesondere die Gefahr der Marginalisierung, Diskriminierung und Exklusion. In (inklusiv) schulischen Kontexten sind diese Kinder und Jugendlichen kaum präsent und wenn überhaupt, dann zumeist auch nur, wenn Eltern oder enge Bezugspersonen den Zugang zur Regelschule erwirkt haben. Die Empfehlungen der Kultusministerkonferenz von 2011 weisen die gemeinsame Beschulung als zentralen schulischen Fokus mit dem Ziel aus, durch »sonderpädagogische Bildungs-, Beratungs- und Unterstützungsangebote qualitativ hochwertiges gemeinsames Lernen zu ermöglichen« (KMK 2004, 4). Die Differenzierung der Förderschwerpunkte wird grundsätzlich auch im inklusiven Kontext beibehalten.

Für die Förderschwerpunkte *Lernen* und *Geistige Entwicklung* bestehen besondere und eigens für diese Personenkreise entwickelte Lehrpläne. Benachteiligungen im schulischen Kontext entstehen durch Isolation, Diskriminierung und Marginalisierungen aufgrund der Diagnose bzw. Kategorisierung »Kinder und Jugendliche; Schülerinnen und Schüler mit sonderpädagogischem Förderbedarf bzw. Unterstützungsbedarf«.

Folgende Konsequenzen ergeben sich für die Pädagogik und Didaktik:
- Erfassen der psycho-sozialen Gesamtsituation der Schüler*innen im Rahmen pädagogischer Diagnostik;
- Kategorisierung und deren kritische Betrachtung (z. B. Ressourcen-Etikettierungs-Dilemma);
- Erfassen von Lernausgangslagen, von Entwicklungsbereichen, (Lern-)Bedürfnissen, von Denk-, Wahrnehmungs- und Handlungskompetenzen;
- innere Differenzierung von Unterricht;
- Selbstreflexion der Lehrpersonen und Teammitarbeiter*innen bezüglich Vorannahmen, Bilder und Vorstellungen von Behinderung; Grundannahmen zu Inklusion, kritische Reflexion von Werten und Normen;
- Beratung, Begleitung und Kooperation mit Eltern/Familien und Bezugspersonen.

Intersektionalität: Ungleichheitslagen und Benachteiligungen, die verschiedene Differenzlinien betreffen, z. B. Behinderung und Migration, Geschlecht, sozio-ökonomische Lage, sind zu erfassen, Auswirkungen zu erkennen und pädagogische Konsequenzen abzuleiten.

In der Gesamtbetrachtung der Differenzlinien bzw. Heterogenitätsdimensionen zeigen sich Benachteiligungen, Diskriminierungen, sozialer Ausschluss, Isolation, Marginalisierung als negative Auswirkungen auf wahrgenommene Merkmale von Personen oder Personengruppen und auf deren lebensweltliche Bedingungen, somit auf individuelle und soziale Kontexte. Diese Differenzkonstruktionen stellen zugleich Bewertungen dar. Sie berücksichtigen die Innenperspektive der Betreffenden nicht. Nachfolgend werden im Kontext der Neurodiversitätsdebatte die Eigenwahrnehmung des Menschen und deren spezifische Entwicklungsbedingungen ins Zentrum gerückt.

2.5 (Neuro-)Diversität

»Die Neurodiversity-Bewegung ist aus der Empowerment-Bewegung von Autisten *(autism rights movement)* hervorgegangen. Auf dem Nationalen Symposium für Neurodiversität an der Syracuse University 2011 haben sich dieser Bewegung neben Personen mit Diagnosen im Autismusspektrum auch Menschen mit den Diagnosen Dyspraxie, Dyslexie, ADHS, Dyskalkulie, Tourette-Syndrom usw. angeschlossen.« (Zimpel 2016, 77)

Diversity bedeutet Vielfalt. Menschen mit verschiedenen Diagnosen sind Teil der Gesellschaft und Kultur und bereichern diese. Nicht das Defizit, die Abweichung oder Störung treten in den Vordergrund, sondern die Kompetenzen. Die Neurodiversitäts-Bewegung zielt auf die (positive) Anerkennung der Verschiedenheit aufgrund neurologischer Bedingungen. In der Debatte um Inklusion wird Neurodiversität bislang kaum berücksichtigt.

Mina Teichert, eine junge Frau mit Aufmerksamkeitsdefizitsyndrom (ADS) kennzeichnet ihre Diagnose wie folgt:

»Ich nenne es immer meine neurologische Besonderheit. Das, was diese Besonderheit abgrenzt von anderen Störungen, ist der offene Reizfilter. Neurotransmitter, die Reize sortieren, werden bei mir zu schnell abgebaut oder zu wenig produziert, dadurch landet alles ungefiltert im Gehirn. Es fühlt sich an wie Anarchie im Kopf. Nichts folgt einer Ordnung.« (Kölner Stadtanzeiger, 16.5.2017, Magazin, S. 2)

In beeindruckender Weise schildert die junge Frau, welche Auswirkungen die neurologischen Besonderheiten auf ihr Leben haben, bspw. Einschränkungen der Konzentration zu erfahren; Interaktionen mit Menschen, die ihr ein hohes Maß an Konzentration abverlangen, zu vermeiden; schnell zu ermüden oder erschöpft zu sein; unter Angstzuständen zu leben bzw. ihren Alltag mit Ehemann und Tochter nur unter großen Schwierigkeiten organisieren zu können. Unterstützend wirken: genügend Zeit zur Verfügung zu haben, um in Ruhe allen Tätigkeiten nachgehen bzw. Pausen einlegen zu können; des Weiteren durch sich selbst oder durch andere Struktur im Alltag zu gewinnen und möglichst wenig monotone Tätigkeiten (die sie ermüden) ausführen zu müssen (vgl. ebd., 3). Diese Erkenntnisse aus der Innenperspektive von Menschen, die unter besonderen neurologischen Bedingungen aufwachsen, sind bedeutsam für die Didaktik und für das Zusammenleben, -lernen, -spielen und -arbeiten.

Auch Menschen mit TRISOMIE 21 leben unter besonderen neurologischen Bedingungen, vor allem kommen zunehmend Aufmerksamkeitsbesonderheiten in den Blick (vgl. Zimpel 2016). Für Trisomie 21 stellen Zimpel und sein Forscher*innenteam einen verringerten Aufmerksamkeitsumfang heraus.

Kinder mit Trisomie 21 können z. B. die Schriftsprache vor der Lautsprache erlernen, wenn sie entsprechende Angebote bekommen. Auch die lautsprachbegleitenden Gebärden (GuK) unterstützen die Entwicklung. Gebärden, gesprochene und geschriebene Sprache sind Superzeichen (vgl. ebd., 136).

»Abstrakte Superzeichen sind nicht nur Kommunikationsmittel, sondern auch Denkhilfen. Sie schneiden verworrene und unübersichtliche Erscheinungen auf ein enges Aufmerksamkeitsfenster zu. Alle Menschen sind auf Denkhilfen angewiesen. Menschen unter den Bedingungen von Trisomie 21 allerdings in besonderem Maße.« (ebd.)

Die Untersuchungen von Zimpel und dem Forscher*innenteam zeigen, dass sich die Einschränkungen auf den visuellen, akustischen, haptischen und kinästhetischen Aufmerksamkeitsumfang beziehen (vgl. ebd., 137 ff.). Diese Untersuchungsergebnisse müssen Konsequenzen für die Didaktik haben. Somit sind der verringerte Aufmerksamkeitsumfang und die Stärken der Abstraktionsfähigkeit im Unterricht zu berücksichtigen.

Autismus wird heute aufgrund der Verschiedenheit der diagnostizierten Personen als Autismus-Spektrum-Störung (ASS) bezeichnet.

»Die Beschreibung als ASS ermöglicht eine pädagogische Sichtweise jenseits einer Krankheitseinheit, wie sie Feuser schon seit den 1970er-Jahren vertritt, nämlich einen je individuellen bio-psycho-sozialen Zusammenhang als Grundlage eines je individuell sinnvollen Verhaltens anzunehmen.« (Rödler 2017a, 23)

Hypersensibilisierung und ein erweiterter Aufmerksamkeitsumfang wird bei einem Großteil der Menschen beobachtet. So

»bewirkt die aktive Vermeidung von Reizüberflutung durch Hyperfokussierung eine Schärfung der Aufmerksamkeit für Details. Diese geschärfte Aufmerksamkeit ermöglicht Personen, die unter den Bedingungen von Autismus leben, eine beeindruckende Konzentrationsfähigkeit auf Ereignisse, die wenig variieren und die Menschen ohne Autismus als monotonen Stress erleben.« (Zimpel 2016, 83)

In schulischen Kontexten ist der Struktur des Tages, des Unterrichts, des pädagogischen Angebots Rechnung zu tragen. Ebenso muss Rückzug möglich sein.

Die drei dargestellten Syndrome (ADS; Trisomie 21; Autismus-Spektrum-Störung) sind Exempel und stehen stellvertretend für weitere Syndrome und besondere neurologische Bedingungen, die im Kontext der Didaktik Berücksichtigung finden sollten.

(Neuro-)Diversität und damit die je unterschiedlichen Ausgangsbedingungen für die Entwicklung von Menschen sind positiv anzuerkennen. Peter Rödler kritisiert das Nicht-Wahrnehmen von Spezifika des Menschen wie folgt: »Das didaktische Unsichtbarwerden dieser Eigenarten exkludiert diese aus dem didaktischen Verantwortungsbereich der Lehrperson und führt damit zur Verweigerung von Bildung« (Rödler 2017b, 78). Zu konstatieren ist jedoch, dass bislang kaum Erkenntnisse vorliegen, die den diversen neurologischen Bedingungen in Schule und Unterricht entsprechen. Hier wird sich zukünftig ein großes Forschungsfeld entfalten (müssen).

3 Pädagogik und Didaktik

3.1 Allgemeine Pädagogik – Sonderpädagogik – Behindertenpädagogik

Pädagogik als Bildungs- und Erziehungswissenschaft bedient sich wie jegliche Wissenschaftsdisziplin grundlegender Begriffe, die auf die wesentlichen Fragen, Zusammenhänge und Kontexte verweisen. Für die Pädagogik sind dies vor allem die Begriffe ›Bildung‹, ›Erziehung‹, ›Entwicklung‹, ›Lernen‹ und ›Sozialisation‹.

»Während mit Entwicklung, Lernen und Sozialisation drei unterschiedliche Perspektiven auf einer (horizontal gedachten) Achse der Veränderung markiert werden können … werden mit Bildung und Erziehung üblicherweise zwei unterschiedliche Perspektiven der pädagogischen Antwort auf diese Voraussetzung bzw. Herausforderung bezeichnet und auf einer zweiten (vertikal gedachten) Achse platziert, dass dabei der … Begriff des Lernens im Zentrum des Koordinatenkreuzes steht, ist weder ironisch noch zufällig, sondern Ausdruck dessen, dass es in den pädagogischen Bemühungen der Erziehung und Bildung im Kern um Prozesse des Lernens geht.« (Ricken 2010, 32 f.)

Diese grundlegenden, mit den Begriffen gesetzten Fragestellungen sind im Kontext der Allgemeinen Pädagogik vor allem auf Kinder und Jugendliche bezogen worden, die als nicht behindert, nicht beeinträchtigt und nicht von einer gesetzten vermeintlichen Norm abweichend klassifiziert werden. Demgegenüber hat sich die Sonderpädagogik seit jeher den Kindern und Jugendlichen zugewandt, die von Aussonderung, Ausschluss und/oder Marginalisierung betroffen sind und für die zumeist spezielle Institutionen vorgesehen werden. Spezialpädagogiken entwickelten sich entlang unterschiedlich wahrgenommener Behinderungen, ›Defekte‹, Problemlagen bzw. Erschwernisse. Die Zuständigkeiten für diejenigen Kinder und Jugendlichen, die dem Durchschnitt bzw. der vermeintlichen Norm entsprechen, und diejenigen, die davon abweichen, trennten sich. Im Kontext dieser Trennung von

»… Allgemeiner und Sonder-Pädagogik (Heilpädagogik, Behindertenpädagogik) ist allerdings das notwendige Begreifen der Einheit des Menschen in der Menschheit ebenso verloren gegangen, wie der Zusammenhang ihrer Werkzeuge und Mittel.« (Jantzen 2007, 209)

Die Disziplin der Sonderpädagogik legitimiert sich durch den als besonders gekennzeichneten Personenkreis und die Arbeitsweise in den entsprechenden speziellen Institutionen einschließlich interdisziplinärer Aufgabenfelder. Wandelte sich auch im Laufe der Jahrzehnte die Sichtweise auf den Personenkreis der als behindert klassifizierten Kinder, Jugendlichen und Erwachsenen, bleibt für die Sonderpädagogik bis heute das Besondere als Abweichendes von einer vermeintlichen Norm im Fokus. Zu identifizieren ist das bspw. über Begriffe wie ›sonderpädagogischer Förderbedarf‹, ›sonderpädagogische Unterstützung‹ bzw. ›sonderpädagogische Förderung‹. Diese wurden (obwohl administrativ, nicht wissenschaftlich) weitgehend unkritisch in den Kanon der Sonder- und Heilpädagogik aufgenommen. Eine differenziert und wissenschaftlich geführte Debatte darüber ist ausgeblieben.

Im Gegensatz zur Sonder- und Heilpädagogik versteht sich die (materialistische) Behindertenpädagogik als »Allgemeine Behindertenpädagogik« und »synthetische Humanwissenschaft« (ebd.).

»Sie negiert die Gleichmacherei der Allgemeinen Pädagogik ebenso wie die Segregation durch die Sonderpädagogik, indem sie dagegen die Realisierung und Schaffung umfassender Entwicklungsfähigkeit aller, d.h. auch behinderter Menschen durch Individualisierung und Integration denkt. Indem sie die bisher biologisierten und psychologisierten Tatbestände von Behinderung in der dialektischen Vermittlung biotischer, psychischer und sozialer Prozesse neu begreift und ihr im Einzelfall eine Rehistorisierung gelingt, denkt sie sozusagen ›von unten‹ gegen das herrschende Schul- und Bildungssystem im Sinne eines utopischen Potenzials.« (Jantzen 2007, 209)

So hat die Behindertenpädagogik (vgl. auch Feuser 1995) als Wissenschaftsdisziplin sowohl die theoretischen Grundlagen und Begründungen geliefert als auch didaktisch die Basis für eine Allgemeine Pädagogik, die kein Kind, keinen Jugendlichen ausschließt, entwickelt. Die kritische Position zum sozialen Ausschluss und die aufgezeigten Auswirkungen isolierender Bedingungen, darüber hinaus weitere Erkenntnisse unterschiedlicher Humanwissenschaften, führten bereits in den 1970er-Jahren dazu, den Fokus auf Integration und Teilhabe zu legen. Das geschah, bevor Inklusion im deutschsprachigen Raum ins Zentrum rückte. Die Behindertenpädagogik bezieht philosophische Fragen ein, wie die nach dem Verhältnis von Allgemeinem und Speziellem/Besonderem oder danach, was der Mensch ist bzw. was den Menschen zum Menschen macht; ebenso psychologische Fragen nach Entwicklung und Lernen im Kontext unterschiedlicher Ausgangs- und

Umfeldbedingungen; soziologische/sozialwissenschaftliche Fragen nach dem zusammen Leben, zusammen Lernen und zusammen Arbeiten von Menschen. Referenzpunkt ist stets die Schaffung humaner Bedingungen. Über die bereits für die Allgemeine Pädagogik relevanten Begriffe und Zusammenhänge – wie Bildung, Erziehung, Sozialisation, Lernen und Entwicklung – hinaus wurden durch die Behindertenpädagogik Dialog, Kommunikation, Kooperation und Kollektiv als entscheidende Konstanten herausgestellt, die grundlegend sind (vgl. Jantzen 2007, 209 ff.; Feuser 1995, 2011).

In der Gesamtbetrachtung zeigt sich, dass die Grundbegriffe ›Entwicklung‹, ›Lernen‹ und ›Sozialisation‹ »Voraussetzung und Herausforderungs- und Anforderungskontext pädagogischen Handelns«; Bildung und Erziehung »zwei unterschiedliche Perspektiven der pädagogischen Antwort auf diese Voraussetzung bzw. Herausforderung« (Ricken 2010, 32) sind. Sie erfahren darüber hinaus jeweils als Dialog (also sinnvermittelnd), Kommunikation (also bedeutungsvermittelnd und -austauschend), Kooperation (also arbeitsteilig, in Beziehung miteinander gestaltend) im Kollektiv ihre Umsetzung. Das Kollektiv (resp. die Gemeinschaft) schafft durch die Vielfalt der Akteure verschiedene Möglichkeiten des Lernens und der Entwicklung jedes Einzelnen. Ausgangspunkt ist der lern-, entwicklungs- und bildungsfähige Mensch, der durch die Beziehung zu anderen und mit diesen Potenziale entfalten kann. Die Umfeldbedingungen schließen die Dinge/Objekte, die Menschen, die Lebenswelt ein. Die Entwicklung wird unterstützt durch reichhaltige, anregende und dem Menschen adäquate Umfeldbedingungen.

3.1.1 Menschenbild – Pädagogik und Didaktik

Für eine Pädagogik, die sich auf Inklusion orientiert, ist die Besinnung auf ein Welt- bzw. Menschenbild notwendig, das »den Mensch selbst als Natur begreift und eine ethische Fundierung, wie Menschen mit Menschen und mit der Natur, die sie sind, umgehen« (Feuser 2014, 43). Der Mensch in der Gattung Mensch, d. h. in der Menschheit, steht im Mittelpunkt.

Peter Rödler (2017b, 84) geht von der »biologischen Undeterminiertheit« (Unbestimmtheit) des Menschen aus, zugleich vom Angewiesensein auf andere. Begegnungen, Dialoge, Kommunikationen, Kooperationen werden möglich und sind für menschliche Entwicklung notwendig.

»Jegliche menschliche Kommunikation [ist, d. V.] ein produktiver Beitrag zur umgebenden Kultur, wie diese eine notwendige Voraussetzung für die Möglichkeit menschlicher Begegnung ist. Dieser Beitrag ist auf Seiten des Kindes an keinerlei Bedingung außer an das reine Leben selbst geknüpft, da der Impuls dieser Prozesse von den Interpretationen der Umwelt ausgeht und nicht in der kommunikativen Kompetenz des Kindes besteht« (ebd., 87). Das entspricht ausnahmslos Martin Bubers Theorie, dass das ICH am DU werde (Buber 1966, 32, vgl. in diesem Buch 100) Die Vorstellungen zum Menschsein basieren somit auf dessen Eingebundensein in Sprache, seinem »in der Sprache sein« (vgl. Rödler 2017b). So liefert auch die Sprachraumtheorie wichtige Erkenntnisse:

»Menschen und Tiere sind doppelt bestimmt, zum einen durch die vorgefundenen Bedingungen in der Welt und zum anderen durch die orientierende Referenz. Beim Menschen ist diese gattungsspezifisch nicht instinktiv fixiert, sondern entsteht flexibel und je einzigartig in den Dialogen mit der Umwelt und aus diesen heraus.« (Rödler 2017c, 12)

Der Mensch in der Menschheit drückt das Verhältnis aus zwischen Individuellem und Gesellschaftlichem.

»Zwischen dem Individuellen und Gesellschaftlichen besteht ein wechselseitig sich bedingendes Verhältnis, denn das Gesellschaftliche setzt die Existenz des einzelnen Menschen in Form der Menschheit voraus, wirkt aber auf diese zurück und beeinflußt deren Entwicklung, wie umgekehrt die einzelnen gesellschaftlichen Akteure die Entwicklung des Sozialen bzw. des Gesellschaftlichen bestimmen.« (Lanwer 2014b, 62)

Mit Leont'ev (1971, 231) ist das Leben des Menschen mit der Geburt nicht einfach gegeben, sondern ihm aufgegeben. Die Lebensbedingungen sind nicht nur Vorlage, sondern werden vom Menschen selbst geschaffen (vgl. ebd., 28). Die Tätigkeit wird dabei zur zentralen Kategorie. Der Mensch setzt sich über die Tätigkeit mit der Welt, mit anderen Menschen und sich selbst auseinander. Subjekt – Tätigkeit – Objekt stehen dabei in einem Verhältnis zueinander. Bedürfnis- und motivgesteuerte Tätigkeit wird über Handlungen bzw. Operationen realisiert. Durch die Tätigkeit eignet sich der Mensch Welt/Natur; Dinge, die ihn umgeben an; verändert sie ggf. und verändert darüber sich selbst. Entwicklung vollzieht sich. Er wird gebildet und bildet sich selbst. Die anthropologische Grundkategorie ist dabei, den Menschen als tätigen Menschen zu betrachten, der durch Tätigkeit Veränderung erfährt.

3.1.2 Bildung

3.1.2.1 Bildung, Lernen und Sozialisation

Bildung und Lernen stehen in einem Verhältnis zueinander. Lernprozesse gelten als Voraussetzung für Bildung, somit sollte der Begriff ›Lernen‹ als »pädagogische Kategorie Eingang in den Horizont einer Allgemeinen Pädagogik finden« (Borst 2016, 17 f.). Lernen umfasst alle Möglichkeiten der aktiven Auseinandersetzung mit der Welt, so mit den Menschen umgebenden Dingen und Erscheinungen, mit anderen Menschen und darüber hinaus mit sich selbst. Lernen ist ein sich permanent vollziehender Prozess, er umfasst Aneignung und Erkenntnis, kann durch Imitation, Versuch und Irrtum, bestimmte Lehr- und Lernstrategien, durch Problemlösung, Bewältigung von Aufgaben u. a. m. erfolgen. Lernen sollte an Erlebnisse und Erfahrungen, an die bereits erworbenen Denk-, Handlungs- und Wahrnehmungskompetenzen anknüpfen.

»Bildung steht immer schon in einem gebrochenen Verhältnis zur Erfahrung und sie übersteigt zugleich die Erfahrung, die Menschen in ihren alltäglichen Lebenszusammenhängen erwerben. Gebrochen ist das Verhältnis zwischen Bildung und Erfahrung, weil im Vorgang der Bildung diese Erfahrung aus ihrer Unmittelbarkeit herausgenommen und damit selbst zum Gegenstand der Erkenntnis wird. Lernen ist prinzipiell an die mehr oder weniger bewusste Bewältigung von Aufgaben geknüpft, die der gesellschaftliche Lernprozess dem Individuum abfordert. Nicht so Bildung, die sich durch ein distanziertes Verhältnis zu dieser Praxis der Bewältigung von Problemen und Aufgaben auszeichnet.« (ebd. 21)

Sozialisation (lat. *sociare* verbinden, vereinigen) meint einen lebenslangen Prozess der Aneignung kultureller und sozialer Regularien, Normen, Spezifika im alltäglichen Umgang mit Familie, anderen Bezugspersonen, in Institutionen bzw. allen gesellschaftlich relevanten Feldern. Es ist ein Prozess der Vergesellschaftung und der Individualisierung. Sozialisationsinstanzen sind auf der Mesoebene Familie, Kita, Schule, Beruf/Arbeit u. a. m., d. h. die zugänglichen Institutionen. Kontaktpersonen, Freunde, Peers tragen zur Sozialisation ebenso bei wie Medien, Kulturstätten, kulturelle und soziale Angebote. Im Sozialisationsprozess werden soziale, kulturelle und gesellschaftliche Kompetenzen erworben. Im Habitus eines Menschen finden diese gesammelten Erfahrungen ihren Ausdruck. Soziale und gesellschaftliche Normen, Erfahrungen und Gewohnheiten werden internalisiert. Gesellschaft schreibt sich in das Individuum ein. Andererseits ist es dem Individuum mit zunehmendem Lebensalter möglich, gesellschaftliche, soziale und kulturelle Bedingungen bzw. auch das eigene Verhalten zu reflektieren. Darüber hinaus werden Widersprüche mehr und mehr erkannt, so u. a. zwischen sozialen Erwartungen und individuellem Verhalten. Von Anbeginn ist das Individuum Gestalter*in des eigenen Sozialisationsprozesses. Aus diesem Grund ist es notwendig, die ungünstigen, negativen und/oder hemmenden Bedingungen im Sozialisationsprozess zu erkennen, die letztlich zu Identitätsstörungen führen können. Reflexionsfolie sind die im Bildungsbegriff entfalteten Prämissen wie Emanzipation, Selbstbestimmung und Humanität (vgl. Borst 2016, 23).

3.1.2.2 Bildung und Erziehung – ein Verhältnis

Pädagogik und Didaktik befassen sich von jeher mit Fragen der Bildung und Erziehung von Menschen. Bildung und Erziehung werden stets in Beziehung zueinander gedacht. Erziehung richtet den Fokus auf die soziale Seite, auf das Verhältnis zwischen den Menschen, zwischen Erwachsenem und Kind; zwischen Lehrpersonen und Schüler*innen usw. »Die Realisierung des Bedürfnisses des Menschen nach dem Menschen wäre folglich als Inhalt von Erziehung zu betrachten, die hierzu die Voraussetzungen zu schaffen hätte« (Jantzen 2007, 234). Erziehung zielt auf »humane gefühlsbegründete Haltungen, während Bildung auf Inhalte zielt« (ebd., 235). Die bereits bei Wolfgang Klafki grundgelegten Momente des Elementaren und des Fundamentalen, des persönlichen Sinns und der gesellschaftlichen Bedeutung finden sich schließlich in den Kontexten von Bildung und Erziehung wieder. Der Ausschluss aus Bildungsinstitutionen, wie z. B. Schule, geht einher mit dem Ausschluss von Bildung und Erziehung. Damit werden nicht nur Bildungsinhalte vorenthalten, sondern auch die Möglichkeit des Dialogs, des Austauschs, Begegnungen, Kontakte, Auseinandersetzungen mit anderen, z. B. der Peer-Group. Ausschluss führt zu Be-Hinderungen.

Bereits der Mediziner und Pädagoge Edouard Seguin (1812–1880) stellt in seinem Buch *Die Idiotie und ihre Behandlung nach physiologischer Methode* (1866) heraus, dass die Erziehung aller Menschen zu bestimmen ist als »alle Funktionen und Fähigkeiten in der Einheit des Menschen in der Menschheit zusammenzufassen« (Seguin 1912, 164). Die Auseinandersetzung mit der ›Idiotie‹ war grundlegend für Seguins anthropologisches Verständnis. Er schreibt:

»Der psychologische Zustand eines Idioten zu einem bestimmten Zeitpunkt hängt weniger von seinem ursprünglichen Gebrechen ab, als von den moralischen Bedingungen, in die man ihn verbannt hat, von dem Mehr oder Weniger der intellektuellen Kultur und der liebevollen Zuneigung, die er in seiner Familie vorgefunden hat. Von dem Mehr oder Weniger des Charakters seines Lehrmeisters, dem Mehr oder Weniger der schlechten Behandlung und der Brutalität seiner Aufsichtspersonen, dem Mehr oder Weniger der Einsamkeit, in der er weit entfernt von den Menschen und Dingen gehalten wird.« (Seguin 2011, 118)

Damit war Seguin seiner Zeit deutlich voraus, betrachtete Behinderung relational, die hier fokussierten Menschen als grundsätzlich lern- und entwicklungsfähig und maßgeblich abhängig von den umgebenden Bedingungen einschließlich anderer Menschen.

3.1.2.3 Kulturelles und soziales Kapital

»Der Begriff des kulturellen Kapitals hat sich als theoretische Hypothese aufgedrängt, die es gestattet, die Ungleichheit ... von Kindern aus verschiedenen sozialen Klassen zu begreifen« (Bourdieu 2001, 112).

Kinder, Jugendliche und Erwachsene bzw. Schüler*innen verfügen in unterschiedlichem Ausmaß über kulturelles Kapital. Diese Unterschiedlichkeit ist bedingt durch die Ausgangs- und Umfeldbedingungen jedes Einzelnen. Um sich die verschiedenen Möglichkeiten kulturellen Kapitals vor Augen zu führen, ist es unabdingbar, sich mit den drei existierenden Formen auseinanderzusetzen. Nach Bourdieu ist »kulturelles Kapital« in drei Formen vorhanden: inkorporiert, objektiviert und institutionalisiert.

– *Inkorporiertes kulturelles Kapital* wird von angeeignetem Wissen, Können, von Fähig- und Fertigkeiten bestimmt.

»Die Akkumulation von Kultur in korporiertem Zustand – also in Form, die man in Französisch ›culture‹, in Deutsch ›Bildung‹, in Englisch ›cultivation‹ nennt – setzt einen Verinnerlichungsprozess voraus, der in dem Maße, wie er Unterrichts- und Lernzeit erfordert, Zeit kostet. Die Zeit muss vom Investor persönlich investiert werden ... Wer am Erwerb von Bildung arbeitet, arbeitet an sich selbst, er ›bildet‹ sich. Inkorporiertes kulturelles Kapital ist ein Besitztum, das zu einem festen Bestandteil der ›Person‹, zum Habitus geworden ist.« (Bourdieu 2001, 113 f.)

Die inkorporierte Form kulturellen Kapitals kennzeichnet das in Pädagogik und Didaktik Grundlegende, wie die Bildung, das Lernen und die Entwicklung von Menschen. Alles das, was ein Mensch lernen kann, womit er sich auseinandersetzen kann, welche Zugänge

er erhalten hat oder noch erhält, welche Erfahrungen er gemacht hat oder noch machen kann, wird ihn beeinflussen. Der Habitus zeigt sich als ›Gehabe‹, d. h. als Geste, Körperhaltung, Art und Weise zu sprechen, etwas wahrzunehmen, zu denken, sich zu bewegen u. a. m. Der Habitus drückt aus, was ein Mensch in seiner Geschichte erfahren hat. Es kennzeichnet ihn/sie als einzig und von anderen verschieden.
- *Objektiviertes kulturelles Kapital* kennzeichnet zugleich

»seine Beziehung zum inkorporierten, verinnerlichten Kulturkapital. Kulturelles Kapital ist materiell übertragbar, auf dem Wege über seine materiellen Träger (z. B. Schriften, Gemälde, Denkmäler, Instrumente usw.)« (ebd., 117).

In schulischen Kontexten sind alle von Schüler*innen geschaffenen Produkte wie Geschriebenes, Gemaltes, Konstruiertes etc. als objektivierte Form kulturellen Kapitals vorhanden. Dieses setzt wiederum verinnerlichtes (inkorporiertes) Kulturkapital voraus. Letzteres ist dann in Form der Produkte sichtbar und steht überdauernd zur Verfügung. Alle beteiligten Akteure können sich auf diese Form »kulturellen Kapitals« zukünftig beziehen.

Die Produkte werden zum Ausdruck von verinnerlichtem Wissen, Können, Fähig- und Fertigkeiten. Im Kontext von Schule kann der Entstehungsprozess der Produkte beobachtet werden. Darüber hinaus stehen diese der Analyse und Bewertung zur Verfügung und können so zum Gegenstand der Auseinandersetzung werden, z. B. zwischen Schüler*innen, zwischen Lehrpersonen und Schüler*innen bzw. zwischen allen an Schule beteiligten Akteuren.

Die Produkte sind zugleich Vergegenständlichungen der Schüler*innen, kennzeichnen die Verschiedenheit dieser und sind Ergebnisse von Entwicklungs- und Lernprozessen. Beispielhaft für Produkte stehen: hinterlassene Spuren mit Farbe; Hand-, Fuß-, Fingerabdrücke; Zeichnungen; Collagen; Ge- und Verformtes; konstruierte Bauwerke; Schrift in allen Varianten vom einzelnen Buchstaben über Worte, Silben, Sätze und eigens geschriebene Texte, Gedichte; alles handwerklich Hergestellte, Modelle oder Bauwerke.

Die Produkte werden von den Schüler*innen eigenständig oder in Kooperation mit anderen, z. B. den Lehrpersonen bzw. anderen Schüler*innen geschaffen.

- *Institutionalisiertes kulturelles Kapital* tritt in Form von Abschlüssen, Zertifikaten oder Titeln auf.

»Mit dem schulischen Titel, diesem Ausweis kultureller Kompetenz, der seinem Träger in Bezug auf die Bildung einen konventionellen, stabilen und juristisch garantierten Wert verleiht, produziert die soziale Alchemie eine Form von kulturellem Kapital, die eine relative Autonomie in Bezug auf dessen Träger und sogar in Bezug auf das kulturelle Kapital, das dieser zu einem gegebenen Zeitpunkt effektiv besitzt, hat.« (Bourdieu 2001, 118)

Der durch die Schule verliehene Abschluss hat kulturelle Wertigkeit und bietet den Zugang zu beruflicher Ausbildung und zum Feld der Arbeit – oder er verunmöglicht Ausbildungs- und Berufschancen. Zu berücksichtigen ist, dass schulische Abschlüsse je nach Schulform unterschiedliche Wertigkeit besitzen. Die geringsten Chancen für den regulären Erwerbsarbeitsmarkt und die entsprechenden beruflichen Ausbildungen haben die Abschlüsse der Schulen mit dem Förderschwerpunkt Geistige Entwicklung. Der Abschluss ermöglicht hauptsächlich einen Zugang zur Werkstatt für Menschen mit Behinderungen und weist als nicht geeignet für den regulären Arbeitsmarkt aus. Somit bietet die institutionalisierte Form kulturellen Kapitals in Form von Abschlüssen sowohl Zugänge zu Berufsausbildung und Arbeitsmarkt als auch Hindernisse.

Durch Bildung und Erziehung wird kulturelles, ggf. auch *soziales Kapital* erworben. Soziales Kapital kennzeichnet die Ressource durch die Zugehörigkeit zu einer bestimmten Gruppe (zu Gruppen). Dieses Kapital entsteht durch die Nutzung »eines dauerhaften Netzes von mehr oder weniger institutionalisierten Beziehungen gegenseitigen Kennens und Anerkennens« (Bourdieu 1992, 63). Das bedeutet,

»... das soziale Kapital ist die Summe der aktuellen oder virtuellen Ressourcen, die einem Individuum oder einer Gruppe aufgrund der Tatsache zukommen, daß sie über ein dauerhaftes Netz von Beziehungen, eine – mehr oder weniger institutionalisierte – wechselseitige Kenntnis oder Anerkenntnis verfügen; sie ist also die Summe allen Kapitals und aller Macht, die über ein solches Netz mobilisierbar sind.« (Bourdieu/Waquant 1996, 151 f.)

Für den Aufbau, das Aufrechterhalten und die Reproduktion dieses spezifischen Kapitals ist »unaufhörliche Beziehungsarbeit in Form von ständigen Austauschakten erforderlich, durch die sich die gegenseitige Anerkennung immer wieder neu bestätigt« (Bourdieu 1983, 193). In inklusiven Kontexten ist die Frage nach der realisierten Zugehörigkeit zum Kollektiv zu stellen, nach den Beziehungen der Akteure (Schüler*innen) untereinander, was wiederum über dialogische, kommunikative und kooperative Tätigkeiten sichtbar wird.

Eine besondere Kapitalform ist das *symbolische Kapital*. Jegliche Kapitalform kann in symbolisches Kapital transferiert werden (vgl. Bourdieu/Waquant 1996, 151) und zwar immer dann, wenn dem jeweiligen Kapital in besonderer Weise Anerkennung zukommt. Anerkanntes kulturelles Kapital, z. B. verinnerlichtes Wissen und Können, zeigt sich dann als Kompetenz. Symbolisches Kapital, das zugleich sozialer Kredit oder Vorschuss ist, kann auch mit Prestige und Ansehen übersetzt werden (vgl. Bourdieu 1983, 218; Ziemen 2002a, 88). In didaktischen Prozessen gewähren Lehrpersonen den Schüler*innen symbolisches Kapital, indem kulturelles und soziales Kapital anerkannt wird.

Das zeigt zugleich die Wertigkeit im pädagogischen bzw. didaktischen Feld an. Die Fähigkeiten, das Wissen, das Können, das potenzielle Vermögen, etwas zu tun, etwas wahrzunehmen, sich zu äußern, wird im Rahmen der pädagogischen Diagnostik anerkannt. Das im Rahmen der Diagnostik erfasste kulturelle und soziale Kapital ist Ausgangspunkt für Unterricht, Entwicklung und Lernen. Pädagogische Diagnostik (vgl. Kapitel 4.2.4.2) begleitet den gesamten unterrichtlichen Prozess. Die Anerkennung kulturellen und sozialen Kapitals knüpft an das Modell der »Zone der aktuellen Entwicklung« (Vygotskij) an (vgl. Kapitel 3.3.1 und 3.3.2). Lehrpersonen und Teammitarbeiter*innen gewähren einen Vorschuss bzw. Kredit, indem Entwicklungs- und Lernmöglichkeiten ›offen‹ gehalten werden. Das Gewähren von Vorschuss orientiert sich am Modell der »Zone der nächsten Entwicklung« (Vygotskij) (vgl. Kapitel 3.3.1 und 3.3.2). Diese zeigt die potenziellen Möglichkeiten für Entwicklung an.

Das heißt, dass über das kulturelle Kapital insbesondere die Seite der Bildung angesprochen wird und über das soziale Kapital die Seite der Erziehung. Das symbolische Kapital als Vorschuss eröffnet den Schüler*innen einen Möglichkeitsraum für Lernen und Entwicklung. Es setzt das Vertrauen der Lehrpersonen in ihre Potenziale voraus.

3.1.2.4 Bildung – kritisch – konstruktiv

Wolfgang Klafki (1927–2016) entwickelte als einer der wenigen Erziehungswissenschaftler der Nachkriegszeit eine Bildungstheorie (vgl. Borst 2016, 139). Bildung wird »mit Wolfgang Klafki [als, d. V.] Entwicklung der Fähigkeiten zur Selbstbestimmung, Mitbestimmung und Solidarität, entwicklungspsychologisch mit Wolfgang Stegemann als Entwicklung auf höheres und auf höherem Niveau« (Beck/Feuser/Jantzen/Wachtel 2011, 5) verstanden. In seiner Dynamik bezieht sich der Bildungsbegriff Klafkis im Sinne einer Theorie der kategorialen Bildung sowohl auf das Materiale, also den Inhalt, und das Formale, die Ausbildung der Persönlichkeit jeweils in Beziehung zueinander bzw. in einem ausgewogenen Verhältnis. Diese »wechselseitige Erschließung des Schülers für die Sache und der Sache für den Schüler« (vgl. Jantzen 1990, 243) wird zum Bezugspunkt für eine Allgemeine (inklusive) Didaktik.

»Welterschließung und Selbsterschließung erfolgen in einem wechselseitigen Prozess, insofern materiale und formale Bildung dialektisch aufeinander bezogen sind und sich gegenseitig bedingen ... Während Wissensinhalte quantitativ abgefragt werden können, ist dies bei Bildung nicht möglich, weil sich Bildung stets an der Schnittstelle von objektiven Wissensbeständen und subjektiver Verarbeitung dieser Wissensbestände abspielt.« (Borst 2016, 140 f.)

Entsprechend Klafkis Theorie kommt jedem Bildungsinhalt ein Wert zu, ggf. spricht er auch vom Bildungsgehalt, der die Bedingung der Möglichkeit beinhaltet, das Allgemeine im Besonderen zu sehen, und das Individuum befähigt, sich neue Inhalte zu erschließen (vgl. Klafki 1974, 134). Das exemplarische Lehren und Lernen hat besondere Bedeutung in Klafkis Bildungskonzeption und ist im Hinblick auf die Fülle der möglichen anzueignenden Inhalte im Kontext von Schule und Unterricht relevant. Zentrale Denkfigur ist

»Bildendes Lernen, das die Selbständigkeit des Lernenden fördert, also zu weiterwirkenden Erkenntnissen, Fähigkeiten, Einstellungen führt ... wird nicht durch reproduktive Übernahme möglichst vieler Einzelkenntnisse, -fähigkeiten und -fertigkeiten gewonnen, sondern dadurch, dass sich der Lernende an einer begrenzten Anzahl von Bespielen (Exempeln) aktiv allgemeine, genauer: mehr oder minder weitreichend verallgemeinerbare Kenntnisse, Fähigkeiten, Einstellungen erarbeitet, m.a.W.: Wesentliches, Strukturelles, Prinzipielles, Typisches, Gesetzmäßigkeiten, übergreifende Zusammenhänge.« (Klafki 1996, 143 f.)

Klafki meint mit »kategorial« die Verknüpfung von zwei konstituierenden Elementen:

»Der Lernende gewinnt über das am Besonderen erarbeitete Allgemeine Einsicht in einen Zusammenhang, einen Aspekt, eine Dimension seiner naturhaften und/oder kulturell-gesellschaftlich-politischen Wirklichkeit, und zugleich damit gewinnt er eine ihm bisher nicht verfügbare neue Strukturierungsmöglichkeit, eine Zugangsweise, eine Lösungsstrategie, eine Handlungsperspektive.« (ebd. 144)

Exemplarisches Lernen ist selbstständiges, genetisches bzw. rekonstruktiv-entdeckendes Lernen (vgl. ebd., 145). Mit dem exemplarischen Lehren und Lernen führte Klafki in seiner früheren Konzeption das »Elementare« und das »Fundamentale« ein.

»Der Begriff des Elementaren meint die didaktisch-konstruktiv hervorzubringende ›Gestalt‹, die Strukturierung eines Gegenstandes, Problemzusammenhanges, Verfahrens (›Themas‹), durch die die Vermittlung (oder ein Vermittlungsschritt) zwischen kindlichen/jugendlichen Interessen, Fragestellungen, Zugangsweisen, Ausgangsvoraussetzungen einerseits und der ausgebildeten, differenzierten, komplexen ›objektiven‹ Endgestalt des betreffenden ›Gegenstandes‹, Problemzusammenhanges, Verfahrens, Themas in der ästhetischen, wissenschaftlichen, gesellschaftlichen, politischen Erwachsenenwirklichkeit in Lernprozessen ermöglicht werden soll. Der Begriff des ›Fundamentalen‹ bezeichnete eine grundlegende Schicht dieser Beziehung von ›objektiven‹ Sachverhalten und Problemzusammenhängen und dem lernenden Subjekt, m.a.W. die allgemeinsten Strukturprinzipien und Grunderfahrungen, durch die wir auf dem jeweils erreichten Stand der geschichtlichen Bewusstseinsentwicklung ›Bereiche‹ bzw. ›Dimensionen‹ der Beziehung von Mensch und Wirklichkeit auffassen und gliedern, also z. B. die wirtschaftliche, die gesellschaftliche, die politische, die ästhetische, die exakt-naturwissenschaftliche, die technische Wirklichkeitsbeziehung usw., und ggf. generelle Relationen zwischen solchen Bereichen und Dimensionen, etwa zwischen Ökonomie, Gesellschaft und Politik.« (Klafki 1996, 152)

Klafki ist sich nicht sicher, ob die Begriffe des Elementaren und des Fundamentalen heute und in Zukunft weiter verwendet werden sollten. Jedoch betont er, dass die damit dargestellten »Problemstellungen« (ebd.) nach wie vor relevant sind. Diese führen zur Frage nach den Kriterien für die Auswahl von Lerninhalten im Sinne exemplarischen Lehrens und Lernens. Sie können nicht einfach aus den Wissenschaften abgeleitet werden, so Klafki (vgl. ebd., 153), sondern

»… können letztlich nur in einem immer wieder neu entwickelnden Konsens darüber festgelegt werden, was an Erkenntnissen, Fähigkeiten, Einstellungen für junge Menschen heute und im Vorblick auf ihre vermutliche Zukunft notwendig ist, um ihnen Selbstbestimmung und Solidaritätsfähigkeit, m.a.W. eine humane und demokratische Gestaltung ihrer politischen, sozialen und individuellen Lebensbedingungen, verantwortbare Entscheidungen und die Wahrnehmung offener Lernchancen zu ermöglichen.« (ebd. 153)

Der Bildungsbegriff Klafkis ist offen und sollte sich in ständig weiterzuentwickelnden Curricula, im Bewusstsein der Lehrpersonen und nach und nach im Bewusstsein der Schüler*innen niederschlagen. Diese sind dabei aktiv und gestalten den Bildungsprozess selbst mit. Somit kann Bildung in zweifacher Hinsicht verstanden werden: als »bilden von« und als sich »selbst bilden« (Lanwer 2014a, 9), als Prozess und Ergebnis der Begegnung und Auseinandersetzung mit der Welt, mit anderen und sich selbst, als reflexiver Prozess. Für Klafki hat Bildung allgemeinen Charakter und ist unteilbar: Alle Menschen sollen die Möglichkeit haben sich zu bilden, an Bildung teilzuhaben, ihre »kognitiv-intellektuellen, emotional-sinnlichen und kreativen Potenziale« (Klafki 1996, 149) zu entfalten, darüber hinaus Kritikfähigkeit und Argumentationsfähigkeit zu entwickeln bzw. empathisch zu sein (vgl. Borst 2016, 150).

Bedeutsam ist Klafkis Theorie und sein unermüdliches Eintreten für Selbstbestimmung, Mitbestimmung und Solidarität, Freiheit und Demokratie bis heute und setzt ein Zeichen gegen problematische gesellschaftliche Tendenzen wie Konkurrenz, Neoliberalismus, damit einhergehende Deregulierung der Sozialsysteme, die die demokratische Grundordnung gefährdet (vgl. ebd., 152).

»Hypertrophe Konkurrenzverhältnisse, die sich regelrecht proliferieren, dabei Unsicherheiten und Ängste erzeugen, rufen ... das Gegenteil von Solidarität hervor. Sie führen zu einem instrumentellen Verhältnis der Menschen untereinander und in letzter Konsequenz zum Erkalten sozialer Beziehungen.« (ebd.)

Eine Gesellschaft, die ein Leben in Würde unter Wahrung der Menschenrechte führen will, ist auf Solidarität angewiesen. Die Bildungstheorie Klafkis nimmt eine klar gesellschaftskritische Position ein.

Heinz-Joachim Heydorn (1916–1974) gilt als Begründer einer kritischen Bildungstheorie. Er untersucht Bildungstheorien seit der Antike im Hinblick auf Humanität, darüber hinaus historisch-gesellschaftliche Bedingungen und Widersprüche und die Dialektik zwischen Individuum und Gesellschaft. Er sucht die aus »Bildung resultierenden Widerstände gegen gesellschaftliche Zumutungen historisch auszuleuchten wie auch den Umschlag von Bildung in Herrschaft herauszuarbeiten« (Borst 2016, 154). Bildung wurde, so Heydorn nach und nach zu einem

»... Privileg der bürgerlichen Klasse ..., das herrschaftsstabilisierende Wirkung entfaltete ... Bildung büßte unter diesen Voraussetzungen ihre ursprüngliche Bedeutung als Befreiung aus autoritären Strukturen ein und wurde eingezogen in die Machtkonstellationen eines sich etablierenden Bürgertums.« (ebd., 154 f.)

Somit ist Bildung nicht etwas, was allein im Individuum zu verorten ist, sondern durch Macht- und Herrschaftskonstellationen maßgeblich bestimmt wird. Bildung bedeutet demnach:

»Erstens ein Bewusstsein für die noch nicht realisierten Möglichkeiten einer kollektiven Humanität, in der das Individuum als ein Wesen eigenen Rechts auftritt, ausgestattet mit der Freiheit zur Entwicklung seiner intellektuellen, kreativen und sinnlichen Potenziale. Zweitens ein Wissen über die konkreten gesellschaftlichen Bedingungen, die eine solch umfassende Humanität verhindern.« (ebd. 155)

Mit Heydorn gesprochen: »Bildung ... versteht sich als Wissen des Menschen um seine Universalität« (Heydorn 2/1995, 212). Universalität meint die Ganzheit des Menschen im Sinne von Kognition, Sinnlichkeit und Kreativität, die seit dem Spätkapitalismus nur noch fragmentarisch und zumeist nicht in ausgewogenem Verhältnis erscheint. Dennoch orientiert sich Heydorn auf die Möglichkeit einer humanen Gesellschaft und spricht vom »utopischen Gehalt der Bildung« (Borst 2016, 156). Heydorns Theorie ist zu verorten im

»Spannungsfeld von gesellschaftlich erwünschter Reflexionsfähigkeit im Horizont ihrer Verwertbarkeit und einer damit verknüpften universellen Reflexionsfähigkeit, die, losgelöst von politischen und wirtschaftlichen Erwartungen, für ein nicht funktionales und zweckgebundenes Denken steht.« (Borst 2016, 159)

Heydorns Theorie ist aktueller denn je, zeigen sich doch die Auswirkungen des kapitalistischen Gesellschaftssystems auf die Bildungsinstitutionen deutlich.

»Das Bildungssystem ... verkommt zu einer Anstalt, in der abfragbares Wissen mit Bildung verwechselt und eine effizienzsteigernde Optimierung der Lernvorgänge zum Ziel erhoben wird, ohne noch danach zu fragen, inwiefern die Zivilgesellschaft durch die einseitige Förderung bloß verwertbarer Kompetenzen in ihrem Bestand gefährdet ist. Der neuhumanistische Gedanke einer umfassenden Bildung im Sinne einer ... kritischen Auseinandersetzung mit den gesellschaftlichen Strukturen ist angesichts dessen zu einer randständigen Erscheinung geworden.« (ebd., 181)

In Heydorns Bildungsbegriff ist »Menschlichkeit um ihrer selbst willen und nicht zum Zweck eines anderen aufgehoben« (ebd., 182). An deren Stelle ist kontrollierte Bildung im Gewand vermeintlicher Effizienz, die Reduktion auf Quantität, Verwert- und Nutzbarkeit von Bildung getreten. Jeder Mensch muss sich um einer

»... möglichst guten wirtschaftlichen Ausbeute willen ... der dauerhaften Kontrolle seiner Fähigkeiten und Kompetenzen unterziehen und sich einem ökonomischen Wissensregime fügen, das Wissen einzig noch nach seinem Gebrauchswert nutzt.« (ebd., 181)

Dem ist entgegenzuwirken mit dem Ziel, Bildung als bildend für den Menschen zu gestalten; Selbsterfahrungen, Zeiten für Muße und freies kreatives Denken zu ermöglichen. Das umfasst sowohl ein Auf-sich-selbst-Besinnen als auch ein mit anderen gemeinsames Gestalten. Somit kann etwas von sich selbst, anderen und der Welt erfahren werden. Entscheidend in Heydorns Theorie von Bildung ist das »Erkennen der Menschlichkeit im Antlitz des Anderen« (ebd., 185).

Eva Borst entfaltet den Gedanken unter dem Begriff der ›Anerkennung‹ (ebd.). Die gesellschaftliche Entwicklung mit Blick auf Differenz hat es in den letzten Jahren mehr und mehr erforderlich gemacht, dass sich die Pädagogik zunehmend der Frage annimmt, wie »das Andere« (ebd.) anerkannt werden kann. Borst unterscheidet vier Dimensionen der Anerkennung:

»Erstens intersubjektive Anerkennung der Individuen untereinander, zweitens kann eine intersubjektive Anerkennung nur unter gesellschaftlichen Bedingungen stattfinden, die es erlauben, dem Individuum den Status einer Person eigenen Rechts zuzugestehen. Intersubjektive Anerkennung und gesellschaftliche Anerkennung stehen in einem dialektischen Verhältnis zueinander, weil intersubjektive Anerkennung ihr materielles Fundament erst dann erhält, wenn drittens kulturelle sowie soziale Vielfalt rechtlich und gesellschaftlich gewährleistet und diese viertens unter der Voraussetzung wirtschaftlicher Sicherheiten garantiert wird.« (ebd., 185)

Dabei geht es um kulturelle, soziale, aber auch gesellschaftliche, politische und wirtschaftliche Anerkennung auf der Basis von Menschenwürde und Menschenrechten. Es wird die Frage gestellt, »was, unter welchen Bedingungen und von wem anerkannt wird, denn nicht jede Form der Anerkennung ist an humanitären Grundsätzen orientiert« (ebd., 186). Das gilt etwa dann, wenn

»… individuelle Anerkennung ausschließlich an das Erbringen einer bestimmten Leistung geknüpft ist und dabei der Mensch mit seinen vielfältigen Möglichkeiten und Bedürfnissen außer Acht gelassen wird. In solchen Fällen handelt es sich um eine einseitige Anerkennung mit autoritären Zügen, die Macht und Herrschaft konstituiert und Missachtung zur Folge hat.« (ebd., 186)

Intersubjektive Anerkennung zielt darauf, so Borst, »soziale, kulturelle und materielle Ungleichheiten abzuschaffen« (ebd.), was jedoch voraussetzt, diese zu erkennen und als solche zu identifizieren, analytisch nach Ursachen und Ursachenkomplexen zu suchen. Das setzt eine kritische Gesellschafts- und Institutionenanalyse voraus. Bildung fungiert als Reflexionsfolie.

»Aus sozialgeschichtlicher Sicht ist Bildung ein die Gesellschaft umformender, aber auch von ihr bestimmter Aspekt der gesellschaftlichen Entwicklung. Bildung erscheint damit auch als eine Geschichte des Bildungsbürgertums, da die bürgerliche Welt ihre Leitorientierungen an ein entsprechendes Unterrichtswesen knüpft(e) und staatlich institutionalisierte.« (Stinkes 2017, 32)

Anerkennung wird mit Eva Borst als »notwendiger Bestandteil von Bildung« betrachtet (Borst 2016, 192). Im Kontext der kritischen Bildungstheorie ist über die Anerkennbarkeit »im Hinblick auf die Mannigfaltigkeit der Individuen« nachzudenken (ebd., 193). Auf die Bildung von Menschen ist jenseits von Ökonomisierung, Reduzierung, Konkurrenz und Kontrolle das zentrale Augenmerk zu richten. Die Anerkennung des anderen im jeweiligen So-Sein mit Blick auf die unterschiedlichen Ausgangs- und Umfeldbedingungen der Menschen, die Ermöglichung von Bildung, Entwicklung und Lernen, kennzeichnet eine demokratische Gesellschaft mit humanitären Interessen.

Bildungs(un)fähigkeit ist verknüpft mit dem Infragestellen von Bildung bei als behindert klassifizierten und etikettierten Menschen. Vor allem waren (bzw. sind) Menschen, die als ›geistig behindert‹ bzw. ›schwer(st)-mehrfach behindert‹ klassifiziert werden, davon betroffen.

Aus menschenrechtlicher Sicht ist jedoch zu konstatieren:

»Allein die lebendige Existenz jeweils individuell gewordener Realität beweist deren Bildung, das heißt Menschen sind, solange sie leben und unabhängig von irgendeiner funktionellen Leistungsfähigkeit, grundsätzlich bildungsfähig. Die in dieser Bildung erkennbare Anthropologie ist inklusiv! Die aus ihr ableitbaren soziokulturellen Entwicklungs- und Lebensbedingungen geboten zu bekommen, bezeichnet damit ein Recht, das insofern universell gerecht ist, als es die Gattungsminimalia realisiert!« (Rödler 2017b, 87)

Das Dogma der Lern- und Bildungsunfähigkeit funktioniert als Ausgrenzungspraktik mit der

»... Funktion der Vorenthaltung von Erziehung und Bildung für Personen, von denen man annimmt, daß der Aufwand für ihre Erziehung und Bildung in keiner Relation mehr zu einem später zu erwartenden Nutzen hinsichtlich Produktivität und Konsumaktivität steht.« (Feuser 1995, 50)

Georg Feuser kennzeichnet das Dogma der Lern- und Bildungsunfähigkeit in enger Beziehung zum Dogma der »Irreversibilität« (ebd., 50), wobei bspw. die »morphologische Irreversibilität einer eingetretenen Hirnschädigung unreflektiert auf die Person übertragen und zur Irreversibilität ihrer Behinderung, ihres Wesens oder Charakters erklärt« (ebd.)

wird. Das negiert die Möglichkeit der Reversibilität bzw. von Entwicklung und Lernen. Schädigung oder Beeinträchtigung ist nur eine Ausgangsbedingung für die Persönlichkeitsentwicklung, die potenzielle Entwicklung ist maßgeblich von den Umfeldbedingungen abhängig. Das Dogma der »Krankheits- und Behinderungsspezifität« (ebd., 51) kennzeichnet das Spezifische bzw. ›Defekte‹ in der Person selbst. Somit wird mangelnde Lern- und Bildungsfähigkeit aus der Diagnose abgeleitet, was dann wiederum dazu führt, Sonderinstitutionen für diese Kinder und Jugendlichen vorzusehen, in denen die ›speziellen‹, reduzierten Lern- und Bildungsbedarfe ermöglicht werden. Die Erscheinung des Menschen bzw. die Diagnose führt alleinig zur Ausgrenzung.

Im weiteren Zusammenhang stehen die genannten Dogmen mit dem Dogma der »Normalität« (vgl. ebd., 51 f.). Unter den Bedingungen von Behinderung wird Normalität nicht angenommen. Der Gegenpart ist ›Abnormalität‹ oder ›Unnormalität‹ als Defektes, Abweichendes von einer vermeintlichen Norm. Diese gilt als Maß; unter ihren Bedingungen wird Lern- und Bildungsfähigkeit reduziert bzw. völlig in Frage gestellt. Diese Dogmen halten sich nahezu beständig und stellen erhebliche Risiken für Lern- und Entwicklungsprozesse der betreffenden Menschen dar. Sie führen zum Ausschluss, zu Diskriminierung und zu Isolation. Von Bildung wird zumeist nicht mehr gesprochen. Therapie und Förderung treten in den Fokus.

3.1.2.5 Bildung, Erziehung und Förderung

In sonderpädagogischen und inklusiven Kontexten wird der Begriff der ›sonderpädagogischen Förderung‹ bzw. des ›sonderpädagogischen Förderbedarfs‹ durchgängig und unkritisch gebraucht. Als administrativer Begriff ist er in Verwaltungsdokumente, Gesetzestexte, Schul- und Unterrichtsplanungen eingeflossen und hängt eng mit der Differenzlinie ›Behinderung‹ zusammen. Eine detailliert geführte wissenschaftliche Debatte ist bis heute ausgeblieben. Kritische Anmerkungen dazu gibt es jedoch bereits (vgl. Feuser 2017a, Jantzen 2017).

›Fördern‹ tritt in verschiedenen Komposita auf, die in der sonderpädagogischen Literatur durchgängig zu finden sind; es gibt bspw. ›Förderziele‹, definierte ›Förderbereiche‹, ›Förderplanungen‹, ›Fördermaterialien‹ u. a. m. Darüber hinaus werden differenzierte ›Förderschwerpunkte‹ (Geistige Entwicklung, Lernen, Sehen, Sozial-Emotionale Entwicklung, Hören und Kommunikation, Körperlich-Motorische

Entwicklung) für den schulischen Kontext administrativ eingeführt, mit denen wiederum ein spezieller sonderpädagogischer ›Förderbedarf‹ verknüpft wird. Förderung in diesem Sinne orientiert auf etwas Fehlendes, Unzureichendes, Unvollständiges oder zu Korrigierendes.

»Nach Feststellung eines ›sonderpädagogischen Förderbedarfs‹ eines Schülers wird er auch in als integrativ oder inklusiv bezeichneten Unterrichtsformen ›gefördert‹, von ›Bildung‹ im Sinne der ›Bildungstheorie der geisteswissenschaftlichen Pädagogik‹ ist nicht die Rede. Dahinter verdeutlicht sich nicht nur eine mehr oder weniger verdeckte Beibehaltung einer defizitorientierten, am medizinisch-psychiatrischen Modell ausgerichteten Auffassung von Behinderung, sondern auch der Verlust allgemeindidaktischen Denkens.« (Feuser 2011, 87)

Die Klärung des Verhältnisses zwischen den Begriffen ›Förderung‹, ›Bildung‹ und ›Erziehung‹ ist bis heute ausgeblieben. In der Schul- und Unterrichtspraxis findet Förderung innerhalb, zumeist aber außerhalb des Unterrichts in Einzel- oder Kleingruppensettings statt. Die zu fördernden Schüler*innen bearbeiten oftmals andere Aufgaben oder aber völlig andere Inhalte und Themen als die Gesamtklasse. Die zeitweise außerhalb des Unterrichts organisierte Förderung erschwert es den Schüler*innen zusätzlich, am Bildungs- und sozialen Angebot der Gesamtklasse zu partizipieren. Sie geraten in eine von den anderen wahrgenommene besondere Situation.

Über den Begriff der ›Sonderpädagogischen Förderung‹ werden Differenzen konstruiert zwischen denjenigen, die sonderpädagogisch gefördert werden müssen, und denjenigen, die dies nicht benötigen. Das Besondere als Abweichendes soll mit sonderpädagogischer Förderung behoben bzw. ausgeglichen werden. Gehen wir davon aus, dass jedes Kind, jeder Jugendliche der Unterstützung dialogischer, kommunikativer und kooperativer Art bedarf, erübrigen sich diese Kategorisierungen. Solange jedoch erforderliche Ressourcen an die Kategorisierung geknüpft werden, wird darauf nicht verzichtet. Dieses Phänomen wurde und wird bis heute als »Ressourcen-Etikettierungs-Dilemma« gekennzeichnet.

Neben der Verwendung des Begriffs ›Förderung‹ im sonderpädagogischen Sinn mit der Bedeutung, durch diese etwas aufzuholen, zu korrigieren oder etwas Fehlendes auszugleichen; wird der Begriff auch mit deutlich positiver Konnotation gebraucht, so bspw. im Kontext von Hochbegabtenförderung. Hierbei steht die Weiterentwicklung von etwas Bestehendem, Unterstützungswertem im Vordergrund.

In der Gesamtbetrachtung zeigt sich, dass Bildung und Erziehung Grundbegriffe einer Allgemeinen Pädagogik sind, die für alle Kinder und Jugendliche Gültigkeit beanspruchen. Der Begriff ›Sonderpädagogische Förderung‹ jedoch führt zur Konstruktion von Differenz, die Ausschluss, Marginalisierung oder Abgrenzung bewirkt.

»Bildung, sowohl vom Subjekt ausgehend, als auch auf dessen Potenziale und deren Entfaltung hin ausgerichteter, auf Anerkennung und Gleichheit basierter Prozess der Ermöglichung in einem zum Zweck dieser Ermöglichung weitgehend strukturell umgebauten Schulsystem kennzeichnet ein revolutionäres Moment der Pädagogik, das, verknüpft mit den Begriffen von Integration und Inklusion, nicht negiert werden kann, ohne das mit ihnen Gemeinte selbst ad absurdum zu führen. Insofern lässt sich für diesen Fall die fachlich-pädagogische und gesellschaftlich-politische Dimension zwar differentiell betrachten, aber nicht trennen.« (Feuser 2014, 25)

Hier soll die fachlich-pädagogische bzw. didaktische Seite weiter im Fokus stehen. Wie oben dargestellt (vgl. Kapitel 3.1.2), ist der Prozess von Bildung, Erziehung und Lernen durch die vermittelnde Seite des Dialogs, der Kommunikation und der Kooperation zu erweitern und das Gesamtgeschehen im Kollektiv zu verorten.

3.2 Dialog, Kommunikation, Kooperation und Kollektiv

Bildung und Erziehung stehen in unmittelbarer Beziehung zu Dialog, Kommunikation, Kooperation und Kollektiv (Gemeinschaft). Diese Prämissen sind im Werk *Allgemeine Behindertenpädagogik,* Band 2, im Kapitel *Basale Pädagogik und humanes Lernen* (Jantzen 2007) grundgelegt und ausführlich diskutiert. Hier sollen die relevanten Begriffe nur kurz dargestellt werden.

Psychologisch betrachtet ist der DIALOG als »wechselseitige Sinnverschränkung« (Jantzen 2007, 218) zu definieren.

»Bin ich zum Dialog fähig im Sinne der Vergegenständlichung jener Situation, die ich zu erreichen wünsche (Liebe, Vertrauen usw.), so schaffe ich, indem ich die Bedeutungen für eine(n) andere(n) so organisiere, daß sie (er) darin Sinn zu finden vermag, gleichzeitig die Voraussetzungen, daß sie (er) meinen Bedeutungsstrukturen durch ihre (seine) Antwort Sinn verleiht.« (Jantzen 2007, 218)

Das entspricht dem Grundwort »Ich – Du« Martin Bubers. Relevante Aspekte von dessen Dialogphilosophie sind in Kapitel 4.2.2 dargestellt. Wolfgang Jantzen stellt in Anlehnung an Buber heraus, dass in seiner Theorie insbesondere die Beziehung im Mittelpunkt steht und (mit Verweis auf Vierheilig) gekennzeichnet ist durch Authentizität, Gegenwärtigkeit, Gegenseitigkeit und Ausschließlichkeit (vgl. Jantzen 2007, 216). Dialoge können jedoch auch gestört werden (oder sein), zusammenbrechen, dialogische Angebote verweigert bzw. noch nicht angenommen werden. Pädagogisch ist es auch dann notwendig, human und anerkennungsbasiert zu handeln. Voraussetzung dazu ist es, sich nicht nur den konkreten Menschen vor Augen zu führen, sondern sich »Menschsein generell als sinnhaften und systemhaften Aufbau der psychischen Prozesse« (ebd., 219) zu erschließen. Übergreifende Prinzipien wie bspw. »Radikale Parteinahme« (vgl. Jantzen 2007, 219) für die Betroffenen und Makarenkos Grundsatz »Möglichst hohe Forderungen an den Menschen und möglichst hohe Achtung vor ihm« (Makarenko, Werke, Band 5, 155) ermöglichen »im Sinne der Aufrechterhaltung von Selbstkontrolle so zu handeln, daß die Voraussetzung für die spätere Aufnahme eines Dialogs nicht zerstört werden bzw. erhalten bleiben bzw. entwickelt werden« kann (Jantzen 2007, 219).

KOMMUNIKATION (lat. *communicatio*) bedeutet Mitteilung und meint den Austausch von Informationen, die »Verständigung von Menschen ... mit dem Medium der Sprache, der Mimik, der Gestik oder anderer vereinbarter Signal- und Zeichensysteme« (Schaub/Zenke 2000, 324). Kommunikation meint auch die Vermittlung mit dem Gemeinwesen (vgl. Jantzen 2007, 228 ff.). Sie gilt als eines der grundlegendsten Bedürfnisse des Menschen. Sich nicht verständigen oder mit anderen austauschen zu können, führt zu Isolation, reduziert oder verunmöglicht Teilhabe an kulturellen, sozialen und gesellschaftlichen Prozessen. In inklusiven Kontexten sind vielfältige Kommunikationsmodi (resp. Zeichensysteme) zu berücksichtigen (vgl. auch Kapitel 3.3.3.3). Sie bieten die Chance der Erfahrung und Erprobung, vielfältige Möglichkeiten der Kommunikation und Verständigung werden insbesondere in inklusiven Kontexten sicht- und erlebbar.

Der Begriff der Kooperation ist für die Pädagogik ebenso von großer Bedeutung. Mit Marx (MEW 23, Kap. 11, 344) ist Kooperation »die Form der Arbeit vieler, die in demselben Produktionsproze oder in verschiedenen zusammenhängenden Produktionsprozessen planmäßig neben- und miteinander arbeiten.« Damit kennzeichnet die Kooperation ein gleichberechtigtes, arbeitsteiliges Vorgehen, die Kooperationspartner*innen zielen die gemeinsame Bearbeitung einer Frage oder eines Problems an. Die Leitung des Prozesses und die Verantwortung kann jede/jeder, der an der Kooperation beteiligt ist, übernehmen (vgl. Jantzen 2007, 222).

In der Pädagogik wird die Kooperation auch durch die Erkenntnis Vygotskijs zur »Zone der nächsten Entwicklung« (vgl. Jantzen 2007, 222) deutlich.

Darüber hinaus stellt sie in Georg Feusers »entwicklungslogischer Didaktik« ein Schlüsselelement im Sinne der »Kooperation am gemeinsamen Gegenstand« (vgl. Feuser 1995, 2011, Kapitel 4.2.4.1 in diesem Band) dar.

Darüber hinaus kommt vor allem bezüglich inklusiver schulischer Kontexte der interdisziplinären Kooperation der Lehrpersonen und Teammitarbeiter*innen Aufmerksamkeit zu. Es werden vier Ebenen der Kooperation unterschieden: *co-activity*, bei der die Akteure maßgeblich nebeneinander arbeiten; *cooperation*, bei der zunehmend Aktivitäten gemeinsam gestaltet werden; *coordination*, bei der partiell Tätigkeiten koordiniert werden, und *collaboration*, bei der eine Übereinstimmung von Zielen und Werten erreicht wird (vgl. Marvin 1987, 1 ff.). Diese Ausdifferenzierung erscheint eher willkürlich und ordnet die Kooperation maßgeblich der Koordination und der Kollaboration unter. Kooperation als arbeitsteiliges Vorgehen kann zeitweise paralleles Arbeiten erfordern unter der Voraussetzung der vorherigen Abstimmung und Koordination und sollte sich stets an gemeinsamen Zielen und Werten orientieren.

Somit ist zu konstatieren, dass Kooperation in unterschiedlichen Zusammenhängen in Pädagogik und Didaktik bedeutsam ist, sie kennzeichnet die Zusammenarbeit zwischen Menschen (z. B. zwischen Schüler*innen, aber auch innerhalb der Teams) und verweist auf die Entwicklungspotenziale Einzelner im Sinne der »Zone der nächsten Entwicklung«.

Das KOLLEKTIV unterscheidet sich von der »diffusen Gruppe«, welche durch die »Gegensatzpaare Autonomie vs. Konformismus und Sympathie vs. Antipathie« (Jantzen 2007, 223) gekennzeichnet ist. Das Kollektiv ist eine

»überindividuelle Einheit subjektiven Handelns, die durch Sinnbildung und Bedeutungsstiftung der Individuen entsteht sowie diese organisiert ... Grundformen der Vermittlung von Individuen und Kollektiv sind Dialog und Kooperation.« (Jantzen 2007, 223)

Mit Petrowski nimmt Jantzen Gesetzmäßigkeiten des Kollektivs auf, wie »kollektive Selbstbestimmung«, »Gruppeneinheitlichkeit in der Wertorientierung« und »wirksame emotionale Identifikation mit der Gruppe« (vgl. ebd., 224). Petrowski unterscheidet drei Ebenen der Entwicklung des Kollektivs:

»Zunächst existiert eine diffuse Gruppe, auf deren Basis eine Gemeinschaft entsteht, in der Beziehungen und Formen des Zusammenlebens durch die gemeinsame Tätigkeit vermittelt werden. Eine noch tiefere, kernbildende Ebene des Kollektivs stellt dann schließlich die durch die konkrete zielgerichtete Tätigkeit der Gruppe bestimmten Charakteristika der Gruppenaktivität dar ... Diese ergibt sich ersichtlich aus der Dialektik zwischen den befriedigenden inneren Beziehungen (emotionale Charakteristika, adäquater Beitrag zum gemeinsamen Produkt) und den äußeren Bedingungen, die durch die kollektive Tätigkeit motivgeleitet und gegenstandsadäquat verändert werden ... Die gegenständliche Tätigkeit des Kollektivs hat folglich produktive wie reproduktive Aspekte.« (ebd., 224)

Mit Suchomlinski verweist Jantzen auf das Hauptaugenmerk des Kollektivs. Es ist »die Sorge des Menschen um den Menschen, die Verantwortung des einen für den anderen, die Verantwortung des einzelnen gegenüber dem Kollektiv, gegenüber der Gesellschaft« (Suchomlinski, zit. N. Jantzen 2007, 226). Demnach ist das Verhältnis der Kollektivmitglieder untereinander bildend und erziehend, gekennzeichnet von dialogischen, kommunikativen und kooperativen Prozessen. Das Kollektiv wirkt emotional, kognitiv, sprachlich und sozial anregend. Darüber hinaus lernen sich die vielfältigen Akteure schätzen, füreinander Verantwortung und Sorge tragen. Gemeinsame humane Werte und gemeinsame Aktivitäten sind dabei maßgeblich. Das Kollektiv bietet Schüler*innen Orientierung und Sicherheit.

Nachdem die zentralen Begriffe und Zusammenhänge einer Allgemeinen Pädagogik (die sich ›inklusiv‹ versteht) grundgelegt wurden, soll nun die Didaktik ins Zentrum rücken.

3.3 Allgemeine Didaktik – ›Inklusive‹ Didaktik – Fachdidaktik

Didaktik (griech. *didaskein*) bezeichnet »denjenigen Wissenszusammenhang, der sich auf Lehren und Lernen in seinen unterschiedlichen Formen und Aspekten bezieht« (Terhart 2006, 27). Didaktik kann als Teildisziplin der Pädagogik verstanden werden, wobei die Trennung von Pädagogik und Didaktik als formal zu bezeichnen ist (vgl. Kron/Jürgens/Standop 2014, 20). Die Didaktik berücksichtigt v. a. die Prozesse des Lehrens und des Lernens und alle Aspekte, die damit einhergehen, wie z. B. die Bestimmung der »Inhalte, die Medien, die Sozialformen des Lehrens und Lernens, aber auch die diese wieder bedingenden gesellschaftlichen, sozialen und individuellen Faktoren« (ebd.).

Allgemein ist Didaktik nicht nur im Kontext Schule zu verorten, sondern auch in allen weiteren außerschulischen didaktischen Praxisfeldern im System Bildung. So ist z. B. von der Didaktik der Erwachsenenbildung, der Didaktik im Kindergarten und in Kindertagesstätten, der Didaktik im Sonderschulbereich, der Didaktik der Schulfächer usw. die Rede.

Im Weiteren wird hier eine Didaktik fokussiert, die allgemein ist und für alle Gültigkeit beansprucht. Bereits bei Johann Amos Comenius (1592–1679) und Wolfgang Ratke (1571–1632) ist die Forderung nach einer »Bildung für alle« (Feuser 2017a, 222) und einer damit einhergehenden Didaktik erhoben worden. Die Bildungstheorie von Comenius kann im Kern als »alle alles dem Ganzen gemäß lehren« (Hericks 2013, 19) gekennzeichnet werden. Damit ist Comenius (vgl. Hericks 2013, 19 ff.) seiner Zeit deutlich voraus mit seiner Theorie und der Bestimmung:
- alle *(omnes)*,
- alles *(omnia)*,
- auf vielerlei Art und Weise und dem »Ganzen gemäß« *(omnino)*.

Die Bezeichnung »Didactica« (Lehrkunst) taucht erstmals 1613 bei Wolfgang Ratke und später 1657 bei Comenius in der *Didactica magna* (große Lehrkunst) auf. Bis in die Gegenwart hinein wird der Didaktik im deutschsprachigen Raum eine zentrale Stellung zugewiesen. Pädagogik, Schule und Unterricht scheinen ohne die Didaktik nicht auszukommen. Mit Kron/Jürgens/Standop (2007), die sich auf Bittner und Klafki beziehen, können gegenwärtig fünf Bestimmungen von Didaktik ausgemacht werden:
1. Didaktik als Wissenschaft vom Lehren und Lernen,
2. Didaktik als Theorie und Wissenschaft vom Unterricht,
3. Didaktik als Theorie der Bildungsinhalte,
4. Didaktik als Theorie der Steuerung von Lernprozessen,
5. Didaktik als Anwendung psychologischer Lehr- und Lerntheorien. (Kron/Jürgens/Standop 2007, 36 ff.)

In übergreifendem Sinne fassen die Autor*innen die »Didaktik als Enkulturationswissenschaft«, womit die »Bedeutung des gesellschaftlichen, interaktiven und individuellen Vermittlungsprozesses kultureller und sozialer Inhalte ins Zentrum von Forschung, Theoriebildung und Praxis rückt« (ebd. 41).

Bei der Strukturierung verschiedener didaktischer Phänomene werden vier Ebenen herausgearbeitet:

»(1) Die makrosoziale Ebene – gesellschaftliche Konstitutionsbedingungen regelgeleiteten Handelns; ökonomische, politische, kulturelle, soziale Strukturen und Funktionszusammenhänge
(2) Die institutionelle Ebene – kulturelle und gesellschaftliche Einrichtungen und Organisationen: Betriebe, Universitäten, Schulen, Massenmedien, Kirchen
(3) Die mikrosoziale Ebene – Interaktion und Kommunikation, interpersonale Beeinflussung: Eltern-Kind-Beziehung, Familie, Unterricht, Peer-Group
(4) Die intrapersonale Ebene – Lern-, Bildungs-, Entwicklungsprozesse der handelnden Subjekte/Individuen, Konstitution von Regelbewusstsein, Konstruktion von Wissen, kognitive, emotionale Strukturen, Einstellungen und Erwartungen« (ebd., 45)

Kron/Jürgens und Standop (2007) beziehen sich auf Integration und Inklusion im Kontext der zweiten Ebene (institutionelle Ebene). Sie schreiben:

»Inklusion kann als eine tiefgreifende Reform des Schulsystems verstanden werden, die nicht nur die Akzeptanz der Vielfalt als moralisches Prinzip voraussetzt, sondern zugleich hohe Anforderungen an die Organisation und Gestaltung von Schule und Unterricht mit sich bringt. Wesentliches Prinzip ist die Wertschätzung der Diversität ... Viele Methoden und Konzepte der Schulpädagogik, u. a. die Organisation in altersgemischten Gruppen, Gruppenarbeit an fachübergreifenden Themen oder neuartige räumliche Gestaltungsmöglichkeiten unterstützen die pädagogisch-didaktische Umsetzung des inklusiven Leitgedankens.« (ebd., 49)

Die Autoren nehmen Bezug auf die Internationale UNESCO-Konferenz in Thailand *Bildung für alle;* auf die UNESCO-Konferenz 1994 in Salamanca und die UN-Konvention über die Rechte von Menschen mit Behinderungen (vgl. ebd., 48). Integration wird verstanden als »Einbeziehung von Menschen in eine Gruppe ..., die aus besonderen Gründen, z. B. Behinderung, Krankheit, Herkunft, Religion, Geschlecht, bisher ausgeschlossen waren.« (ebd., 47) Weiter konstatieren die Autoren:

»Im Bildungsbereich wird der Begriff eher sozialpolitisch verwendet, z. B. können, durch Gesetz oder Verordnung legitimiert, behinderte Kinder mit nicht behinderten Kindern in ein und derselben Klasse unterrichtet werden. Die pädagogischen Konzepte der Integration bleiben in der Regel undiskutiert.« (ebd., 47)

Der auf die institutionelle Ebene gerichtete Fokus übersieht Bezüge zu den weiteren beschriebenen Ebenen, so der makrosozialen, mikrosozialen und der intrapersonalen Ebene. Inklusion kann als übergreifendes Konstrukt bzw. Querlage zu allen Ebenen betrachtet werden.

Verschiedene theoretische Orientierungen der »Allgemeinen Didaktik« können wie folgt zusammengefasst werden (vgl. Terhart 2006, 27 ff.):
- bildungstheoretische Modelle,
- lern- und lehrtheoretische Modelle,
- kommunikations- und interaktionstheoretische Modelle,
- konstruktivistische Modelle. (vgl. ebd.)

Terhart verweist darauf, dass diese Modelle sich nur marginal oder gar nicht im Berufsalltag erfahrener Lehrer*innen wiederfinden, sondern vermutlich nur Ausbildungszwecken dienen. Darüber hinaus »existiert eine Kluft zwischen den etablierten didaktischen Theorien und empirischer Unterrichtsforschung« (ebd., 29).

Im deutschsprachigen Raum lassen sich nach Kron/Jürgens/Standop (2014, 65 ff.) über 40 Theorien, Modelle und Ansätze, bspw. die handlungsorientierte Didaktik (Gudjons), die lerntheoretische Didaktik (Heimann/Otto/Schulz), die subjektive Didaktik (Kösel), die kritisch-konstruktive Didaktik (Klafki) u. a. m. differenzieren. In der Fachdiskussion werden längst nicht alle Ansätze hervorgehoben, diskutiert bzw. in didaktische Konzepte überführt. Aus diesen über 40 Theorien, Modellen und Ansätzen wird der kritisch-konstruktiven Didaktik Klafkis (2007) von den Autor*innen eine bedeutende Rolle im Kontext der allgemeindidaktischen Modelle zugewiesen (vgl. Kron/Jürgens/Standop 2014, 70). Eine Analyse didaktischer Theorien und Modelle bezüglich Integration bzw. Inklusion steht bislang aus. Das in diesem Zusammenhang entstandene Modell einer »entwicklungslogischen Didaktik« (Feuser 1995/2011) bleibt bei der Darstellung der didaktischen Modelle und Ansätze (vgl. Kron/Jürgens/Standop 2014) gänzlich unberücksichtigt. Im Kontext von Inklusion wird das Modell jedoch hoch geschätzt – v. a. aufgrund seiner theoretischen Fundierung. Es berücksichtigt explizit die Verschiedenheit der Schüler*innen und verweist zugleich auf die Bedeutsamkeit des Gemeinsamen und Kooperativen. Leider hat das Modell jedoch bislang kaum in die Schulpraxis Eingang gefunden. Gründe dafür liegen wohl in der Komplexität und den Befürchtungen der Lehrpersonen, dieser nicht gerecht werden zu können.

In der Fachliteratur wird seit geraumer Zeit häufig der Terminus ›inklusive Didaktik‹ gebraucht. Die hier im Folgenden ausgewählten

Beiträge sollen einige Aspekte der Diskussion aufzeigen. Reinhard Markowetz setzt auf die »Bestimmung einer inklusiven Didaktik durch die Integration und Balance didaktischer Modelle« (Markowetz 2012, 144). Er betont, dass die von ihm getroffene Auswahl didaktischer Modelle, Konzepte und Theorien persönlich erfolgt ist (vgl. ebd., 147 f.) und für den »Unterricht mit behinderten und nicht behinderten Kindern und Jugendlichen notwendig und erhaltenswert erscheint« (ebd., 146). Dabei führt er folgende Modelle auf:

»… die kritisch-konstruktive Didaktik (Klafki …), die lehrtheoretische Didaktik (Schulz …), die kritisch-kommunikative Didaktik (Winkel …), die subjektive Didaktik (Kösel …), die systemisch-konstruktivistische Didaktik (Reich …), die entwicklungslogische Didaktik (Feuser …), die curriculare Didaktik und der lernzielorientierte Ansatz (Möller …), die didaktischen Vorstellungen der Themenzentrierten Interaktion (Cohn …) und die Verlängerung davon, die gestaltpädagogische Didaktik (Burow …) sowie die animative Didaktik (Opaschowski …).« (ebd., 147)

Diesen Modellen und Ansätzen spricht Markowetz »aufgrund ihres mehr oder weniger stark spürbaren emanzipatorischen Erkenntnisinteresses eine entstigmatisierende Kraft durch Bildung für alle und Teilhabe am Gemeinsamen Unterricht« (ebd.) zu.

Zur Analyse der Modelle und Ansätze im Hinblick auf eine inklusive Didaktik nimmt er schließlich die fünf Leitbegriffe Bildung, Lernen, Interaktion, System und Konstruktion auf (vgl. ebd., 147). Ergänzend dazu wird eine Sammlung von Merkmalen aufgeführt, die »das Wesensmoment des Inklusiven erkennen und messen« (ebd., 152) lassen soll, bspw. »das emanzipatorische Interesse an allen Subjekten«; »die Ausgewogenheit von Sach-, Gefühls- und Sozialerfahrung«; den »Einbezug äußerer Bedingungen und Voraussetzungen sowie ökosystemischer Wirkvariablen« (ebd.) und viele andere mehr, die Grundhaltungen, Ziele, Entwicklungsbereiche und Strukturmomente von Unterricht beinhalten. In seinem Plädoyer orientiert der Autor darauf, »Gemeinsamen Unterricht neu zu denken« (ebd., 154) und die Notwendigkeit, »Sonderpädagogik und Allgemeine Pädagogik auf dem gemeinsamen Weg zu einer inklusiven Didaktik« (ebd.) zu begleiten. Auch Kersten Reich nimmt den Begriff der »inklusiven Didaktik« auf. Die von ihm fokussierte »konstruktivistische Didaktik« trägt seiner Einschätzung nach Grundzüge einer »inklusiven Didaktik« in sich, muss jedoch noch weitere Differenzierungen durch Inklusion erfahren (vgl. Reich 2014, 53). Damit wird die inklusive Didaktik als Weiterentwicklung der konstruktivistischen Didaktik markiert (vgl. ebd., 54). Heute, so betont Reich, sind »die Fragen der Chancengerechtigkeit ... und der Inklusion ... wichtig geworden« (Reich 2014, 50). Das Verhältnis von inklusiver Didaktik und konstruktivistischer Didaktik stellt der Autor wie folgt dar:

> »Wenn immer ich von inklusiver Didaktik spreche, dann ist die konstruktivistische ein in sie eingeschlossener Anteil. Die konstruktivistische Didaktik umgekehrt zeigt einen Ansatz, der notwendig heutzutage um den Aspekt der Inklusion ergänzt werden muss.« (Reich 2014, 54)

Reich plädiert anstelle einer allgemeinen Didaktik für eine inklusive Didaktik und begründet das wie folgt:

> »Inklusive Didaktik benötigt ein inklusives und ganzheitliches Verständnis von Lehr- und Lernprozessen in der Schule ... Bisherige didaktische Ansätze enthalten zwar wichtige Elemente, die auch bei Inklusion gelten, aber die neuen Standards der Inklusion zwingen dazu, das notwendige Feld theoretischer Begründungen und praktischer Ausarbeitungen weiter zu fassen, als es herkömmliche didaktische Ansätze vermögen ... Inklusive Didaktik muss neuen inklusiven Fachdidaktiken helfen, eine ganzheitliche Sicht zu wahren und hinreichend Vorkehrungen und Grundsätze zur Verfügung stellen, die dann in der fachlichen Umsetzung beachtet und fortgeführt werden.« (Reich 2014, 51)

Für eine weiterzuentwickelnde inklusive Didaktik arbeitet er »10 Merkmale und Mindeststandards einer inklusiven Schule und eines gelingenden gemeinsamen Lernens« (Reich 2015, 45 ff.) heraus. Dies sind

> »Beziehungen und Teams ... Demokratie und Partizipation ..., chancengerechte Qualifikation ..., Ganztag ..., förderliche Lernumgebung ..., Förderbedarf ohne Stigmatisierung ..., neues Beurteilungssystem ..., neue Schularchitektur ..., Öffnung in die Lebenswelt ..., Beratung, Supervision, Evaluation und neue Kriterien guten Unterrichts.« (ebd.)

Die »Bausteine einer inklusiven Didaktik« werden mit Bezug auf die Hattie-Studie und nationale bzw. internationale Studien begründet.

Kriterien herauszuarbeiten, die »die Eignung didaktischer Modelle für inklusiven Unterricht beurteilen« stellt Annette Textors Intention dar. Sie orientiert sich am Begriff Inklusion bzw. am »Index für Inklusion« (ebd.). Folgende Kriterien werden bedeutsam: »1. Normative Grundlage ... 2. Individualisierung ... 3. Soziale Beziehungen ..., 4. Vielseitigkeit der Inhalte ...« (vgl. Textor 2015, 121).

Diese werden von der Autorin zur Analyse der ausgewählten didaktischen Modelle herangezogen. Die Auswahl fiel auf die lerntheoretische Didaktik (Berliner Schule, Hamburger Schule), die kritisch-konstruktive Didaktik (Klafki), die entwicklungslogische Didaktik (Feuser) und den

Bielefelder Ansatz einer Inklusion unterstützenden Didaktik. Untersucht wurde, inwiefern sich diese Modelle/Ansätze für inklusive Lerngruppen eignen (vgl. ebd., 122). Dabei kommt die Autorin zu einer kritischen Einschätzung und weist den beiden zuletzt genannten Modellen im Kontext von Inklusion einen hohen Stellenwert zu (vgl. Textor 2015, 120).

Natascha Korff setzt auf »guten inklusiven Unterricht« (Korff 2012, 140) und stellt dabei den Bezug zu nationalen und internationalen Studien her. Auf der Basis der Veröffentlichungen der Europäischen Agentur (2003, 29) werden folgende Merkmale einer inklusiven Didaktik benannt: »Klare Ziele, alternative Lehrmethoden, flexibler Unterricht und unterschiedliche Lerngruppierungen fördern den gemeinsamen Unterricht.« Korff konstatiert, dass diese Kriterien für »guten Unterricht« generell bedeutsam sind (vgl. Korff 2012, 142). Zwei Merkmale werden im Kontext inklusiver Didaktik ergänzt: »a) der explizite Einbezug aller – auch basaler – Lernzugänge sowie b) das Spannungsfeld Gemeinsamkeit und Vielfalt« (Korff 2012, 142).

Diese Beiträge stellen nur einen kleinen Ausschnitt der Veröffentlichungen zum Thema ›inklusiver‹ Didaktik dar. Zumeist spiegelt sich in den Beiträgen das Bestreben, einen Referenzrahmen zur Analyse didaktischer Modelle und/oder für die Bewertung von ›inklusivem‹ Unterricht zu finden. Eine wissenschaftlich breit geführte Debatte um einen möglichen Referenzrahmen ist jedoch bislang ausgeblieben.

Neben dem bereits Dargestellten werden Fragen danach, wie sich Unterricht mit heterogenen Lerngruppen gestalten kann bzw. soll, mehr und mehr auch von den Fachdidaktiken gestellt. Die Diskussion in den Unterrichtsfächern rückt neben dem fokussierten Gegenstand bzw. der Sache zunehmend die individuellen Voraussetzungen der Schüler*innen in den Mittelpunkt. An dieser Stelle ist es nicht möglich, den jeweiligen detaillierten Diskussions- und Entwicklungsstand der Unterrichtsfächer darzustellen. Jedoch kann konstatiert werden, dass Fächer und Fachdidaktiken mehr und mehr das Themenfeld Inklusion in den Fokus nehmen (vgl. Ziemen 2017).

3.3.1 Didaktik und Unterricht

In der bildungs-, resp. erziehungswissenschaftlichen Debatte und der Didaktik, die sich auf Schule bezieht, gilt Unterricht als grundlegend. Unstrittig ist, dass in Schule Unterricht stattfinden soll. Unterricht kommt vermittelnde Funktion zu.

Allgemeine Didaktik – ›Inklusive‹ Didaktik – Fachdidaktik

»Im Unterschied zum ›natürlichen‹ Lernen vollzieht er (der Unterricht, d. V.) sich geplant, systematisch, methodisch aufgebaut und zielgerichtet. Er vermittelt Wissen, schult Fertigkeiten, entwickelt geistige und soziale Fähigkeiten, zeigt wertbestimmte Einstellungen, Haltungen und Verhaltensweisen auf. Er vermittelt geordnete Vorstellungen über die wesentlichen Dimensionen der Existenz. Dies ist die genuine Leistung der Schule, die andere Sozialisationsinstanzen (Familie, Peergroup, Massenmedien) nicht leisten können.« (Sandfuchs 2011, 137)

Das Verhältnis von Unterricht, Lernen und Entwicklung wird v. a. in ›kulturhistorischer‹ Hinsicht diskutiert. Nach Vygotskijs Auffassung ist der Unterricht nicht an die Institution Schule gebunden. »Unterricht und Entwicklung treten … nicht erstmals im Schulalter auf, sondern sind praktisch vom ersten Lebenstag des Kindes an miteinander verbunden« (Vygotskij 1987, 297). Durch Interaktion, Kommunikation und Kooperation werden Lernprozesse angestoßen. Psychische Prozesse sind Resultat der aktiven Auseinandersetzung des Menschen mit der Welt in der »Zone der nächsten Entwicklung« (Vygotskij 1987, 298). Vygotskij kennzeichnet zwei Entwicklungsdimensionen: »Die erste bezeichnen wir als Niveau der aktuellen Entwicklung … Wir meinen damit das … Entwicklungsniveau des Kindes, das nach bestimmten, bereits abgeschlossenen Entwicklungszyklen entstanden ist.« (ebd.)

Die »Zone der nächsten Entwicklung« als potenzieller Möglichkeitsraum für Entwicklung entsteht durch die Kooperation mit anderen. »Die allererste Quelle für die Entwicklung der … Persönlichkeit des Kindes ist seine Zusammenarbeit (wobei dieses Wort im weitesten Sinne zu verstehen ist) mit anderen Menschen« (ebd., 85). Die »Zone der nächsten Entwicklung« zeigt Prozesse des Werdens und des Zukünftigen auf.

»Das Kind vermag durch Nachahmung, in kollektiver Tätigkeit, unter Anleitung Erwachsener viel mehr einsichtig zu leisten, als es selbstständig tun könnte. Die Differenz zwischen dem Niveau, auf dem die Aufgaben unter Anleitung, unter Mithilfe der Erwachsenen gelöst werden, macht die Zone der nächsten Entwicklung aus.« (ebd., 97)

Der Unterricht muss dem Kind bzw. Jugendlichen entwicklungspsychologisch angemessen sein. Lernen vollzieht sich im Unterricht mit anderen, den Lehrpersonen und Teammitarbeiter*innen oder auch mit anderen Kindern und Jugendlichen. Unterricht ist ein Entwicklung induzierender Prozess, ein Prozess der Vermittlung, der Interaktion, Kommunikation und Kooperation. Im Laufe der Entwicklung werden die Prozesse der Vermittlung selbst verinnerlicht. Über die eigenen optimalen Bedingungen für Lernen können die Kinder und Jugendlichen nach und nach besser reflektieren. Die Erkenntnisse zu Unterricht bzw. Entwicklung und ihr Verhältnis zueinander sind für die Didaktik grundlegend. In didaktischen Lehrwerken, Enzyklopädien und Wörterbüchern erscheint der Begriff ›Unterricht‹ in unterschiedlichen Differenzierungen, so werden z. B. verschiedene Modelle, Konzepte, Sozialformen des Unterrichts, das Unterrichtshandeln, die Unterrichtsplanung und die Unterrichtsstruktur dargestellt.

In seiner allgemeinsten und übergreifenden Bestimmung erscheint »Didaktik als Theorie und Wissenschaft von Unterricht« (Kron u. a. 2014, 36) und »umfasst das weite Wirklichkeitsfeld gesellschaftlich legitimierter, organisierter und auf professioneller Basis durchgeführter Lehr- und Lernprozesse, die als Unterricht legitimiert werden« (ebd., 37).

Neben der Bedeutung von Unterricht im Sinne von »regelmäßigem Lehren« oder »Schulung« (vgl. Görner & Kempcke 1976, 555) verweist das Verb ›unterrichten‹ darauf »jemandem einen Sachverhalt zu vermitteln«, »ins Bild zu setzen«, »in Kenntnis setzen, zu orientieren, sich verständigen, benachrichtigen, informieren …, aber auch, etwas mitteilen und jemanden in etwas einweihen« (vgl. ebd.).

Die Rolle der Vermittlung kommt den Lehrpersonen bzw. Teammitarbeiter*innen in der Institution Schule zu. Sie tragen die Verantwortung dafür, dass unterschiedliches Kapital, wie ›kulturelles und soziales Kapital‹ erworben und die entsprechenden Kompetenzen den Schüler*innen zuerkannt werden. Auf der Basis von vorausgehenden Entwicklungs- und Lernprozessen verändert sich deren Habitus. Bereits August Hermann Niemeyer kennzeichnet Unterricht 1796 als »absichtliche und planmäßige Mitheilung gewisser Kenntnisse an den Lehrling« (vgl. Luhmann & Schorr 1999, 200). Als »spezielle Form des Lehrens und Lernens in der Institution Schule« (Sandfuchs 2011, 137) rücken die Schüler*innen in den Mittelpunkt der Betrachtungen. Ziel von Unterricht ist es, Lern- und Entwicklungsprozesse zu initiieren, zu begleiten, zu dokumentieren und darüber (im Team) zu reflektieren. Unterrichten gilt als Tätigkeit und als zu erwerbende Kompetenz für auszubildende Lehrer*innen. Im Folgenden soll genauer auf das Verhältnis von Unterricht und Entwicklung eingegangen werden. Dazu wird vor allem auf die kulturhistorische Theorie Bezug genommen.

Bis zum Beginn der 1930er-Jahre wurde sie maßgeblich von Lev Semjonowitsch Vygotskij, Alexander R. Luria und Alexej N. Leont'ev entwickelt.

Grundlegend für die kulturhistorische Theorie ist, dass die höheren psychischen Funktionen, »also vermittelte oder instrumentelle Funktionen der Verhaltensorganisation ... von ihrem Ursprung her als sozial und damit historisch« (Jödecke 2002, 117) begriffen werden. Höhere psychische Funktionen sind beispielsweise die Sprache und das Denken. Jede dieser Funktionen tritt zweifach auf, einmal als eine zwischen Menschen geteilte interpsychische und dann, im Prozess ihrer Verinnerlichung oder Interiorisation, als individuell verfügbare intrapsychische Funktion. »Aus dem Zeichen an sich, also dem Zeichen der Möglichkeit nach ... werden im sozialen Verkehr (im semiotischen Feld) des Zeichens für andere ein Zeichen für sich« (ebd.). Der Prozess der Verinnerlichung oder Aneignung von etwas verläuft von außen nach innen. Vygotskij stellt dieses exemplarisch anhand der Entwicklung vom Greifen zum Zeigen dar. »Eine misslingende Greifbewegung an sich stellt für andere (beispielsweise die Mutter) eine Zeigegeste dar. Letztlich führt die Reaktion umgebender Menschen dazu, dass ein Kind für sich zu zeigen lernt« (Zimpel 2010b, 294). Die »gesamte kulturelle Entwicklung des Menschen [durchläuft, d. V.] drei Phasen: an sich – für andere – für sich« (Zimpel 2010b, 294 f. mit Verweis auf Vygotskij). So verläuft bspw. die Aneignung von Begriffen jeglicher Art auf diese Weise. Voraussetzung dafür sind dialogische, kommunikative und kooperative Prozesse.

Aber auch die Kybernetik (vgl. Zimpel 2017b, 166 ff.) und die Erkenntnisse zum Kooperationsverhalten von Menschen (vgl. Zimpel 2012, 33 ff.) bieten weitere Begründungen für eine Didaktik, die der Vielfalt und Differenz der Menschen offen gegenübersteht. Basierend auf Erkenntnissen des Max-Planck-Instituts für evolutionäre Anthropologie in Leipzig, an dem Michael Tomasello forscht, kommt André Zimpel zu dem Schluss, dass durch die aus den Experimenten gewonnenen Erkenntnisse von Schimpansen und Kleinkindern, »Vygotskijs Theorem der Zone der nächsten Entwicklung neue Überzeugungskraft« (Zimpel 2012, 51) verliehen wurde, da bereits zweieinhalbjährige Kinder »unschlagbar in der Nutzung sozialer Hilfe sowie im Deuten eines Fingerzeigs oder Augenmerks« (ebd.) sind. »Erst die den Menschenkindern angeborenen Fähigkeit, Hilfen zu erkennen und zu nutzen, ermöglicht Unterricht« (ebd.). Das Kind ist von Anfang an ein soziales Wesen (vgl. ebd., 54) und angewiesen auf andere.

»Wenn Kinder keinen Unterricht von Erwachsenen in Form von Sprache, Bildern und anderen symbolischen Medien erhalten würden, würden sie genauso viel über Dinosaurier wissen wie Platon und Aristoteles, nämlich überhaupt nichts.« (Tomasello 2002, 209 f.)

Alles, was die Schüler*innen umgibt, was zur Aneignung zur Verfügung steht, kann historisch (hat eine Geschichte), kulturell (ist in der jeweiligen Kultur verankert) und instrumentell (über Sprache; Zeichensysteme) erschlossen werden.

In der Schule muss der Sprache eine außerordentliche Bedeutung zukommen, nicht nur der Laut- und Schriftsprache, der Erst- und ggf. Zweitsprachen der Schüler*innen, sondern auch alternativer Sprachen, so bspw. der Symbolsprache. Dabei kann auf die Modi der unterstützten oder gestützten Kommunikation, die elektronisch oder nicht elektronisch Dialog und Kommunikation ermöglichen, zurückgegriffen werden. Sich etwas aneignen heißt, sich die (gesellschaftliche) Bedeutung von etwas zu erschließen und dafür Zeichen zu erwerben, die in Dialog und Kommunikation zur Verständigung zwischen Menschen genutzt werden können.

Nach Vygotskij ist folgende Erkenntnis grundlegend: »Quelle und Nährboden der Entwicklung höherer psychischer Funktionen bildet das intellektuell heterogen zusammengesetzte Kollektiv der Kinder« (Vygotskij 2001, 121). Erst die Unterschiedlichkeit ermöglicht eine Irritation und bietet damit Potenziale für Entwicklung. Unterricht im kulturhistorischen Sinne kommt eine besondere Rolle zu. Dieser findet unabhängig von Institutionen statt und beginnt »lange bevor ... [das Kind, d. V.] in die Schule kommt« (Vygotskij 1987, 296). Der Unterricht bzw. das Unterrichten kann demnach an jedem Ort und in jeder Lebensphase stattfinden, vollzieht sich v. a. im Kindes- und Jugendalter im Dialog mit anderen, Kommunikation und Kooperation. Mit zunehmendem Lebensalter ist auch ein Sich-selbst-Unterrichten möglich. Vygotskij führte in den 1920er-Jahren ein neues Verständnis kindlicher Entwicklung ein und hat damit die Abkehr vom biologisierenden Standpunkt eingeleitet. Die Quelle kindlicher Entwicklung wurde nicht mehr nur im Kind selbst gesucht. Für Vygotskij ist die Umwelt wesentliche Bedingung für Entwicklung (vgl. Obuchova 1997, 4 ff.).

»Von Vygotskijs Standpunkt aus erscheinen die höheren psychischen Funktionen zunächst als eine Form kollektiven Verhaltens eines Kindes, als eine Form der Zusammenarbeit mit anderen Menschen, und erst später werden sie zu individuellen Funktionen für das Kind selbst. So ist z. B. das Sprechen zunächst ein Mittel der

Kommunikation zwischen den Menschen, dann, indem es sich entwickelt, verlagert es sich nach innen und beginnt intellektuelle Funktionen zu realisieren.« (Obuchova 1997, 7f.)

Denk-, Wahrnehmungs-, Handlungs- und sprachliche Kompetenzen sind Resultat der aktiven Auseinandersetzung des Menschen mit der Welt. Unterricht orientiert sich nicht vordergründig an der »Zone der aktuellen Entwicklung«, sondern ausgehend von dieser auf die »Zone der nächsten Entwicklung« hin. Die »Zone der nächsten Entwicklung« als potenzieller Möglichkeitsraum für Entwicklung entsteht durch die Kooperation, den Dialog und die Kommunikation mit anderen.

»Die allererste Quelle für die Entwicklung der ... Persönlichkeit des Kindes ist seine Zusammenarbeit (wobei dieses Wort im weitesten Sinne zu verstehen ist) mit anderen Menschen« (ebd., 85). »Was das Kind heute mit Hilfe Erwachsener vollbringt, wird es morgen selbständig tun können« (ebd.). Die »Zone der nächsten Entwicklung« zeigt Prozesse des Werdens und des Zukünftigen an.

Schulisches Lernen im potenziellen Möglichkeitsraum für Entwicklung vollzieht sich gemeinsam mit Lehrpersonen und mit Teammitarbeiter*innen, aber auch mit anderen Schüler*innen. Das didaktische Konzept des kooperativen Lernens eignet sich dazu.

Für den Unterricht betont Vygotskij das Verhältnis zwischen diesem und der Entwicklung von Kindern und Jugendlichen. Der Unterricht verläuft nicht im Gleichschritt mit der Entwicklung der Kinder und Jugendlichen und läuft der Entwicklung schon gar nicht hinterher. Unterricht sollte Chancen für die »Zone der nächsten Entwicklung« aller Kinder und Jugendlicher bieten, d. h. potenzielle Lern- und Entwicklungsmöglichkeiten erkennen und initiieren. Vygotskij betont: »Nur der Unterricht ist gut, der der Entwicklung vorauseilt« (Vygotskij 1987, 302). Im Unterricht sollen

»beim Kind viele innere Entwicklungsprozesse ins Leben gerufen und in Bewegung gebracht [werden], die das Kind zunächst in der Wechselwirkung mit der Umgebung, nur in Zusammenarbeit meistern kann, die aber innere Entwicklung erfahren und dann zum inneren Besitz des Kindes werden.« (Vygotskij 1987, 303)

Schulischer Unterricht setzt demnach voraus, die abgeschlossenen Phasen der Entwicklung jedes Schülers/jeder Schülerin zu kennen. Daran anschließend sind pädagogische Ideen für die »Zone der nächsten Entwicklung«, ggf. mit den Schüler*innen gemeinsam zu entwickeln. Für Lern- und Verhaltensschwierigkeiten formuliert Zimpel zwei

Ursachengruppen: »1. Überforderung, wenn Unterrichtsbemühungen der Entwicklung zu weit vorauseilen, und 2. Unterforderung, wenn das Bemühen um Unterricht sich an den aktuellen Entwicklungsstand anpasst« (Zimpel 2012, 55) bzw. hinter diesem zurückbleibt. Insofern ist der »Zone der aktuellen Entwicklung« und der »Zone der nächsten Entwicklung« von Lehrpersonen und allen Teammitarbeiter*innen höchste Aufmerksamkeit zu schenken. Vygotskij geht davon aus, dass es für jede Art von Unterricht »optimale Fristen« (Vygotskij 1987, 260) bzw. Zeiträume gibt:

»Weicht man von diesen nach oben oder nach unten ab, setzt man diese Zeiträume zu früh oder zu spät an, so beeinträchtigt das immer die Entwicklung, wirkt sich das ungünstig auf den Verlauf der geistigen Entwicklung des Kindes aus.« (ebd.)

Aus der »kulturhistorischen Theorie« bzw. der »Tätigkeitstheorie« ist auf die führenden Tätigkeiten im Verlauf der Entwicklung eines Menschen zu verweisen.

3.3.2 Tätigkeit, Unterricht und Entwicklung

Der Tätigkeit kommt im kulturhistorischen Denken eine besondere Bedeutung zu. Sie vermittelt zwischen Subjekt (Schülerin/Schüler) und Objekt (Sache/Gegenstand).

»Tätigkeit wird als die grundlegende Existenzweise des Menschen als gesellschaftliches (Gattungs-)Wesen betrachtet« (Lompscher 2004, 55). In der Tätigkeit setzt sich der Mensch aktiv mit der Welt, den Dingen der Welt, mit anderen und sich selbst auseinander.

»Die Handlungen werden in der Tätigkeit (die als übergreifendes Moment die sinnhafte Verbindung von Subjekt und Objekt schafft) damit als die zielgerichteten, an den objektiven Eigenschaften der Gegenstände ausgerichteten Momente der Tätigkeit betrachtet.« (Jantzen 2007,151)
»... menschliche Tätigkeit ... stellt das grundlegende Medium der Lebenserhaltung und -erweiterung, die grundlegende Beziehung zwischen Mensch und Welt, die Grundbedingung der Entwicklung der menschlichen Persönlichkeit dar.« (ebd.)

Verschiedene dominierende/führende Tätigkeiten sind in der Entwicklung eines Menschen bedeutsam. »Die richtige Übersetzung des russischen Begriffs lautet ›führende‹ Tätigkeit. In der deutschen Literatur wird meist der recht unglückliche Begriff ›dominierende‹ Tätigkeit verwendet« (Winther 2012, 270). Folgende Tätigkeiten werden als führend im Laufe der Entwicklung eines Menschen betrachtet.

D. B. El'konin	A. N. Leont'ev
Direct emotional contact	Wahrnehmungstätigkeit
Manipulation of objects	Manipulierende Tätigkeit
Role playing	Spiel
Formal Learning	Lernen
Intimate personal relations	
Vacational or career oriented activity	Arbeit

Abb. 2: Führende Tätigkeiten (nach Winther 2012, 271)

»Die *Entwicklung* gleicht … weniger einer Leiter als einer Doppelspirale, in der sich verschiedene Stufen … regelmäßig wiederholen … Der Übergang von einer Phase zur nächsten ist gekennzeichnet durch eine Diskrepanz zwischen den operativen und technischen Möglichkeiten und dem Netz aus Aufgaben und Motiven, in die diese Möglichkeiten eingebunden sind. Die Handlungen werden immer reicher und wachsen über den Kreis der Tätigkeiten hinaus, die sie realisieren können … Jeder Übergang in eine neue Entwicklungsphase wird vom Wunsch des Kindes nach mehr Unabhängigkeit von den Erwachsenen begleitet. Darin stimmt die Krise des Dreijährigen mit der Krise der Pubertät überein.« (Winther 2012 mit Verweis auf El'konin, 271 f.)

Führende Tätigkeiten kennzeichnen die Art und Weise, wie sich Menschen (hier die Schüler*innen) Welt aneignen. Dabei bleiben die Tätigkeiten über die Lebensaltersspanne erhalten. So ist bspw. beim Kind im Vorschulalter das Spiel führend. Es setzt sich mit der Welt im Spiel auseinander, eignet sich Bedeutungen an und erwirbt soziale Erfahrungen, zugleich ist die Tätigkeit des Wahrnehmens bzw. das Manipulieren mit Gegenständen weiterhin bedeutsam.

Die spielerische Tätigkeit kann über das Vorschulalter hinaus bei Schüler*innen in der Primarstufe ebenfalls relevant sein. Zugleich entwickeln sie Motive, sich die Welt operativ anzueignen, z. B. über die Schriftsprache. Eine optimale Voraussetzung dafür ist es, sich in Regelspielen erprobt, Regeln verstanden und eingehalten bzw. selbst Regeln mit anderen vereinbart zu haben.

Die Arbeiten von A. N. Leont'ev, P. J. Gal'perin und D. B. El'konin entstanden unter Rückbezug auf Vygotskijs Theorem (vgl. Obuchowa 1997, 17). Vygotskij entwickelte die Idee der

»Konzeption des psychologischen Alters des Kindes als Analyse-Einheit […] Die Erfassung der Struktur des psychologischen Alters besteht in der Beschreibung der sozialen Entwicklungssituation, des führenden Typs der Tätigkeit, der zentralen psychologischen Neubildung der jeweiligen Altersstufe.« (ebd., 17 f.)

Wie oben bereits dargestellt, sind folgende führende Tätigkeiten (in Anlehnung an Leont'ev) im Laufe der Entwicklung eines Menschen bedeutsam:
- das Empfinden und Wahrnehmen;
- das Manipulieren, die gegenständliche Tätigkeit, das Agieren mit Objekten;
- das Symbolisieren, das Spiel;
- das Lernen und die Arbeitstätigkeit (vgl. Manske 2004, 2014).

In der folgenden Tabelle werden die jeweils führenden Tätigkeiten mit dem jeweiligen psychologischen Entwicklungsalter in Beziehung gesetzt. Dies soll lediglich der Orientierung dienen. Entwicklungsalter und Lebensalter kann bspw. bei Schüler*innen, die unter den Bedingungen einer Behinderung leben, differieren. So kann bspw. bei 10–15-jährigen Schüler*innen mit schwerer Behinderung das Wahrnehmen die führende Tätigkeit sein.

Entwicklungsstufen	Tätigkeiten
Psychologisches Alter 0–1 Jahr	Gemeinsam geteiltes Empfinden und Wahrnehmen
Psychologisches Alter 1–3 Jahre	Gemeinsam geteiltes Agieren mit Gegenständen
Psychologisches Alter 3–7 Jahre	Gemeinsam geteiltes Symbolisieren
Psychologisches Alter 7–12 Jahre	Gemeinsam geteiltes Denken
Psychologisches Alter 12–18 Jahre	Gemeinsam geteiltes Bewerten

Abb. 3: Entwicklungsstufen und Tätigkeiten (vgl. Manske, gemeinsam mit Obuchova, 2004, 48 ff.)

Wie in der Tabelle dargestellt, erscheinen die Tätigkeiten als »gemeinsam geteilte Tätigkeiten«. Damit verweist die Autorin Christel Manske auf die Entwicklungspotenziale der Schüler*innen in Kooperation mit anderen, d.h. damit auf die »Zone der nächsten Entwicklung« (Vygotskij 1987). So werden Empfinden und Wahrnehmen, das Manipulieren, die gegenständliche Tätigkeit, das Spiel, das Lernen und die Arbeit (vgl. Jantzen 2007) im Laufe der Entwicklung eines Menschen dann führende Tätigkeiten, wenn sich das Kind, der Jugendliche bzw. der Erwachsene über diese vordergründig mit der Welt auseinandersetzt. Zugleich verweist die führende Tätigkeit auf eine neue Tätigkeit.

Aus der Erkenntnis der jeweils führenden Tätigkeit erwachsen für den Unterricht, der in Kooperation stattfindet, die gemeinsam geteilten Tätigkeiten, die jeweils dem psychologischen Alter der Kinder und Jugendlichen entsprechen und als »gemeinsam geteiltes Empfinden und Wahrnehmen [...]; gemeinsam geteiltes Agieren mit Gegenständen [...]; gemeinsam geteiltes Symbolisieren [...]; gemeinsam geteiltes Denken [...] und gemeinsam geteiltes Bewerten« (Manske 2004, 48 ff.) auftreten.

Zusammenfassend zeigt sich, dass Unterricht im allgemeinsten Sinne ein Entwicklung unterstützender Prozess ist, der in allen Lebensaltersphasen, allen sozialen Räumen oder Feldern stattfinden kann. Dieser kennzeichnet zugleich einen Prozess der Vermittlung und Aneignung (vgl. Ziemen 2002b, 134 ff.). Die mit Unterricht einhergehenden Aneignungsprozesse können sich auf die Gegenstände der Welt, auf andere Menschen und auf sich selbst beziehen, das heißt letztlich auch auf die eigenen Prozesse des Lernens (das Lernen des Lernens). Mit laufender Entwicklung eines Menschen werden die Prozesse der Vermittlung selbst verinnerlicht. Kinder und Jugendliche lernen immer besser, über die optimalen Bedingungen für das eigene Lernen zu reflektieren und diese genauer zu bestimmen. Unterricht bietet Lern- und damit Entwicklungspotenziale. Die tätige Auseinandersetzung mit der Welt ist dabei grundlegende Bedingung.

3.3.3 Entwicklungsbereiche und Didaktik

Didaktik zielt darauf ab, Bedingungen für die Entwicklung und das Lernen von Schüler*innen zu schaffen. Dabei ist es bedeutsam, die Entwicklungsbereiche zu berücksichtigen. Mit jedem unterrichtlichen Angebot werden nicht nur Sachinhalte vermittelt und angeeignet, sondern mit und über diese die Entwicklung der Schüler*innen in unterschiedlichen Bereichen unterstützt. Die Entwicklungsbereiche
- Aufmerksamkeit;
- Emotionen und Affekte;
- Sprache, Kommunikation und Kognition;
- Körper, Sinne, Wahrnehmung und Bewegung;
- Verhalten

kommen dabei in den Fokus.

3.3.3.1 Aufmerksamkeit

Die Aufmerksamkeit hat für die Didaktik bzw. den Unterricht eine herausragende Bedeutung, jedoch kommt ihr auch in den Wissenschaften nicht die entsprechende Beachtung zu (vgl. Zimpel 2008, 72).

Die italienische Ärztin und Reformpädagogin Maria Montessori (1870–1952) entdeckte die Bedeutsamkeit der Aufmerksamkeit für Lernen und Entwicklung. Montessori beobachtete, wie Kinder ungestört in eine Handlung versunken waren. Sie bezeichnete das als »Polarisation der Aufmerksamkeit« (vgl. Montessori 1976, 146; 1997, 124). Begünstigende Bedingungen sind dabei eine entspannte Atmosphäre, die vorbereitete Umgebung und Lehrpersonen, die sich als Begleitende bzw. Unterstützende verstehen.

Auch der Psychologe Mihaly Csikszentmihalyi kommt zu ähnlichen Erkenntnissen. Er nennt das Phänomen, was Montessori mit der »Polarisation der Aufmerksamkeit« beschrieben hat »Flow«. Ein völlig in der Aufgabe bzw. Tätigkeit aufgehender Mensch befindet sich in einem Flow oder »Aktivitätsrausch«, in dem »Aufmerksamkeit, Motivation und die Umgebung eine produktive Harmonie« (Zimpel 2008, 84) eingehen. »Das vielleicht deutlichste Anzeichen von flow ist das Verschmelzen von Handlung und Bewusstsein« (Csikszentmihalyi 1975, 58 f.). Menschen versinken z. B. im Spiel, bei künstlerischen Aktivitäten, beim Schreiben etc.

Das Phänomen der Aufmerksamkeit wird v. a. von André Frank Zimpel in die didaktische bzw. pädagogische Fachdebatte eingeführt. Von Montessori und Csikszentmihalyi beeinflusst, führt er Untersuchungen und Experimente zum Aufmerksamkeitsumfang von Kindern und Jugendlichen mit Trisomie 21 durch.

Aktuelle Forschungen fokussieren die Aufmerksamkeit von Kindern, Jugendlichen und Erwachsenen, die ein Leben unter veränderten neurologischen Bedingungen führen. Die Befunde liefern Erkenntnisse über Aufmerksamkeitsbesonderheiten bei Trisomie 21. Sie erbrachten die Erkenntnis, dass der Umfang der Aufmerksamkeit im visuellen, kinästhetischen, haptischen und auditiven Bereich eingeengt ist (vgl. Zimpel 2016). Die Folge ist, dass Menschen mit Trisomie 21 stärker von

»… abstrakter Bildung profitieren als neurotypische Personen: Schon Zweijährige mit dem Syndrom lernen zuerst lesen und dann erst die Lautsprache – und sie verstehen Algebra besser als Arithmetik. Diese Ergebnisse sprechen dafür, dass der anschauungsgebundene, kleinschrittige und Abstraktionen vermeidende Unterricht … den neuropsychologischen Besonderheiten von Menschen mit einer Trisomie 21 nur wenig Rechnung tragen kann.« (Zimpel 2017a, 225)

Diese grundlegenden Erkenntnisse sind individuell immer wieder neu zu prüfen, da angenommen werden kann, dass diese durch Umfeldbedingungen beeinflusst werden können.

Grundlegend ist die Aufmerksamkeit als für den Unterricht bedeutsam zu erkennen. Den Fokus auf etwas, den Gegenstand, die Sache zu richten und sich mit diesem auseinandersetzen, diesen zu erfahren, zu erfassen, zu durchdringen, setzt Aufmerksamkeit voraus.

Für den UNTERRICHT ist die Frage bedeutsam, wie und wodurch die Aufmerksamkeit auf Inhalte oder Objekte gelenkt werden kann. Dabei ist der auszuwählende Inhalt selbst entscheidend, aber auch die Lehrperson. Beeinflusst wird die Aufmerksamkeit durch Umgebungsbedingungen, aber auch durch persönliche, wie körperliche, kognitive, emotionale und motivationale Bedingungen. Lehrpersonen selbst können die Aufmerksamkeit der Schüler*innen durch eigene Präsenz, Authentizität, Stimme, Mimik und Gestik auf sich lenken.

Im Rahmen pädagogischer Diagnostik ist der Aufmerksamkeitsumfang von Schüler*innen zu erfassen und zu erheben, wie dieser verändert oder beeinflusst werden kann.

3.3.3.2 Emotionen und Affekte

Affekt, Emotion und Denken stehen in einem unmittelbaren Verhältnis zueinander (vgl. Vygotskij 2002, 54 ff.). »Es existiert ein dynamisches Sinnsystem, das die Einheit der affektiven und intellektuellen Prozesse darstellt. Jede Idee enthält in verarbeiteter Form eine affektive Beziehung zur Wirklichkeit« (ebd. 55).

»Wer das Denken von vornherein vom Affekt trennt, versperrt sich für immer den Weg zur Erklärung der Ursachen des Denkens, denn eine Analyse der das Denken determinierenden Faktoren setzt notwendigerweise die Aufdeckung der treibenden Motive des Denkens, der Bedürfnisse und Interessen, der Strebungen und Tendenzen voraus, die das Denken in diese oder jene Richtung lenken.« (ebd. 54 f.)

Das Erleben ist für jegliche Entwicklungssituation und damit auch im Unterricht von entscheidender Bedeutung. Vygotskij hebt die »Wortbedeutung als elementarer Einheit des Psychischen … in ›Denken und Sprechen‹« (Jantzen 2015, 44) und die Einheit des Erlebens hervor.

»Affekte und Emotionen sind die je konkrete Beurteilungsbasis zwischen der subjektiven Bedürfnis- und Motivationslage einerseits, bezogen auf die Möglichkeiten der eigenen Handlungsfähigkeit innerhalb der gegebenen Umfeldbedingungen andererseits.« (Feuser/Herz/Jantzen 2014, 10)

Emotionen bzw. Gefühle sind hochkomplex.

»Emotionen sind psychische Zustände (Gefühle); in der Forschung besteht weitgehend Einigkeit darüber, dass Furcht, Trauer, Ärger und Freude zu den universellen Emotionen zählen ... Gefühle bezeichnen das subjektive Erleben der Emotion; sie werden sozial und kulturell geprägt.« (Herz 2014, 18 f.)

»Affekte sind die in Handlung übersetzten Emotionen« (ebd., 19). Sie gelten als reflexhaft und unkontrollierbar (vgl. ebd.). Wolfgang Jantzen unterscheidet »vier Grundaffekte ... Unlust, Angst/Furcht, Zorn und Behagen« bzw. Emotionen, zu denen später »Scham, Schuld und Geringschätzung« (Jantzen 2015, 26) kommen. Als Basisemotionen gelten Freude und Trauer. Auf der Grundlage dieser gibt es weitere Ausdifferenzierungen (vgl. ebd.).

Als zukünftig bedeutendes Forschungsfeld muss die »Gestaltung von Lehr-, Lern- und Bildungsprozessen als emotionale Erziehung« (Herz 2014, 34) angesehen werden. Zu berücksichtigen ist, dass »Bindung und Dialog und die ihrerseits an die Emotionen gekoppelten Prozesse der Sinnbildung tragende Komponenten der Persönlichkeitsentwicklung (Feuser/Herz/Jantzen 2014, 10) sind.«

»Sinnbildung verlangt nach Aneignung und schöpferischem Aufbau von individuellen, subjektiven Bedeutungen in Auseinandersetzung mit den in der Welt vorhandenen kulturellen, sozial-historischen Bedeutungen. Diese Dialektik des sinn- und systemhaften Aufbaus psychischer Prozesse verweist auf die Dimension des Verhältnisses von Lernen und Entwicklung.« (ebd., 10 f.)

Unterricht ist als ein intersubjektiver Prozess zu verstehen, der über Dialog, Kommunikation und Kooperation realisiert wird und den emotionalen, volitiven, sprachlichen, motorischen und kognitiven Möglichkeiten des/der Einzelnen entsprechen muss.

»Emotionen als Teil der Orientierungsreaktion (Leont'ev 2011), als je in der Gegenwart pulsierende Achsen/Vektoren der Verknüpfung von Körper, Geist/Seele und Sozialem sind demnach die Basisstrukturen der Perspektivbildung, nach der sozialen Welt ebenso wie nach dem sich entwickelnden Selbst hin.« (Feuser/Jantzen 2014, 81)

Darüber entsteht ein »gemeinsam geteilter, intersubjektiver (zugleich kultureller) Raum« (ebd.). Didaktik bzw. Unterricht stellt einen solchen intersubjektiven Raum dar. Im Kontext von Inklusion bzw. allgemeiner Didaktik stellt sich die Frage nach Sinn und Bedeutungen. »Sinn wäre zu verstehen als die emotionale, motivationale und soziale Hülle ... Sinn entsteht durch das Leben und bedarf der Bedeutungen, um sich auszudrücken, so Alexej N. Leont'ev« (Feuser/Herz/Jantzen 2014, 11).

Im UNTERRICHT werden Sinn und Bedeutung vermittelt, was sich in Klafkis Theorem des Elementaren und Fundamentalen wiederfindet und in der »entwicklungslogischen Didaktik« (Feuser 1995, 2011) als Basis gilt. Im Kontext von Didaktik und Unterricht stellt sich die Frage nach der Berücksichtigung der Emotionen, des persönlichen Sinns und der Ermöglichung, sich die »in der Welt vorhandenen kulturellen, sozial-historischen Bedeutungen« (Feuser/Herz/Jantzen 2014, 11) anzueignen. Das öffnet den Blick zur Subjektseite der Schüler*innen und zur Objektseite der Sache bzw. des Unterrichtsinhalts. Didaktik des Lehrens und des Lernens berücksichtigt Affekte und Emotionen und den persönlichen Sinn. Affekte und Emotionen finden ihren Ausdruck im Verhalten, welches allzu oft als Abweichung, Störung oder Auffälligkeit bewertet wird. Jedes Verhalten kann im Gegensatz dazu aus Sicht der Person als sinnhaft begriffen werden.

3.3.3.3 Sprache, Kommunikation und Kognition

Sprache als Zeichenkörpersystem ermöglicht die Auseinandersetzung des Menschen mit der Welt, mit anderen und sich selbst.

»Sprachkonstruktionen sind eine besondere Form sprachlicher Symbole, und das Lernen von ganzen Sprachkonstruktionen – innerlich komplexer sprachlicher Symbole, die historisch konventionalisiert wurden und auf komplexe, aber wiederkehrende Kommunikationsfunktionen zu reagieren – lenkt Kinder auf Aspekte ihrer Erfahrung, auf die sie ohne Sprache nicht achten würden. Insbesondere ermöglicht es ihnen,
- die Welt in Ereignisse und Mitspieler zu gliedern;
- komplexe Ereignisse von verschiedenen Perspektiven aus zu sehen, die sich mehr oder weniger gut mit der gegenwärtigen Szene gemeinsamer Aufmerksamkeit verknüpfen lassen; und
- abstrakte Konstruktionen zu bilden, anhand derer sie fast jedes Phänomen der Erfahrung in Begriffen jedes anderen verstehen können (Handlungen als Gegenstände; Gegenstände als Handlungen und alle Arten anderer begrifflicher Metaphern).«(Tomasello 2002, 202)

Durch den Erwerb von Sprache sind Kinder in der Lage Erfahrungen, Ereignisse und Beobachtungen auf komplexere Art »begrifflich darzustellen, zu kategorisieren und zu schematisieren« (ebd.). »Diese Arten von Ereignisrepräsentationen verleihen der menschlichen Kognition eine große Komplexität und Flexibilität« (ebd.). Nach Tomasello neigen Kinder zwischen einem und drei bzw. vier Jahren vor allem bei der Sprachaneignung zur Imitation, passen aber ihr Verhalten auch kreativ an die jeweiligen Anforderungen und Situationen an. Auch Erwachsene greifen auf Imitation zurück, »wenn sie ... nicht sicher sind, was sie tun sollen« (ebd., 203). Sprache bzw. die Verwendung von Zeichenkörpersystemen zum Austausch und zur Verständigung steht mit der Kognition in unmittelbarer Beziehung. Tomasello stellt drei Dimensionen heraus:

> »(1) die kulturelle ›Weitergabe‹ von Wissen an Kinder durch sprachliche Kommunikation; (2) die Einflüsse der Struktur sprachlicher Kommunikation auf die Bildung kognitiver Kategorien, Beziehungen, Analogien und Metaphern; und (3) die Art und Weise, wie die sprachliche Interaktion mit anderen (Rede) Kinder dazu bringt, verschiedene begriffliche Perspektiven auf Phänomene einzunehmen, die sich manchmal ergänzen und manchmal miteinander konkurrieren.« (ebd., 209)

Zu (1): Diese Erkenntnis ist so selbstverständlich, dass sie kaum erwähnt wird. Dennoch hat sie Bedeutung für die Rolle von Bezugspersonen, Lehrpersonen etc. und ihrer Verantwortung, Erfahrungen, Wissen und Ereignisse der Kultur durch Symbole: Sprache, Bilder, Schrift zu vermitteln.

Kulturübergreifend ist dies zu beobachten, wobei »Kinder in modernen westlichen Kulturen viel mehr verbalen und schriftbasierten Unterricht erhalten« und Kinder in »schriftlosen Kulturen ... durch die Beobachtung einer gut eingeübten Praktik lernen« (ebd., 210).

Zu (2): Über Sprache lernt das Kind zunehmend Dinge zu kategorisieren, zu strukturieren, einzuordnen, begrifflich verschiedene Perspektiven einzunehmen (vgl. ebd., 210 ff.). In Kommunikationssituationen stehen somit unterschiedliche Wahlmöglichkeiten offen, wie etwas ausgedrückt wird. Das ist abhängig von der Situation, dem Kontext und den Hörer*innen. Kategorisierungen in der Sprache beinhalten sowohl »statische Entitäten wie Gegenstände und Eigenschaften als auch dynamische Entitäten wie Ereignisse und Relationen« (ebd., 212). Kognitiv besonders bedeutsam sind »Analogien und Metaphern« (ebd., 213), die jedoch bislang am wenigsten untersucht sind.

Zu (3): Jede der »drei Arten von Rede – Meinungsverschiedenheiten, Erläuterungen und didaktische Interaktionen – stellt eine eigene Perspektive zur Verfügung« (ebd., 216). Die Rede zwischen Menschen kann dazu dienen, verschiedene Meinungen auszutauschen, etwas genauer zu erklären, über etwas zu berichten, etwas zu erzählen und auf der Metaebene über das Gesagte zu reden. Jede dieser Formen verlangt vom Kind, andere Perspektiven einzunehmen (vgl. ebd., 219). Tomasello betrachtet diesen Zusammenhang von Sprache und Kognition bezüglich frühkindlicher Entwicklung, dabei stellt er die Bedeutung des Vermittelns von Wissen durch sprachliche Symbole, die strukturierende Rolle der Sprache und die Rede in den Mittelpunkt. Es ist anzunehmen, dass diese Prozesse im Schulalter noch nicht abgeschlossen und für die Didaktik bzw. den Unterricht von Bedeutung sind.

Zwischen SPRECHEN UND DENKEN besteht ein Zusammenhang. Das sprachliche Begleiten von Handlungen wird besonders bei Kleinkindern beobachtbar. Im Erwachsenenalter sind Selbstgespräche kaum oder gar nicht mehr zu beobachten. Dieses Sprechen mit sich selbst läuft verinnerlicht ab. Jedoch gibt es Situationen, in denen auch Erwachsene die Handlungen sprachlich begleiten, so z. B. wenn sie ein größeres Problem lösen müssen oder aber mit einer Situation nicht einverstanden sind. Sprechen mit sich selbst wird auch als ›Privatsprache‹ bezeichnet. Diese hilft, das Denken zu unterstützen und Handlungen zu planen oder zu steuern (vgl. Hurtig-Bohn 2016, 153). Vygotskij hat sich bereits in den 1920er-Jahren mit dem Zusammenhang von Denken und Sprechen beschäftigt. Die Entwicklung zum verbalen Denken verläuft von der Anregung durch eine äußerlich gegebene sprachliche Umgebung über die äußere Sprache, die Privatsprache, zur inneren Sprache (vgl. Hurtig-Bohn 2016, 157, mit Verweis auf Vygotskij 1977, 39 f.; 313 f.; Vygotskij 2002, 160 f.). Vygotskij (2002, 161) betont, dass zwischen den »äußeren und inneren Operationen eine ständige Wechselwirkung besteht. Die Operationen gehen ständig aus einer Form in die andere über.« Selbstgespräche oder die »Privatsprache« unterstützen Handlungen, Problemlösungen, und sind Medium der Selbstkontrolle. Die Unterstützung durch die ›Privatsprache‹ wird im Kindesalter toleriert, spätestens im Jugendlichenalter ignoriert oder unterbunden. Ihre Bedeutung für die Handlungssteuerung, Selbstkontrolle und Strukturierung ist bekannt und in schulischen Kontexten zu nutzen.

EXKURS

Menschen, die unter den Bedingungen von geistiger Behinderung leben
Für Menschen, die unter den Bedingungen von geistiger Behinderung leben, wurde in der Vergangenheit Bildung, Schule und Unterricht zunächst grundsätzlich infrage gestellt; sie waren vom Erwerb von dort vermittelten Kenntnissen, Fähig- und Fertigkeiten ausgeschlossen, v. a. von denen, die die Abstraktion und zusammenhängendes bzw. hypothetisches Denken erforderten.

Das Lehr- bzw. Lernangebot reduzierte sich zumeist auf den Erwerb von senso-motorischen und ›lebenspraktischen‹ Fähig- und Fertigkeiten. Der Unterricht knüpfte an die defizitären Beschreibungen der Kinder und Jugendlichen (resp. Schüler*innen) an. Reduzierte Lehr- und Lernangebote und besondere Bedingungen für Unterricht waren die Folge. Vygotskij beschrieb bereits in den 1920er-Jahren (1987, 301):

»In Untersuchungen wurde [...] festgestellt, dass das zurückgebliebene Kind kaum in der Lage ist, abstrakt zu denken. Daraus zog die Pädagogik für die Hilfsschule den [...] Schluss, dass der gesamte Unterricht bei einem solchen Kind auf Anschaulichkeit aufgebaut werden muss. Die praktische Erfahrung auf diesem Gebiet führte für die Sonderpädagogik zu einer großen Enttäuschung. Es stellte sich heraus, dass ein Unterrichtssystem, das sich ausschließlich auf Anschaulichkeit gründet und alles aus dem Unterricht verbannt, was mit abstraktem Denken zusammenhängt, dem Kind nicht nur nicht hilft seinen [...] Defekt zu überwinden, sondern diesen Defekt sogar noch verstärkt [...]. Die Anschaulichkeit ist nur als Stufe für die Entwicklung des abstrakten Denkens, nur als Mittel unerlässlich, sie ist nicht Selbstzweck.« (ebd.)

Die Grundproblematik ist bis in die Gegenwart aktuell, so ist der Unterricht für den hier fokussierten Personenkreis zumeist auf Kleinschrittigkeit und Anschaulichkeit ausgerichtet. Zum Einsatz kommende Methoden bzw. didaktische und/oder therapeutische Ansätze werden zuweilen nur über den Personenkreis der Kinder und Jugendlichen mit so genanntem ›sonderpädagogischem Förderbedarf‹ legitimiert.

Anschaulichkeit kann beim Prozess der Verinnerlichung von anzueignenden Gegenständen und Zusammenhängen bedeutend sein, kann aber auch eigenes und kreatives Denken behindern. Kleinschrittigkeit oder das Zerlegen von anzueignenden Gegenständen in Teile orientiert auf das Detail. Dabei kann der Gesamtzusammenhang des anzueignenden Gegenstandes verloren gehen.

Für Schüler*innen mit geistiger und schwerer Behinderung ausschließlich spezielle Bildungsinhalte vorzuhalten, geht einher mit Diskriminierung und Exklusion.

Anknüpfend an Tomasello und die Erkenntnisse, dass Wissen durch sprachliche Symbole vermittelt wird, dass die Sprache strukturiert und durch die Rede Perspektivwechsel vollzogen werden kann, stellen sich im UNTERRICHT didaktisch die Fragen danach,
- welche Gegenstände, Relationen, Ereignisse und Beziehungen als bekannt vorausgesetzt bzw. erarbeitet werden sollen;
- auf welche Kategorien, Strukturierungen, Klassifikationen im Unterricht zurückgegriffen wird;
- wie Metakommunikation bzw. Metakognition in den Unterricht einfließt;
- wie die Lehrperson Wissen vermittelt und welche Möglichkeiten die Schüler*innen zur Verfügung haben, sich dieses anzueignen;
- wie Schüler*innen sich gegenseitig im Lernprozess unterstützen;
- welche Möglichkeiten der Rede in den Unterricht einfließen.

In der Didaktik ist das ›Prinzip des rhythmisierten Sprechens‹ bekannt, um sich Sachverhalte besser und schneller einzuprägen, z. B. grammatikalische Regeln. Dabei werden sinnlich-konkrete oder geistige Handlungen lautsprachlich rhythmisiert begleitet.

Verbalsprache ist das primäre Mittel der menschlichen Verständigung. Menschen, die Verbalsprache nicht oder nicht ausreichend ausbilden und/oder nutzen können, sind auf alternative oder ergänzende Mittel der Verständigung angewiesen. UNTERSTÜTZTE UND GESTÜTZTE KOMMUNIKATION bieten alternative Möglichkeiten. Die ›Unterstützte Kommunikation‹ (international: *Augmentative and Alternative Communication* – ACC) umfasst körpereigene, nicht elektronische und elektronische Kommunikationsmöglichkeiten. »Mit Unterstützter Kommunikation werden alle pädagogischen und therapeutischen Hilfen bezeichnet, die Personen ohne oder mit erheblich eingeschränkter Lautsprache zur Verständigung angeboten bekommen« (Wilken 2014, 9).

Zielgruppen ›Unterstützter Kommunikation‹ sind Menschen, die Lautsprache nicht oder unzureichend ausbilden. Dabei kann Lautsprache vollständig ersetzt, diese ergänzt oder die Entwicklung von Lautsprache unterstützt werden. Prozesse des kommunikativen Austauschs und das Medium, d. h. das alternative Zeichenkörpersystem, treten dabei in den Fokus. Es besteht die besondere Herausforderung, nicht nur die Sprache (die ›Unterstützte Kommunikation‹) zu erlernen, sondern ebenso die Regelhaftigkeiten von Dialog und Kommunikation.

Körpereigene Kommunikationsmöglichkeiten umfassen Zeige- und Blickbewegungen (Mimik und Gestik), Laute, Bewegungen, Handzeichen und Gebärden etc. Diese sind jederzeit verfügbar und nutzbar. Beim Einsatz von Gebärden wird differenziert nach Gebärden der ›Deutschen Gebärdensprache‹ (DGS), ›Lautsprachbegleitenden Gebärden‹ (LBG) und der ›Gebärdenunterstützenden Kommunikation‹ (GuK). Die ›Deutsche Gebärdensprache‹ verwendet Mimik, Gestik und Gebärden und weist eine eigene Grammatik auf. Lautsprachbegleitende Gebärden sind aus den DGS abgeleitet und werden begleitend zum Sprechen eingesetzt, so dass die Verständigung erleichtert wird (z. B. bei hörgeschädigten Kindern). Die gebärdenunterstützte Kommunikation nutzt eigene Zeichen (vereinfachte Gebärden), die der Verständigung dienen (vgl. Wilken 2014).

Die nicht elektronischen (externen) Kommunikationsmöglichkeiten umfassen Kommunikationstafeln, -bücher, -ordner, die auf der Basis von Bilder- und Symbolsammlungen entstehen. Auch der Austausch über Schrift bzw. die Verständigung über Objekte, Spielzeug, Miniaturen wird diesen zugeordnet.

Elektronische, externe Kommunikationsmöglichkeiten über Talker, PC, Tablet, Taster basieren zumeist auf Bildern und Symbolen. Wörter und Satzteile sind hinterlegt oder können über eine Tastatur selbst eingegeben werden. Bei elektronischen Hilfen kann ggf. Verbalsprache gespeichert und abgerufen werden. Es bieten sich somit vielfältige Kommunikationsmöglichkeiten – Rufen, Telefonieren bzw. ein Gespräch ›steuern‹, z. B. dieses zu beginnen und zu beenden. Eine Vielzahl von Ansteuerhilfen wie Headpointer, Tracker, Schalter können zum Einsatz kommen. Das Feld der ›Unterstützten Kommunikation‹ bietet sehr unterschiedliche Möglichkeiten alternativer Kommunikation und setzt voraus, dass Bezugspersonen, Lehrpersonen und ggf. Berater*innen von Firmen (z. B. für Talker) gemeinsam mit den betreffenden Personen die Entscheidung über alternative Kommunikationsmöglichkeiten treffen.

Zu empfehlen ist es, körpereigene Kommunikationsmöglichkeiten vorrangig zu berücksichtigen, so bspw. »Ja« und »Nein« durch Gesten, Blick- oder Zeigebewegungen ausdrücken zu lassen, um unabhängig von anderen Kommunikationsmöglichkeiten in der Lage zu sein, Entscheidungen zu treffen und sich dialogisch zu beteiligen. Elektronische Hilfen können ggf. von Reparatur bzw. Ausfall betroffen sein, so ist stets eine weitere davon unabhängige Kommunikationsmöglichkeit, z. B. über Kommunikationsbücher oder -tafeln zur Verfügung zu stellen. »Der multi-modale Ansatz in der UK unterstützt die Nutzung mehrerer Kommunikationsformen ... z. B. Blickbewegungen und Tafeleinsatz überwiegend zu Hause, Talkernutzung außerhalb der Familie« (Boenisch 2017, 237).

Ergänzend zu den Kommunikationsmöglichkeiten der ›Unterstützten Kommunikation‹ kann das Lormen, das Daktylieren und die Braille-Schrift aufgenommen werden.

Das LORM-ALPHABET (Hand- und Tastalphabet) wird für die Kommunikation mit gehörlosen und blinden (›taubblinden‹) Menschen eingesetzt. Dabei werden Buchstaben oder Lautzeichen in die (meist linke) Hand gestrichen oder getippt. Es wurde von dem gehörlosen Dresdner Schriftsteller Hieronymus Lorm 1881 entwickelt und gilt bei gehörlosen und blinden Menschen als effektiv. Sollte vor der Gehörlosigkeit das Gebärden die vordergründige Sprache gewesen sein, kann in abgewandelter Form taktil gebärdet werden, indem die Gesten der Gebärdensprache mit den Händen abgetastet werden.

Die BRAILLE-SCHRIFT (auch Blindenschrift) wurde von Louis Braille ursprünglich für das Französische 1825 entwickelt und erschien offiziell 1829. Zum Lesen nutzen blinde Menschen den Tastsinn. Die Basis bilden sechs Punkte wie auf einem Würfel. Alle Zeichen bestehen aus Kombinationen dieser Punkte. Sechs Punkte sind noch mit einem Finger zu erfassen (vgl. www.fakoo.de/braille.html). Am Computer hingegen werden oft acht statt sechs Punkte verwendet (vgl. www.braille.ch/brl-allg.htm).

Die Braille-Schrift wird weltweit verwendet und regelmäßig weiterentwickelt. Im deutschsprachigen Raum ist die *Brailleschrift-Kommission der deutschsprachigen Länder* und deren Brailleschrift-Komitee für die Herausgabe von Standards der Rechtschreibung und der Kürzungsregeln zuständig (fakoo.de/braille.html).

Braille-Schrift ist bis heute für die Bildung und gesellschaftliche bzw. kulturelle Teilhabe blinder Menschen unersetzbar.

Die Methode der GESTÜTZTEN KOMMUNIKATION (*Facilitated Communication* – FC) wurde von der Australierin Rosemary Crossley in den 1990er-Jahren entwickelt und hat in Deutschland zu Pro-und-Contra-Debatten geführt. Einsatz fand und findet die Methode bei Menschen im Autismus-Spektrum und Menschen mit schweren Beeinträchtigungen. Dabei hilft ein Stützer (*facilitator*), indem dieser Hand, Arm oder Schulter des Lernenden berührt bzw. stützt, um Zielbuchstaben auf einer Buchstabentafel zu treffen oder an einer elektronischen Kommunikationshilfe, einem PC o. ä. schriftsprachlich zu arbeiten. So entstehen Wörter, Satzteile oder Texte, die ohne diese Hilfe selbstständig nicht hätten produziert werden können. Die Befürworter der ›Gestützten Kommunikation‹ gehen davon aus, dass das Gelingen von den Einstellungen und Haltungen der stützenden Person abhängig ist (vgl. Adam 2008, 507). Sie nehmen an, dass die Lernenden zu Kommunikation in der Lage sind und Inhalte, Erlebnisse und Sachverhalte differenziert darstellen können. Die Stützer*innen verstehen sich nicht nur als physische, sondern auch psychische Stütze, indem sie die Lernenden emotional begleiten und Erfolgserlebnisse schaffen. Kritiker der ›Gestützten Kommunikation‹ gehen davon aus, dass die stützenden Personen den Lernenden bzw. Gestützten unbeabsichtigt Hinweise oder Zeichen geben, mit denen die Buchstabenwahl gesteuert wird (vgl. Adam 2008, 510). Adam kommt zum Fazit, dass ›Gestützte Kommunikation‹ »keine zuverlässige und authentische Kommunikation« (ebd.) ermöglicht, da zweifelsfreie wissenschaftliche Befunde fehlen. Sie rät sogar von ihrem Einsatz gänzlich ab.

»Soll dennoch in Ausnahmefällen die FC eingesetzt werden, weil sie als individuell nützliche Methode erscheint, so ist es zwingend notwendig, die Authentizität mit Methoden der Kontrollierten Einzelfallforschung … zu kontrollieren.« (ebd., 511)

Trotz Kritik ist zu konstatieren, dass die ›Gestützte Kommunikation‹ ggf. die einzige Möglichkeit sein kann, sich mitzuteilen. Aus diesem Grund ist die Methode nicht gänzlich zu verwerfen.

Unterstützte und gestützte Kommunikationsmöglichkeiten sind im UNTERRICHT entsprechend den Bedürfnissen und Kompetenzen der Schüler*innen auszuwählen – möglichst mit diesen gemeinsam und dem Umfeld entsprechend. Die Kommunikationsmöglichkeit soll Unabhängigkeit und Teilhabe ermöglichen. Alle Funktionen von Kommunikation und Sprache sollten zur Geltung kommen können. Die Auswahl der Kommunikationsmöglichkeiten erfolgt auf der Basis der Ausgangsbedingungen, der Voraussetzungen und Interessen der Betreffenden, berücksichtigt die Möglichkeiten des Einsatzes in dem jeweiligen Umfeld und bezieht Bezugspersonen und Peer-Group unmittelbar ein.

Im Unterricht ist den unterschiedlichen Kommunikationsbedürfnissen und -möglichkeiten der Schüler*innen Rechnung zu tragen. Sie sollten Gelegenheit haben, Entscheidungen zu treffen; sich im Unterricht und darüber hinaus mitzuteilen, Dialoge zu führen, in Kooperation und eigenständig zu arbeiten. Die Thematik *Kommunikation und Sprache* selbst kann zum Unterrichtsinhalt werden. Metakognitiv und -kommunikativ setzen sich somit alle mit der Thematik auseinander, lernen verschiedene Möglichkeiten der Kommunikation bzw. verschiedene Zeichenkörpersysteme kennen. Unterstützt kommunizierende Schüler*innen werden so zu Expert*innen. Mit der gesamten Gruppe oder Klasse sind Möglichkeiten der Verständigung und des Austauschs auszuloten. Die Auseinandersetzung mit dem Themenfeld ›Kommunikation‹ beinhaltet sowohl gelingende Bedingungen für Kommunikation zu erarbeiten, als auch misslingende Bedingungen, z. B. bei Gesprächsabbrüchen und Dialogstörungen, zu bearbeiten.

Ein großer Anteil der Schüler*innen, die unterstützt kommunizieren, wird zieldifferent und nach spezifischen Lehrplänen unterrichtet. Der gemeinsame Unterricht tritt in den Hintergrund, wenn die Schüler*innen hauptsächlich individualisiert und außerhalb der Klasse unterrichtet werden. Unterstützte Kommunikation sollte immanenter Bestandteil des Unterrichts sein. Darüber werden Bildungsinhalte zugänglich und das soziale Miteinander aller Schüler*innen wird ermöglicht.

3.3.3.4 Körper, Sinne, Wahrnehmung und Bewegung

Der Begriff ›Körper‹ (lat. *corpus*) bedeutet Gesamtheit bzw. Wesen. »Als beseelter Körper wird er auch mit dem Begriff ›Leib‹ bezeichnet« (Jantzen 2011, 15). Die »Kulturgeschichte des Körpers zeigt diesen als gesellschaftlich geformt (Elias 1976). Sie begreift ihn als Ort der Einschreibung von Macht und als Resultat gesellschaftlicher Stratifizierung« (ebd., 16).

»Darüber hinaus erscheint der Körper als Ort von Krankheit und Gesundheit und damit Einschreibung von ›Schicksal‹ und ›Natur‹ in das persönliche und soziale Leben« (ebd.). Zugleich gilt dieser als »ökonomisiert und kommerzialisiert« (z. B. Schönheitsideale), als »Ort kultureller und geistiger Entwicklung« (z. B. Tanz, Theater), als Ort »pädagogischer und therapeutischer Beeinflussung« (z. B. Körpertherapien); soziologisch ist der Körper »fleischgewordene Geschichte« (ebd.).

Die Akteure sind mit einem je spezifischen HABITUS (vgl. Bourdieu) ausgestattet, einer Haltung, einem ›Gehabe‹, das sich in Körperhaltung, Sprache, Mimik, Gestik, Bewegung ausdrückt und dem Einzelnen ›eigen‹ ist. Der Habitus ist Produkt der Biografie, der Lebensumstände, der Sozialisation, der Erziehung bzw. Bildung, gilt als stabil und nicht oder kaum veränderbar. Veränderbar wird dieser über die Zeit hinweg. Treffen in heterogenen Kontexten sehr verschiedene Akteure mit ihrem jeweiligen Habitus aufeinander, besteht die Herausforderung darin, die Chancen dieser Verschiedenheit zu nutzen, um sich selbst zu verändern, um andere Perspektiven auf die Welt, auf andere und sich selbst entwickeln zu können. Das didaktische Feld zielt darauf ab, Lernen und Entwicklung des Einzelnen zu unterstützen. Damit können Veränderungen im Habitus bewirkt werden. Habituelle Repräsentationen sind zum einen relativ stabil, können jedoch durch Felder verändert werden.

Diese sozialwissenschaftlichen Zusammenhänge um die Konstruktion des Körpers sind durch die neuropsychologische Perspektive des Körperselbstbildes zu ergänzen, wie sie Damasio (1996) entwirft (vgl. Jantzen 2011, 24). Im Laufe der Ontogenese entwickelt sich ein Körperselbstbild, das stabil ist und als Bezugsystem fungiert für das, was »dem Organismus innerhalb und außerhalb dieser Grenze zustößt« (Damasio 1996, 313).

Wahrnehmung wird bezeichnet als die Aufnahme und Verarbeitung von Sinnesreizen (sinnlichen Angeboten).

»Die Eindrücke – oder Qualia – aus der Außenwelt werden in Kategorien oder Konstrukte eingeordnet, die wir erlernt haben. Wir instruieren ständig unsere Wahrnehmung, wir passen die Welt unseren Sinneserwartungen an und machen sie damit zu der, als die wir sie wahrnehmen.« (Ratey 2003, 71)

Wahrnehmung ist damit viel mehr als ein einfacher Reiz-Reaktions-Prozess. Mit der Wahrnehmung sind Erwartungen verbunden. Sinneseindrücke werden in ein System vorhandener Kategorien eingeordnet. Ohne diese würde die Umgebung als undefinierbares Rauschen wahrgenommen. Jede Wahrnehmung oder Erfahrung wäre absolut neu. Das Gehirn ist in der Lage, Signale aus einem ›Rauschen‹ zu filtern. Nimmt

Allgemeine Didaktik – ›Inklusive‹ Didaktik – Fachdidaktik

das Rauschen überhand, wird die Wahrnehmung erschwert und andere Funktionen und psychische Prozesse wie Aufmerksamkeit, Gedächtnis, Lernen, emotionale Stabilität und Kognition überlastet. »Das ganze System wird mit Informationen überfrachtet« (Ratey 2003, 78), so z. B. bei Personen in Prüfungssituationen, wobei durch die Angst das innere Rauschen so stark werden kann, dass das Denken erschwert wird.

Eine generelle Frage ist die, ob und wie die Menschen die (physikalische) Welt wahrnehmen können bzw. wie diese tatsächlich aussieht. Die Frage hat verschiedene Wissenschaften immer wieder beschäftigt. Zu konstatieren ist, dass die Sinne des Menschen nur »sehr kleine Ausschnitte der tatsächlichen Variation physikalischer Prozesse« (Stadler 2011, 82) wahrnehmen können. Darüber hinaus unterscheidet sich die wahrgenommene Umwelt von Art zu Art. Bspw. nimmt eine Katze aufgrund ihrer ausgeprägten Sinne und ihres Aktionsraumes die gleiche Welt anders als der Mensch wahr. Die »subjektive Welt (wird, d. V.) an den Skalen ihrer Aktionsräume kalibriert« (ebd., 83).

Das ist uneingeschränkt auf den Menschen zu übertragen. Bedeutsam ist, welche Erfahrungs- und Erlebnisräume im Laufe des Lebens zur Verfügung standen bzw. selbstständig genutzt werden konnten.

John J. Ratey, Professor der Psychiatrie an der Harvard Medical School, kennzeichnet SENSORISCHE INFORMATIONEN aus der Außenwelt als von Systemen im Gehirn aufgenommen, in denen Empfindungen erzeugt werden (vgl. Ratey 2003, 85). SINNLICHE ERKENNTNIS wird von logischem und abstraktem Denken, vom »praktischen Vermögen der Vernunft« (Dederich/Jantzen/Walthes 2011, 41) unterschieden. Auf der Basis der »Verbindung von Wahrnehmung und Gefühl bezieht sich Sinnlichkeit auf das ›Wie‹, nicht nur auf das ›Was‹« (ebd.). Das Sinnliche umfasst mehrere Aspekte.

»Die phänomenologisch beschreibbare passiv-pathische Seite, auf der das Sinnliche aus Sicht … des erlebenden Subjektes den Charakter eines Ereignisses hat, das ihm widerfährt (etwas trifft, berührt, ergreift, erschüttert mich), die aktive, etwa von den Neurowissenschaften erforschte Seite, die von unbewussten Selektions- und Konstruktionsvorgängen, bis hin zum willkürlichen Richten der Aufmerksamkeit reicht; schließlich eine auf die soziale, gesellschaftliche und kulturelle Umwelt bezogene Seite, also die Kontexte, die in jede sinnliche Wahrnehmung hineinspielen. … Die je persönliche sinnlich-praktische Tätigkeit ist an ihrem je gegebenen sozialen Ort gesellschaftlich vermittelt und wird vermittelt« (ebd., 42).

Den verschiedenen Sinnen kam in der »europäischen Tradition« (Dederich/Jantzen/Walthes 2011, 47) unterschiedliche Wertschätzung zu. Hören und Sehen galten als dem »Geistigen nahe stehende Modalitäten« (ebd.), Riechen, Schmecken, Tasten eher dem »Animalischen« zugeordnet (ebd.). Dennoch gibt es aufgrund kultureller, sozialer und gesellschaftlicher Entwicklungen Veränderungen; so wird durch die Kunst des Kochens und die Parfumeurskunst dem Schmecken und Riechen wiederum neue Bedeutung zugewiesen (vgl. ebd.).

Im Folgenden sollen die SINNE in Kürze (und mit zumeist neurowissenschaftlichem Bezug) dargestellt werden. Dabei geht es um sinnliche Erkenntnis bzw. perzeptive Tätigkeit als Möglichkeit, sich mit der Welt, sich selbst und anderen auseinanderzusetzen.

Der GERUCHSSINN (olfaktorisch) ist der »älteste und bis heute wohl am wenigsten verstandene« (Ratey 2003, 79). Gerüche entstehen durch »gasförmige chemische Verbindungen«, die mittels »Naseninhalation« (vgl. Stadler 2011, 87) wahrgenommen werden können. Sie können eine starke Wirkung zeigen, so bspw. beruhigen, Wohlgefühl auslösen, aufregen, betören. Das Geruchsprisma umfasst sechs Grundgerüche: würzig, blumig, faulig, fruchtig, brenzlig, harzig (vgl. ebd., 87).

»Die Verknüpfungen des Geruchssystems arbeiten sehr viel schneller und entschlossener als die Systeme der anderen Sinnesorgane, und es bedarf keiner Filterung, bevor das emotionale Gedächtnis zum Handeln aufruft.« (Ratey 2003, 81)

Dies ist ein »Überbleibsel aus einer Frühstufe der Evolution, als die schnelle, emotionale Reaktion auf Gerüche den entscheidenden Überlebensvorteil darstellte« (ebd.). Der Geruchssinn ist vielfach auch mit dem Geschmackssinn verknüpft. Bestimmte Gerüche sind seit der Geburt vorhanden, so die, die Gefahr signalisieren. Andere werden durch Erfahrungen im Laufe des Lebens erworben (vgl. ebd.). Düfte können Erinnerungen wecken, Stress abbauen, Gefühle hervorrufen. »Der Mandelkern erhält Reize von allen Sinnesorganen, am unmittelbarsten aber vom Geruchssinn« (ebd., 84). »Viele Gattungen benutzen Pheromonsignale zur Steuerung so grundlegender Verhaltensweisen wie Paarung, Füttern, Flucht und Brutpflege ... Beim Menschen finden sich Pheromone in allen Körperflüssigkeiten« (ebd., 83). Die Aromatherapie macht sich zunutze, dass Gerüche unmittelbare Wirkungen zeigen (vgl. ebd., 84). Der Geruchssinn beeinflusst auch Hirnfunktionen: »Eine Hypersensibilität des Mandelkerns steht mit Angststörungen, Panikattacken, posttraumatischer Belastungsstörung ... und Aufmerksamkeitsdefizit/Hyperaktivitätsstörung (AD/HS)« in Beziehung (ebd., 84).

Epilepsie geht ggf. einher mit intensiven Geschmacks- und Geruchseindrücken. Untersuchungen ergaben:

»Erstens: Jede Wahrnehmung beeinflußt alle nachfolgenden Wahrnehmungen und damit auch die Wahrnehmungsbereitschaft des Gehirns. Zweitens: Ein und derselbe Reiz kann von einem Augenblick auf den anderen völlig unterschiedlich repräsentiert werden.« (ebd. 82)

Ratey konstatiert, dass wir bislang noch wenig darüber wissen, wie Wahrnehmung funktioniert (ebd.). Insgesamt betrachtet können Gerüche Emotionen hervorrufen, Erinnerungen wecken und Bilder bzw. Vorstellungen auslösen. Aus philosophisch-anthropologischer bzw. leibphänomenologischer Sicht ist die

»… zunehmende Intoleranz gegenüber üblen Gerüchen ein Kennzeichen europäischer Moderne. Diese Entwicklung ist eng mit der Geschichte der Hygiene, dem modernen Städtebau und einer Ausdifferenzierung der sozialen Ordnung verbunden« (Dederich/Jantzen/Walthes 2011, 47 f.)

Der GESCHMACKSSINN (gustatorisch) entwickelt sich in der Evolution ebenfalls früh und sicherte das Überleben. Der Mensch »besitzt im Mundraum zwischen 2000 und 5000 Geschmacksrezeptoren« (Ratey 2003, 87), nicht nur auf der Zunge, sondern auch an den »Innenwänden der Wangen, im Gaumen und im Rachen«. Um Geschmackserlebnisse zu erhalten, sind Bewegungen der Zunge und des Kiefers notwendig (vgl. Stadler 2011, 88). »Adäquate Reize für den Geschmackssinn sind chemische Lösungen, die sich im Gaumenbereich und auf der Zunge befinden. Schmecken können wir erst, wenn feste Stoffe sich mit dem Speichel gelöst haben« (ebd.). Die »Grundqualitäten süß, salzig, sauer und bitter« (Ratey 2003, 87) werden über die Zunge wahrgenommen. Eine fünfte Grundqualität ›umami‹ (wohlschmeckend) wurde von japanischen Forschern entdeckt. Es ist ein »Geschmacksverstärker, ein Rezeptor, der bewirkt, dass das Essen wohlschmeckend wahrgenommen wird« (ebd., 88).

»Die Rezeptorzellen des Geschmacks- und Geruchssystems durchlaufen einen ständigen Kreislauf des Stirb und Werde. Beim Geschmackssinn beträgt die Lebensspanne der Rezeptorzellen durchschnittlich zehn, beim Geruchssinn dreißig Tage.« (ebd.)

Für die anderen Sinne werden die Rezeptorzellen nicht ständig erneuert. Geschmacks- und Geruchssinn fungieren zumeist gemeinsam. Oftmals ist das, was als Geschmack wahrgenommen wird, dem Geruchssinn zuzuschreiben. Über den Geschmackssinn wird das

Aroma, die Beschaffenheit der Nahrung bzw. Flüssigkeit, die Temperatur wahrgenommen. »Wenn ein Mensch einen anderen vor Abscheu und Ekel das Gesicht verziehen sieht – ein gutes Beispiel dafür, dass im Gehirn mehrere Sinnesorgane miteinander kombiniert, um das Überleben des Individuums zu sichern« (ebd., 95). Die Insula im Stirnlappen wird aktiviert, diese spielt für den Geschmackssinn, für Ekel und Schmerz eine Rolle (vgl. ebd.). Der Geschmackssinn kann jedoch auch beeinträchtigt werden durch Erkrankungen wie Schädigung des Geschmacksnervs, wobei Geschmacksqualitäten wahrgenommen werden, die nicht vorhanden sind, oder durch Verlust des Geschmacksvermögens, z. B. durch Strahlentherapie. Zumeist kommt es jedoch nicht zum völligen Verlust, d. h. partiell kann Geschmack wahrgenommen werden (vgl. ebd., 93 f.).

Geschmacksqualitäten können ebenso wie Gerüche Erinnerungen und Bilder hervorrufen. Aus philosophisch-anthropologischer bzw. leibphänomenologischer Sicht kommt dem Geschmacks- und Geruchssinn im Zusammenspiel mit dem Sehsinn in der Kultur des Essens und Kochens eine immer größere Wertschätzung zu (vgl. Dederich/Jantzen/Walthes 2011, 47 f.).

Der TASTSINN (taktil) ermöglicht ein grundlegendes menschliches Bedürfnis: berühren und berührt zu werden. Das ist zugleich menschliche Kommunikation. Die Dinge der Welt werden über unmittelbaren körperlichen Kontakt erfahren. Sinnliche taktile Angebote haben Auswirkungen auf die Entwicklung, das Lernen, die Kommunikation bis ins Erwachsenenalter hinein. Bereits im Mutterleib wird der Tastsinn aktiv. Studien zeigen, dass Säuglinge und Kleinkinder, die nicht oder unzureichend berührt werden, unter isolierenden Bedingungen leben, was wiederum Auswirkungen auf Lernen, Entwicklung bzw. das Leben an sich hat (vgl. Ratey, 2003, 96 ff.).

Für die Berührung werden zumeist Hände und Finger (v. a. die Fingerspitzen) benutzt, aber auch der Arm, der Fuß, die Lippen und die Zunge eignen sich zum Tasten.

»Auf jedem Quadratzentimeter der menschlichen Fingerspitzen befinden sich etwa hundert taktile Rezeptoren – drei- bis viermal so viele wie in den Handinnenflächen ... Der somatosensorische Cortex enthält eine Vielzahl von Karten, auf denen die verschiedenen taktilen Funktionen des gesamten Körpers verzeichnet sind.« (ebd., 106)

Grundsätzlich können über die Haut als größtes Organ des Menschen taktile Reize wahrgenommen werden. Hypersensibilität für Berührung wird bei Menschen im Autismusspektrum häufig beschrieben. Aber auch alle anderen Sinne können betroffen sein, so der optische oder akustische Sinn, darüber hinaus der Geschmacks- oder Geruchssinn. Damit fokussieren sich die Menschen und versuchen, der Reizüberflutung entgegenzuwirken.

Insgesamt betrachtet ist das Tasten und Berühren bzw. Berührtwerden für die menschliche Entwicklung grundlegend. Über das Tasten wird die Welt erkundet, Form, Struktur, Größe und Beschaffenheit von Dingen wird wahrgenommen. »Ohne eine Ordnung nach bestimmten Merkmalen (wäre, d. V.) die Welt nicht erfahrbar, weil uns sonst das Rauschen aus der Umgebung überfluten würde« (ebd., 110).

Dem HÖRSINN (akustisch) kommt bei der Ausbildung der Lautsprache eine wichtige Rolle zu. Verschiedene Sinne bzw. Wahrnehmungskanäle arbeiten zusammen, so dass die Welt um den Menschen herum verständlich wird. So werden bspw. die akustische und optische Wahrnehmung kombiniert. Akustische Signale und Wahrnehmungen werden bewertet, eingeordnet und somit erfahrbar.

»Hören ist ein hochkomplizierter Vorgang, der dann beginnt, wenn das Trommelfell auf Luftdruckveränderung reagiert, die durch Klangwellen ausgelöst werden. Die Klangwellen werden im Innenohr in elektrochemische Informationen umgewandelt und an den Hirnstamm weitergegeben.« (ebd., 115).

Von dort aus werden die Informationen weiterverarbeitet. Kopfbewegungen unterstützen die »Lokalisation der Schallquellen« (Stadler 2011, 83). Auch Geräusche müssen gefiltert werden. Zum einen sind Menschen von Geräuschen umgeben und hören diese zufällig, zum anderen erwarten Menschen Geräusche. Im Laufe der Entwicklung werden Modelle darüber erarbeitet, was wir zu hören erwarten, bspw. Laute, Geräusche, Wörter, Musik.

Die Musikwahrnehmung bzw. die Wahrnehmung von Tönen wird von Erinnerungen, Erfahrungen beeinflusst. Es gibt Menschen, die hypersensibel auf akustische Signale reagieren, andere wiederum können Hörsignale nicht oder unzureichend einordnen. Insgesamt ist zu konstatieren, dass die Wahrnehmung von Geräuschen, Tönen, Lauten, Wörtern und Musik auf Erfahrungen basiert, bewertet und somit für den Menschen zugänglich wird.

Der SEHSINN/GESICHTSSINN (visuell) fokussiert »Lage, Bewegung und Form von Objekten im Raum. Im visuellen System werden Farben und Helligkeiten selbst erzeugt« (Stadler 2011, 84). Augen, Kopf- und Körperbewegungen unterstützen das Sehen.

»Sehen beginnt, wenn Licht auf das Auge trifft. Der Input wird in elektrochemische Energie umgewandelt und über den Sehnerv ans Gehirn geschickt. Die erste Station ist das Corpus geniculatum des Thalamus, von dem ein kleines Segment zum Colliculus superior führt, wo Kopf und Augen auf den Reiz ausgerichtet werden, um den Informationsinput zu optimieren. Vom Corpus geniculatum laterale wird die Information zum okzipitalen oder visuellen Cortex (Sehrinde) geschickt und von da aus weiter zu benachbarten Regionen ... Sehen wird wie die meisten Hirnfunktionen aufgesplittet (also zur Verarbeitung an verschiedene Hirnregionen geschickt). Diese Informationen werden anschließend wieder gebündelt, und so sehen wir.« (Ratey 2003, 124)
»Die Netzhaut arbeitet äußerst selektiv und lässt weniger als zehn Prozent des auf das Auge auftreffenden Lichts die Photorezeptorzellen passieren. Sonst würde unser Gehirn von zu viel Licht überwältigt. Die menschliche Netzhaut enthält etwa 120 Millionen Stäbchen und 6 Millionen Zapfen. Die Zapfen sind für das Farbsehen und für ein Großteil der visuellen Wahrnehmung bei normalem und hellem Licht verantwortlich ... Die Stäbchen verfügen nur über eine geringe Sehschärfe, sind aber sehr viel lichtempfindlicher als die Zapfen und leisten einen Großteil der Wahrnehmung, wenn es dunkel ist.« (ebd., 124 f.)

Neuronale Signale von den Stäbchen und Zapfen werden durch den Sehnerv an die Hirnzentren geschickt, dort werden diese weiterverarbeitet (vgl. ebd., 125).

Stadler geht davon aus, dass LEGASTHENIKER visuelle Informationen langsamer verarbeiten. Sie beschreiben dieses mit »Flimmern von Buchstaben und Seiten«: Für sie ist es schwierig, visuelle Reize schnell in Reihenfolge zu bestimmen, es gelingt ihnen jedoch bei langsamer Präsentation (vgl. ebd.). Anderenfalls überlappen sich die Bilder, Zwischenräume werden nicht wahrgenommen. Auch bei Legasthenie wird heute von veränderten neurologischen Bedingungen ausgegangen. Ratey vermutet Veränderungen in dem »magnozellulären, schnellverarbeitenden Zentren« (ebd. 129) im Gehirn.

Insgesamt betrachtet, verfügt das Gehirn über die Fähigkeit sensorische Informationen zu filtern. Ohne diese Filterfunktion würde der Mensch von der Vielzahl der Eindrücke überwältigt werden.

Nach Ratey werden über diese fünf Sinne hinaus weitere angenommen, so der Orientierungssinn und der Sexualsinn (vgl. ebd., 133 f.). Diese gelten jedoch als noch wenig wissenschaftlich erforscht. Auch Stadler (2011, 88 ff.) geht von weiteren Sinnen aus, so dem Druck-

und Berührungssinn, dem Temperatursinn, dem Schmerzsinn, dem Spannungssinn, dem Lage- und Bewegungssinn, dem Drehbewegungssinn und dem Zeitsinn. Zusammengefasst lassen sich drei Sinnessysteme unterscheiden:
1. die Exterozeption, die Informationen von außerhalb des Körpers liefert (wie oben dargestellt die Fern- und Nahsinne),
2. die Propriozeption, die die Eigenwahrnehmung bzw. Tiefensensibilität umfasst, so Informationen gibt über Gleichgewicht, Stellungs-, Spannungs-, Lagewahrnehmung (vgl. Stadler 2011, 92) und
3. die Interozeption mit Informationen aus dem Körperinneren (vgl. Ayres 2013, 50 f.).

Die Propriozeption bzw. Tiefensensibilität oder Körpereigenwahrnehmung gilt als

»Entdeckung des ausgehenden neunzehnten Jahrhunderts. Von da an wird in ihr ein eigenständiger sechster Sinn neben Sehen, Hören, Tasten, Riechen und Schmecken gesehen … Diese Sinneskanäle ermöglichen im Zusammenspiel mit dem Gleichgewichtssinn die Eigen- oder Selbstwahrnehmung des Körpers im Raum.« (Zimpel 2011b, 239)

Die INTEGRATION VON SINNESEINDRÜCKEN, deren Ordnung und sinnvolle Vernetzung bezeichnet die Entwicklungspsychologin Jean Ayres (1920–1989), als »sensorische Integration«. »Die Integration der Sinne ist das Ordnen der Empfindungen, um sie gebrauchen zu können. Unsere Sinne geben uns Informationen über den physischen Zustand unseres Körpers und über die Umwelt um uns herum« (Ayres 2013, 7). Ayres unterscheidet vier Ebenen der sensorischen Integration, die bis zum Schulalter abgeschlossen sein sollten, diese sind:

»Erste Ebene: Säuglinge benötigen Körperkontakt mit engen Bezugspersonen, um Sicherheitsgefühle mit ihrer eigenen Hautwahrnehmung zu verknüpfen … zweite Ebene: Eine Zusammenfassung der integrierten Sinnesreize vom Innenohr, den Muskelspindeln und der Haut erfolgt im Körperschema … dritte Ebene: Alle zweckgerichteten Handlungen bauen auf einem integrierten Körperselbstbild auf. Die Aussprache von Wörtern hängt von der Verbindung akustischer Wahrnehmungen mit den taktilen, vestibulären und propriozeptiven Sensorik ab, die eine Einordnung der Empfindungen über die Stellung der Zunge und Lippen ermöglicht … vierte Ebene: Die Spezialisierung der Hirnabschnitte beruht auf der Integration ihrer Verbindungen (vgl. Zimpel 2011b, 240 f.). Diese vier Ebenen spezifizieren sich im Laufe der weiteren Entwicklung immer weiter aus.« (vgl. ebd., 241). Die Sensorische Integration ist »eine Theorie, die Zusammenhänge zwischen dem Gehirn und dem Verhalten beschreibt.« (Bundy & Murray 2007, 5)

Angenommen wird, dass sich sensorisch-integrative Verarbeitungsprozesse auf der Basis der Plastizität des Zentralnervensystems vollziehen, wobei das Gehirn als integrierte Einheit ›funktioniert‹. Durch Tätigkeiten und jegliche Form von Aktivitäten werden sensorisch-integrative Prozesse angeregt, so bspw. im Spiel und bei anderen tätigen Auseinandersetzungen mit der Welt (vgl. Ayres 2013, Bundy & Murray 2007). Schwierigkeiten bei der Verarbeitung der sensorischen Integration können sich durch geringe Motivation und wenig Interesse an Aktivitäten, Tätigkeiten und Bewegung zeigen. Das wiederum sind Risikofaktoren für den weiteren Erwerb sensorisch-integrativer Fähigkeiten (vgl. Bundy & Murray 2007, 13). Beispiele für sensorische Integrationsstörungen sind z. B. die Entwicklungsdyspraxie und die Entwicklungsapraxie. Insbesondere Deprivationen und Isolationen können Entwicklungsgefährdungen sensorisch-integrativer Prozesse darstellen und sich durch sensorische Abwehr, Über- bzw. Unterempfindlichkeiten, Schwierigkeiten bei Aktivitäten des täglichen Lebens, eingeschränkte Aufmerksamkeit, Hyperaktivität, aber auch im Lern- und Arbeitsverhalten zeigen. Sprache, Kognition, Aufmerksamkeit und Verhalten können betroffen sein (vgl. Cermak 2004, 418 ff.). Durch entsprechende pädagogische oder therapeutische Angebote kann sensorischen Integrationsstörungen begegnet werden.

Rödler formuliert die Voraussetzungen für das Herausbilden eines ›Abbildes von der Welt‹:

»Damit ein Lebewesen zu einem Abbild der Welt in der Lage ist, muss eine innere Referenzstruktur von Informationen und Kriterien vorhanden sein, die diesen Konstruktionsprozess steuern ... Erst die Deutungshilfen aus dem sozialen Umfeld (strukturelle Kopplung) im Rahmen der frühen Versorgung (›baby talk‹) durch Repräsentanten der kulturellen Umwelt versetzen das Baby in die Lage, sich auf der Basis des sozialen Materials einen eigenen Organisator (reflexiv: ›Ich‹) zu generieren und diesen auf der Basis eines fortdauernden kulturellen Austauschs zu erhalten und differenzierend zu entwickeln.« (Rödler 2017b, 86)

Es bedarf damit eines sozialen Kontextes, d. h. anderer Menschen, die sich aufeinander beziehen, so miteinander sprechen, sich berühren, tragen, gegenseitig Signale erkennen und deuten. Günstige Bedingungen für Entwicklung sind neben einer ausgewogenen Ernährung soziale, liebevolle Beziehungen und Angebote, um tätig zu werden bzw. zu handeln – so bspw. das aktive Entdecken der Umwelt, die Auseinandersetzung mit anderen, sich selbst und der Welt.

WAHRNEHMUNG UND BEWEGUNG stehen in einem Verhältnis zueinander, sie bedingen sich.

»Die Motorik des Menschen umfasst alle Steuerungs- und Funktionsprozesse der Haltungs- und Bewegungsregulation, die von affektiven, kognitiven und motivationalen Prozessen begleitet sind und sich in der sozialen Vermittlung gegenständlich erweitern. Grundlage der Bewegungsregulation ist das Bewegungsgefühl, das als interner und subjektiver Bewertungsmodus die Bestandteile der Bewegungsregulation bedeutsam zusammenführt. Diese Leistung beruht auf der Einheit von Bewegung und Wahrnehmung, die im Laufe der Bewegungsentwicklung eine lebensgeschichtliche Überformung erfährt. Die Wahrnehmungstätigkeit übernimmt dabei die Funktion, die Auswirkungen der beweglichen Auseinandersetzung mit dem eigenen Selbst und mit der gegenständlichen Welt bedeutsam zu integrieren.« (Praschak 2011, 93)

Bewegung gilt als grundlegendes Bedürfnis des Menschen und unterstützt die Entwicklung der Gesamtpersönlichkeit.

Die Ausbildung von Bewegungsfertigkeiten verläuft entsprechend N. A. Bernstejns Untersuchungen durch die Beteiligung verschiedener Ebenen, so der »Ebene des Muskeltonus«, der »Muskel-Gelenk-Koordinationen«, der »Ebene des Raumes« und der »Ebene der Handlungen« (vgl. Feigenberg 2011, 197 ff.). Die zuletzt aufgeführte Ebene wird in besonderer Weise dem Menschen zugewiesen.

»Eine Handlung ist eine ganze Kette von Bewegungen: ... Alle Bewegungen dieser Kette sind durch den Sinn der zu lösenden Aufgabe verbunden. Die Lösung der Aufgabe (das Erreichen des Ziels) ist nur möglich, wenn alle Glieder in einer bestimmten Reihenfolge ausgeführt werden.« (ebd., 201 f.)

Die Handlungen bzw. der Vollzug von Handlungen bildet sich nach und nach aus. Damit entwickeln sich auch die

»... vorweggenommenen ... Reaktionen. Dies bedeutet, dass schon vor dem Entstehen einer äußeren Situation, die eine schnelle motorische Antwort erfordert, die Mobilisierung, die Vorbereitung zur Handlung, erfolgt, die Voraus-Abstimmung ... derjenigen Systeme des Organismus, die die Handlungen einführen müssen, welche der – noch nicht eingetretenen, aber vom Organismus als wahrscheinlichste prognostizierten – Situation adäquat sind.« (ebd., 202 f.)

Dieser Lernprozess erfolgt durch die Auseinandersetzung des Kindes mit der Welt, durch die Anforderungen, die im täglichen Leben an dieses gestellt werden, und auch die Erfahrungen.

Als grundlegende Bewegungsformen gelten folgende: Gehen, Laufen, Springen, Kriechen, Rollen, Schieben, Ziehen, Hängen, Balancieren; Steigen, Tragen, Werfen, Fangen (vgl. Zimmer 2004, 62). Koordinative und konditionelle Fähigkeiten werden durch Bewegungen ausgebildet.

Rosenkötter (2013, 21) unterscheidet drei Bereiche der willkürlichen Motorik:
- Grobmotorik: Koordination und Bewegung von Rumpf und Extremitäten,
- Feinmotorik: Handgeschicklichkeit und Koordination der Fingerbewegungen,
- Statomotorik: Regulierung von Gleichgewicht, Aufrichten und Gang.

Die Wahrnehmung hat einen entscheidenden Einfluss auf die Bewegung. Die Psychomotorik gewinnt auch in schulischen Kontexten mehr und mehr an Bedeutung. Die Ursprünge gehen auf Ernst J. Kiphard zurück, der erkannte, dass motorische Leistungen allein durch funktionelles Übungstraining nicht verbessert werden können, wenn den Kindern und Jugendlichen grundlegende Erfahrungen von Bewegung und Wahrnehmung fehlen (vgl. Kaufhold 2007, 1). Eine weitere Erkenntnis Kiphards war, dass sich Gefühle und Affekte, das gesamte psychische Erleben im Bewegungsverhalten widerspiegelt (ebd.). Somit verknüpfte er in seinem Konzept Bewegung, Wahrnehmung und Emotion.

Der Begriff ›Psychomotorik‹ meint »die funktionelle Einheit psychischer und motorischer Vorgänge, die enge Verknüpfung des Körperlich-Motorischen mit dem Geistig-Seelischen« (Zimmer 2012, 22). Die wechselseitige Beeinflussung von Bewegung, Wahrnehmung, Verhalten und Erleben ist damit Gegenstand der Psychomotorik (vgl. Zimmer 2012, 22). Damit soll ggf. negativen Vorerfahrungen im Kontext von Bewegung und Wahrnehmung begegnet werden. Es werden sensomotorische, affektive, soziale und kognitive Entwicklungsbereiche berücksichtigt. Das Hauptziel ist demnach, die gesamte Persönlichkeitsentwicklung durch das Medium Bewegung zu unterstützen (ebd.). Ziele der Psychomotorik sind: Eigentätigkeit und selbstständiges Handeln zu unterstützen; Handlungskompetenz und Kommunikation durch Bewegungsangebote in Gruppen zu erfahren; Selbstwahrnehmung, eigene Ressourcen erkennen; Selbstwirksamkeits-Erleben zu ermöglichen (vgl. ebd., 22 f.).

Psychomotorik umfasst damit Körper- bzw. Selbsterfahrungen (z. B. Wahrnehmung und Erleben des eigenen Körpers, Sinneserfahrungen); Materialerfahrungen – z. B. Auseinandersetzung mit räumlichen und dinglichen Gegebenheiten der Umwelt, Erfahrungen physikalischer Gesetzmäßigkeiten, sich selbst erkundendes und experimentelles Lernen über und durch Bewegung – und Sozialerfahrungen – z. B. mit anderen über Bewegung kommunizieren, Erfahren von Nähe und Distanz, Erfahren von Kooperation (vgl. ebd., 23 f.).

Bewegungs- und Wahrnehmungsangebote sind in den schulischen Alltag zu integrieren. Gelegenheiten ergeben sich im UNTERRICHT selbst und sind in der Pausen- und Nachmittagsangebotsgestaltung einzuplanen. Schüler*innen nehmen Bewegungsangebote i.d.R. sehr positiv auf und an. Ermunternder Zuspruch, emotional ansprechende Aufforderungen oder die anerkennende positive Einschätzung der gezeigten Leistung oder des Bemühens, sind dabei relevant, um positive Bewegungserfahrungen zu sammeln. Bewegungspädagogische Angebote berücksichtigen den individuellen Bewegungsausdruck und verstehen sich dialogisch und kooperativ.

Vielfältige Bewegungsangebote vermitteln unterschiedliche Entwicklungsimpulse, so bspw. für Kraft, Ausdauer, Schnelligkeit, Koordination und Gelenkigkeit.

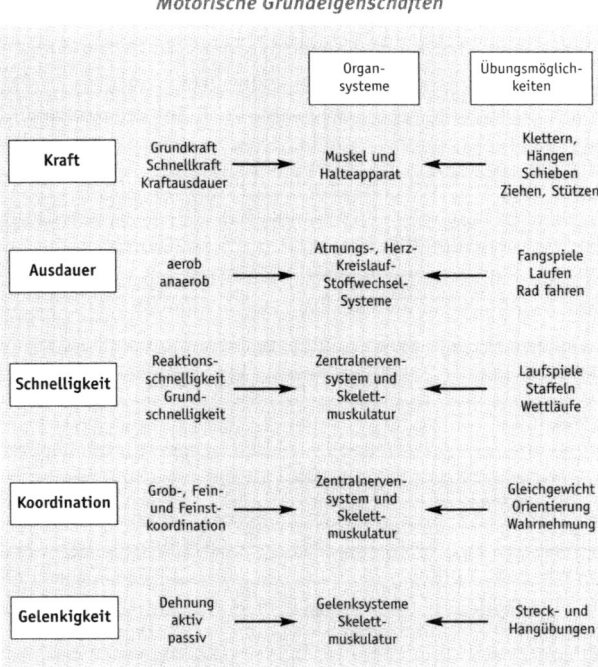

Abb. 4: Motorische Grundeigenschaften (Zimmer 2004, S. 71)

Bewegungsangebote sollen erlebnisorientiert sein. Den Bedürfnissen von Schüler*innen in sehr heterogenen Gruppen bzw. Klassen mit sehr unterschiedlichen Bewegungserfahrungen ist zu entsprechen, somit auch Kindern und Jugendlichen mit Auffälligkeiten in der motorischen Entwicklung und der Wahrnehmung (Selbst- und Fremdwahrnehmung), der Aufmerksamkeit und im Sozialverhalten.

Das Menschenbild der Psychomotorik folgt dem humanistischen Ansatz, der den Menschen in seinem So-Sein anerkennt. Die Entwicklung vollzieht sich in sozialen Kontexten, im Austausch mit der sozialen Gemeinschaft, der Familie und der Peergroup (vgl. Zimmer 2012, 26). Dem Menschen wird eine aktive und selbstbestimmte Rolle zugeschrieben. Im psychomotorischen Kontext sind demnach den Kindern offene Angebote zu unterbreiten, die möglichst selbsttätig genutzt werden können.

Im Sportunterricht bzw. in der Sportdidaktik hat es eine Wende gegeben, hin zum »erziehenden Sportunterricht (Kurz 2000)« (Pfitzner/Veber 2017, 126) mit dem Ziel der »Erschließung der Bewegungs-, Spiel- und Sportkultur und Entwicklungsförderung durch Bewegung, Spiel und Sport (BeSS)« (ebd.). Es geht darum, Bewegungserfahrungen zu sammeln, damit auch Erfahrungen mit dem eigenen Körper und darüber hinaus sportliche Fähig- und Fertigkeiten (z. B. Bewegungsabläufe) zu erwerben (vgl. ebd., 126).

Ein auf Inklusion ausgerichteter Sportunterricht soll mehrperspektivisch sein, verschiedene Bewegungsmöglichkeiten und Sinnperspektiven erschließen (vgl. Becker 2014, 172). So lernen Schüler*innen z. B. im Rahmen eines Sportspiels die eigenen und an anderen wahrgenommenen Fähigkeiten einzuschätzen; Unterschiede wahrzunehmen und sich auf Regeln zu verständigen, die zur Teilhabe aller führen. Grundsätzlich geht es um Bewegungsbeziehungen:

»Eine Bewegungsbeziehung ist eine von der Bewegung getragene und auf die Bewegung gerichtete gemeinsame Handlung von Menschen, bei der sich die Bewegungen der Beteiligten wechselseitig beeinflussen.« (Weichert 2008, 57)

Qualitativ können nach Weichert (ebd.) folgende Bewegungsbeziehungen unterschieden werden:
- *koexistent*: voneinander unabhängiges Bewegungshandeln (z. B. individuelles Üben),
- *koaktiv*: Bewegungshandeln des Einzelnen führt zu einem gemeinsamen Bewegungsprodukt (z. B. Staffellauf),

- *subsidiär:* unterstützendes Bewegungshandeln (z. B. Hilfestellung beim Turnen),
- *kooperativ-komplementär:* gemeinsames Bewegungshandeln (z. B. Tandem fahren),
- *kooperativ-solidarisch:* individuell-gemeinsames Bewegungshandeln (z. B. Kooperationsaufgaben).

Individuelle und gemeinsame Bewegungsangebote sollten in einer ausgewogenen Balance stehen.

3.3.3.5 Verhalten – Sozialverhalten

Das Verhalten ist gekennzeichnet durch ein »Agieren und Reagieren einer Person ... in einer bestimmten Situation« (Störmer 2014, 237), d. h. es ist von außen beobachtbar und bezieht den Beobachter/die Beobachterin ein. Verhalten ist allgemein zu bestimmen als »Haltungs- und Standortveränderungen eines Lebewesens, die ein Beobachter als Bewegungen und Handlungen in Bezug auf eine bestimmte Umgebung (Milieu) beschreibt« (Maturana/Varela 1987, 150).

Verhalten ist etwas in einer bestimmten Situation Beobachtbares (so z. B. Handlungen, Aktionen, Reaktionen im Unterricht). Der Beobachterin/dem Beobachter kommt hierbei eine spezifische Rolle zu. Die Beobachtungen und Beschreibungen müssen in einen Kontext gesetzt werden. Die jeweilige Situation, die Anforderungen in dieser und die Bedingungen, unter denen das Verhalten beobachtbar wurde, sind daher zu berücksichtigen.

Das Verhalten eines Menschen wird nicht nur beobachtet, sondern zugleich bewertet. Entspricht es nicht den vermeintlichen Vorstellungen einer Norm, wird es als »abweichend« oder »gestört« bezeichnet. Dabei ist zu berücksichtigen, dass es sich zumeist um »soziale Probleme, um Erziehungs-, Kommunikations- und Unterstützungsprobleme oder um Konflikte handelt, an denen die personale Umwelt nicht selten maßgeblich beteiligt ist« (Störmer 2014, 237). Das bleibt oftmals unberücksichtigt und kennzeichnet die Auffälligkeit oder Störung als individuelles Problem des Einzelnen. Die sog. »herausfordernden Verhaltensweisen«, die »Verhaltensstörungen« und »-schwierigkeiten« sind nur im Kontext der Ausgangs- und Umfeldbedingungen, der Biografie und der Lebenswelt des Individuums zu verstehen. Aus der Perspektive des Subjekts ist jedes Verhalten sinnhaft. Folgendes Beispiel soll das exemplarisch zeigen:

Steven fällt durch ›aggressives‹ Verhalten auf, schlägt sich selbst, aber auch andere Schüler*innen. Darüber hinaus nutzt er jede Gelegenheit, um aus der Klasse oder Schule wegzulaufen. Durch genaues Beobachten werden unterschiedliche Situationen beschrieben (ohne zu bewerten). Die Beschreibungen und genauen Analysen führten dazu, zu erkennen, dass das ›aggressive‹ Verhalten sich immer dann zeigte, wenn es Steven nicht gelungen ist, sich mitzuteilen. Die fehlenden kommunikativen Möglichkeiten (Steven verfügt nicht über Lautsprache) führten dazu, ihn in verschiedenen Situationen ohnmächtig werden zu lassen. Erst der gemeinsame Aufbau von Kommunikation über ein Symbolsystem schaffte ihm die Gelegenheit, seine Bedürfnisse, Interessen und Anliegen auszudrücken. Kommunikation gilt als ein bedeutendes menschliches Bedürfnis. Ohne adäquate kommunikative Möglichkeiten geraten Menschen in isolierende Situationen. Ein der jeweiligen Person angemessenes Zeichensystem zu finden, was auch von anderen verstanden werden kann, ist dann vordringliche Aufgabe.

Die Rekonstruktion des Verhaltens gibt, wie das Beispiel zeigt, Erklärungen für das aus Sicht der Person selbst sinnvolle Verhalten: Es ist erklärbar aus der eigenen Lebenssituation, den lebensweltlichen Bedingungen, den eigenen Begrenzungen und Isolationen. Herausfordernde Verhaltensweisen gelten z. B. als

»... Bewältigungsversuch bei Kommunikationsbarrieren, bei Posttraumatischen Belastungsstörungen oder aber bei psychischen und sozialen Problemen, sie können Signal im Sinne eines Bittens und Bettelns nach Aufmerksamkeit, Kontakt, Zuwendung, Kommunikation, Zeit und Hilfen sein, mit ihnen lassen sich Anforderungen vermeiden, wie auch Interessen durchsetzen, aber es können auch alltägliche Anforderungen und Belastungen insgesamt bewältigt werden, und sie können ihre Bedeutung aus Situationen der Langeweile, der Erregung, des Warten-Müssens, aus Konflikten und aus mangelnder Wertschätzung gewinnen.« (Störmer 2014, 259)

Das gezeigte Verhalten kann die betreffende Person emotional stabilisieren. Es kann darüber hinaus eine Kompensationsleistung sein.

Da Verhalten bzw. die Entstehung von sogenannten ›Verhaltensauffälligkeiten‹ von Ausgangs- und Umfeldbedingungen abhängig ist, muss hier auf das Themenfeld ›Isolation‹ eingegangen werden.

Der Zusammenhang von ISOLATION und Behinderung wird insbesondere von Wolfgang Jantzen (Jantzen 1992, 2003) in die Fachdebatte eingeführt. Drei wesentliche isolierende Bedingungen sind herauszustellen: »1. Überstimulation (sensory overload), 2. Widersprüchliche

Information (double bind), 3. Sensorische Deprivation« (Jantzen 2007, 284). Unterschiedliche psychopathologische Auswirkungen in Korrespondenz mit den jeweilig unterschiedlichen Entwicklungsniveaus können die Folge sein. »Entweder gelingt es, im Durchdenken der Situation auf der Ebene der inneren Position das Problem zu lösen, oder dieses kann als Bedrohung, Macht, Hindernis lokalisiert werden...« (Jantzen 2007, 283). Als »notwendige Bedingung für die Entfaltung von Widerstandskraft gegen isolierende Bedingungen« erweist sich der Dialog und die Kommunikation mit anderen, darüber hinaus »befriedigende und emotional positiv bewertete Formen der Kooperation« (ebd.) mit anderen Menschen. Zum Erfolg führen diese Formen der Kooperation durch die »Erfahrung der emotionalen Verbundenheit mit den anderen Personen, also der Sicherheit, bei der Suche nach Kooperation und Hilfe nicht zurückgewiesen und verletzt zu werden« (ebd., 285). Zugleich aber ist zu konstatieren, dass »je weniger die innere Position einer Persönlichkeit gefestigt ist, umso geringer ist ihre Widerstandskraft gegen isolierende Bedingungen« (Zimpel 2009, 190). Je weniger die Person die innere Position auf der Basis von Interaktion, zwischenmenschlichem Dialog, Bindung, Beziehung und Kooperation festigen konnte und in isolierenden Situationen darauf zurückgreifen kann, umso stärker passt sich die Person den isolierenden Bedingungen an. »Der Kern psychopathologischer Prozesse bei der Anpassung an isolierende Bedingungen ist die Stereotypentwicklung« (ebd., 191).

»Stereotypien auf der Ebene des biologischen Sinns entwickeln sich bei Säuglingen im Alter bis zu ca. vier Monaten. Bei ihnen dominiert die Wahrnehmungstätigkeit. Unter isolierenden Bedingungen entwickeln sie motorische Stereotypien.
Stereotypien auf der Ebene des individuellen Sinns (4.–12. Monat sowie 1.–3. Lebensjahr) sind Autoaggressionen, Aggressionen gegen Sachen und Personen sowie Psychopathien und das Borderline-Syndrom. Sie entwickeln sich ... unter den Bedingungen von Hospitalismus, Ich-Lücken und Störungen des Ich-Aufbaus infolge von Störungen der Kooperation mit Bezugspersonen oder infolge ihrer völligen Abwesenheit.
Stereotypien auf der Ebene des persönlichen Sinns sind Neurosen, Schizophrenie und Depressionen. Sie entwickeln sich ... ab dem dritten Lebensjahr.« (ebd.)

Deutlich wird damit, dass wahrgenommenes Verhalten sich als Wechselwirkung von Person und Umwelt/Umfeld erklären lässt.

Darüber hinaus können Verhaltensweisen aus der Sicht der betreffenden Person rekonstruiert werden. Eine Hilfe ist es, sich selbst zu fragen, unter welchen Bedingungen das gezeigte Verhalten als sinnvoll erscheint (vgl. Zimpel 2010c, 61). André Frank Zimpel verweist darauf, zwischen Außensicht (als Beobachter*in) und Innensicht (z. B. Schüler*in) zu unterscheiden und die beiden Perspektiven zur Entwicklung pädagogischer Ideen zu nutzen. Ausführlich werden unterschiedliche Entwicklungs- bzw. Lernbereiche, die lebensgeschichtliche und lebensweltliche Situation erfasst, um sich daraufhin ggf. das Verhalten erklären zu können und in Folge pädagogische Ideen abzuleiten. Die Art und Weise des Diagnostizierens, die den Beobachter und die Innensicht der betreffenden Person einbezieht, kommt in der ›Rehistorisierenden Diagnostik‹ (Jantzen/Lanwer; Ziemen) zur Geltung. Beispielhaft dafür sind auch die neurologischen Geschichten von Oliver Sacks. Damit ist das Ziel verbunden, das Beobachtete bzw. das Diagnostizierte zu erklären, aber auch den Menschen und sein Verhalten zu verstehen (im Sinne, sich diesem zu nähern). Darüber hinaus sind Diagnosen, die zumeist ein Syndrom als »Zusammentreffen verschiedener typischer Beobachtungen (Symptome)« (Zimpel 2010c, 60) umfassen, einer Analyse zuzuführen. Das kann medizinische Diagnosen, z. B. Trisomie 21, Autismus, Tourette-Syndrom betreffen, aber auch sozial verursachte Syndrome, durch Hospitalismus, Isolation oder Posttraumatisches Belastungssyndrom etc. (vgl. ebd.). Syndrome gehen zumeist mit besonderem subjektivem Erleben einher (ebd.). Demnach sind Berichte der betreffenden Menschen selbst wertvoll und können Verstehenshilfen für unverständliches Verhalten darstellen. »Aus der Selbstreflexion des eigenen Erkenntnisweges, der nach einer Stimmigkeit zwischen Außen- und Innensicht sucht, lassen sich nun pädagogische Ideen ableiten« (ebd. 61).

Lehrpersonen und Teammitarbeiter*innen stehen vor der Aufgabe, Beziehungen zu allen Schüler*innen aufzunehmen und diese human zu gestalten. Sie tragen Verantwortung für zu schaffende entwicklungs- und lernfördernde Bedingungen.

Zusammengefasst ist zu konstatieren, dass Didaktik als die Lehre vom Lehren und Lernen Angebote konzipiert und unterbreitet, die der Entwicklung bzw. den Entwicklungspotenzialen der Schüler*innen entsprechen sollen. Die Herausforderung für den UNTERRICHT besteht darin, die fachlichen Ziele und Angebote mit den Entwicklungszielen bzw. den Potenzialen für Entwicklung zu verknüpfen. Zugleich ist jedoch nach Erschwernissen und Hemmungen für Entwicklung und Lernen zu fragen. Verhalten ist unvermeidlich und in jeder Situation präsent. Beobachtbares Verhalten ist abhängig von den Ausgangs- und

Umfeldbedingungen der Schülerin/des Schülers und abhängig vom Beobachter/von der Beobachterin, von deren theoretischem Background und deren Interpretation des Verhaltens. Wahrgenommene Verhaltensauffälligkeiten kennzeichnen eine Störung zwischen Person und Umfeld und können unterschiedliche Ursachen haben. Im Kontext einer Analyse der Ausgangs- und Umfeldbedingungen bzw. einer mehrdimensionalen Diagnostik kann ein Prozess des Verstehens und Erklärens eingeleitet werden.

3.3.4 Unterricht – Medizin, Therapie und Pflege

Für eine Pädagogik und Didaktik, die sich ›inklusiv‹ bzw. allgemein und für alle Schüler*innen zuständig sieht, sind neben Bildung, Erziehung und Lernen auch zunehmend medizinische, therapeutische und pflegerische Fragestellungen bedeutsam. Im Hinblick auf Partizipation und den gemeinsamen Fokus einer umfassenden Entwicklung der Persönlichkeit wird interdisziplinäres Arbeiten zunehmend relevanter. Auswirkungen von Isolationen, Schädigungen und Krankheiten machen es erforderlich, über die Fragen von Gesundheit und Krankheit nachzudenken und in einem weiteren Schritt die Konsequenzen für die Pädagogik und Didaktik abzuleiten.

Es ist an dieser Stelle kaum möglich, die Gegenstandsgeschichte der Begriffe ›Gesundheit‹ und ›Krankheit‹ und den detaillierten Erkenntnisstand dazu aufzunehmen (vgl. hierzu Greb 2012, 272 ff.; Jantzen 2007, 298 ff.). Zu konstatieren ist, dass es grundsätzliche Veränderungen der Vorstellung darüber gibt, was denn Gesundheit und Krankheit sei. Es sind »einerseits Pole menschlicher Vitalität, andererseits Wechselspiele individuellen Befindens, das durch selbstbewusste Lebensführung beeinflusst werden kann« (Greb 2012, 272). Die rein biomedizinische Denkweise erklärt nur unzureichend, was mit dem Begriffspaar gemeint ist. Sie berücksichtigt zumeist nicht, dass Gesundheit und Krankheit nicht ausschließlich als zwei gegensätzliche Pole erscheinen, sondern als Kontinuum, indem die Prozesse zwischen den Polen fließend sind. Gesundheit und Krankheit werden auch durch soziale, ökologische, psychosomatische, gesellschaftliche u. a. Prozesse bestimmt, die im Verhältnis zueinander Gesundheit bzw. Krankheit erst hervorbringen. Gesundheit und Krankheit werden nicht nur im Individuum verortet. Einen Schritt in diese Richtung präsentiert das Modell der *International Classification of Funktioning and Health* (ICF) mit einem bio-psycho-sozialen Verständnis. Hier werden einige Zusammenhänge deutlich, wie die zwischen Umweltfaktoren und Auswirkungen auf die physische bzw. psychische Ebene des Menschen; darüber hinaus die Möglichkeit Aktivität und Partizipation im Kontext unterschiedlicher Felder und Lebenszusammenhänge zu analysieren. Das erlebte Wohlbefinden als subjektives Erleben und Indiz für Gesundheit wird (wenn überhaupt), dann nur randständig erfasst, ebenso die durch das salutogenetische Modell Aaron Antonovskys entwickelten Einflussgrößen auf Krankheit bzw. Gesundheit, wie z. B. Widerstandsressourcen und das Kohärenzgefühl (vgl. ebd., 275). In der Diskussion zumeist gänzlich ausgeblendet erscheint die gesellschaftskritische Dimension mit der Definitionsmacht der Medizin bzw. der Gesundheits- und Versorgungsprobleme, mit ökonomischen Interessen und »falsch verstandener Krankheitsprävention … Hierbei wird immer häufiger nicht pathologischen Phänomenen Krankheitswert zugeschrieben« (Greb 2012, 275 f.).

»Mit den subjektiven Gesundheitsvorstellungen können schließlich auch andere kognitive Repräsentationen interagieren, wie z. B. körperbezogene Selbstrepräsentationen, insbesondere bei Behinderungen oder chronischen Krankheiten.« (ebd. 275)

Ungeklärt ist bislang, welche Einflüsse die subjektiven Vorstellungen von Gesundheit oder Krankheit auf das reale Leben und den Alltag des Menschen haben (vgl. ebd.).

Behinderung ist nicht mit Krankheit gleichzusetzen und auch nicht ursächlich biologisch bzw. ›defektiv‹ bedingt. Der Mensch als bio-psycho-soziales Wesen wird durch das Verhältnis zwischen diesen Ebenen in seiner Entwicklung und seinem Da- und So-Sein bestimmt. Physiologische Bedingungen können zu Einschränkungen, Etikettierungen und Ausschluss führen. Dennoch führen biologische Schädigungen nicht zwangsläufig zu Störungen und Behinderungen. Es ist stets von einem Zusammenhang zwischen biologischer, psychischer und sozialer Ebene auszugehen.

»*Therapie* als Bezeichnung für Kranken- und Heilbehandlung wurde im 18. Jahrhundert als medizinischer Begriff aus dem griechischen Wort ›therapeia‹ gebildet, das ursprünglich Dienen, Dienst, Pflege bedeutet« (Jantzen 2007, 317). Zwischen »Therapie als Verhaltenskontrolle«, wobei »Disziplinierungs- und Kontrollverfahren entwickelt werden, die … wieder zum störungsfreien Funktionieren« (Jantzen 2007, 318) führen sollen und »Therapie als heilender Dialog« (ebd. 323 ff.) muss unterschieden werden. Bei Letzterem wird ein »möglichst gleichmächtiges Verhältnis, eine Beziehung auf Augenhöhe aufgebaut, die von Vertrauen und Humanität geprägt ist« (Jödecke 2017, 222). Therapien in Schule und Unterricht sind »nicht selten ... auf vereinzelte, voneinander isolierte Funktionalitäten« (ebd., 223) ausgerichtet, »ohne an der Bedürfnislage, der Leidens- und Glücksbalance des Menschen als kybernetisches System 2. Ordnung und seinen psychosozialen Gegebenheiten konkret anzusetzen« (ebd.). Isoliertes Funktionstraining muss kritisch betrachtet werden, da darüber ein selbstständiger Transfer in die unmittelbare Lebenswelt erschwert wird und der Gesamtzusammenhang der Lebenssituation aus dem Blick gerät. Therapeutische Angebote sollten einen »Experimentier- oder Spielraum für Veränderungen« (ebd.) darstellen, »indem Modelle des Künftigen antizipierend und handlungsbezogen erprobt werden« (ebd.) können. Wesentlich ist hierbei der »Transfer gemachter Erfahrungen und Kompetenzen in konkrete Lebenswelten der Patienten/Klienten« (ebd.). Dazu bietet sich Schule bzw. Unterricht als Lebenswelt der Kinder und Jugendlichen bspw. an. Therapeutische Angebote im UNTERRICHT stellen von vornherein den Bezug zur unmittelbaren Situation her, indem die Angebote ggf. für die Gruppe bzw. die Klasse geöffnet werden und sich so auch für andere Schüler*innen Entwicklungsmöglichkeiten eröffnen. Zugleich bieten diese den Lehrpersonen und Teammitarbeiter*innen die Chance, die eigenen Kompetenzen zu erweitern. Eine Herausforderung besteht in der notwendigen interdisziplinären Kooperation, so bspw. zwischen Therapeut*innen und den Lehrpersonen. Neben der Therapie kommt der Pflege auch in der Pädagogik immer mehr Bedeutung zu.

PFLEGE hat unterschiedliche Zielrichtungen, so das »Fördern und Erhalten von Gesundheit, das Vorbeugen von gesundheitlichen Schäden und das Unterstützen von Menschen in der Behandlung und im Umgang mit Auswirkungen von Krankheiten und deren Therapien« (Spichiger/Kesselring/Spirig/De Geest 2006, 45). Dabei geht es nicht um »lediglich biomedizinisch, technisch und stationär orientierte Lösungen« (Tölle 2017, 186), sondern um »an den Grundbedürfnissen ansetzende Beziehungsarbeit in existentiellen, die Integrität bedrohenden Lebenssituationen« (Friesacher 2008, 333). Pflege zielt auf Partizipation und »unterstützt Menschen beim Erlernen sekundärer Kompensationsstrategien, die sich über soziale Austauschprozesse vermitteln« (Tölle 2017, 186 f.). Im Kontext von Schule richtet sich Pflege darauf, Unterricht bzw. Bildungsangebote überhaupt zu ermöglichen.

Seit jeher waren und sind medizinische, pflegerische und therapeutische Angebote für Kinder und Jugendliche, die unter den Bedingungen von schwerer Behinderung bzw. geistiger und/oder körperlicher Behinderung leben, notwendig.

Diese wurden zumeist an Förderschulen zur Verfügung gestellt. Im Zuge der Umsetzung von Inklusion sind Therapie und Pflege in den pädagogisch-didaktischen Kontext einzubinden. Auch Kinder und Jugendliche mit chronischen Erkrankungen sind eine nicht zu unterschätzende Zielgruppe für medizinische, therapeutische und/oder pflegerische Angebote. Pflege beinhaltet Angebote für Lernen und Entwicklung des Einzelnen und zielt auf das Wohlergehen ab. Sie dient der Entwicklung von Selbstständigkeit, der Ausbildung von Lebensgewohnheiten und der Befriedigung grundlegender Bedürfnisse (vgl. Schlichting 2013, 53 ff.).

Zusammengefasst zeigt sich, dass Therapie und Pflege Herausforderungen im Kontext von Schule und Unterricht darstellen. Räumliche und strukturell-organisatorische Bedingungen, genügend Zeit und entsprechend ausgebildetes bzw. geschultes Personal sind ebenso Voraussetzung wie Grundhaltungen und Einstellungen für eine verantwortungsvolle, die Intimsphäre wahrende Pflege (vgl. Schlichting 2013, 59 ff.) und Therapie. Pflege, Therapie und medizinische Versorgung im schulischen Kontext erfordern die Kooperation der beteiligten Expert*innen. Dabei setzt Kooperation auf gemeinsame Ziele, zeitliche Regelmäßigkeit, gleichberechtigte Partner*innen, gegenseitige Information und Kommunikation (vgl. ebd., 175 ff.).

Therapie, Pflege und Unterricht in ihrem Verhältnis zueinander orientieren sich an anthropologischen Grundbedürfnissen, die das Gemeinsame, das alle Verbindende und zugleich das Individuelle berücksichtigen. Anthropologische Bedürfnisse sind als Basis für Lernen, Entwicklung und Tätigsein zu betrachten. Im Mittelpunkt stehen dabei Bedürfnisse nach Geborgenheit, Anerkennung, sozialen Erfahrungen, nach Selbstständigkeit, Orientierung und ebenso nach Kontakt, Dialog, Kommunikation, Kooperation und Hilfe. Pflege, Therapie und Unterricht in ausgewogener Balance zueinander sichern die Grundbedürfnisse und ermöglichen darüber hinaus Bildung und Erziehung.

4 Mehrdimensionale reflexive Didaktik

Auf der Basis der dargestellten Erkenntnisse und Zusammenhänge wird nun die MEHRDIMENSIONALE REFLEXIVE DIDAKTIK (Ziemen 2008, 2013b) entwickelt. Reflexivität – der Begriff steht für ›Rückbezüglichkeit‹, »re-flectere heißt zurückbiegen« (Wacquant 1996, 63). Folgen wir Wacquant, der sich auf Pierre Bourdieu bezieht, so gilt Reflexivität nicht nur für das einzelne Individuum, sondern für das »soziale und intellektuelle Unbewusste« (vgl. ebd.) eines Kollektivs. Das didaktische Feld (vgl. Abb. 5) wird im Kontext von Schule durch verschiedene Akteure und Akteurinnen mit ihrem jeweiligen Habitus bestimmt: Lehrpersonen, Teammitarbeiter*innen, alle anderen in der Institution Tätigen, Schüler*innen, Eltern und weitere an Schule Beteiligte (z. B. Künstler*innen). Reflexion kann sich auf sich selbst beziehen (Selbstreflexion); auf Theorien und Erkenntnisse, z. B. humanwissenschaftliche Diskurse; auf den Menschen in seinem So-Sein und seine Grundbedürfnisse; auf gesellschaftliche, organisatorische, kulturelle, sprachliche Bedingungen; auf Normen und Werte; auf die Planung, Gestaltung und Evaluation von Unterricht; auf die Gestaltung des Möglichkeitsraums für Lernen und Entwicklung u. a. m.

Die Mehrdimensionale reflexive Didaktik umfasst Reflexionen, die im Kontext unterschiedlicher Dimensionen dargestellt werden. Im Folgenden soll jedoch zunächst der didaktische Gesamtrahmen vorgestellt werden.

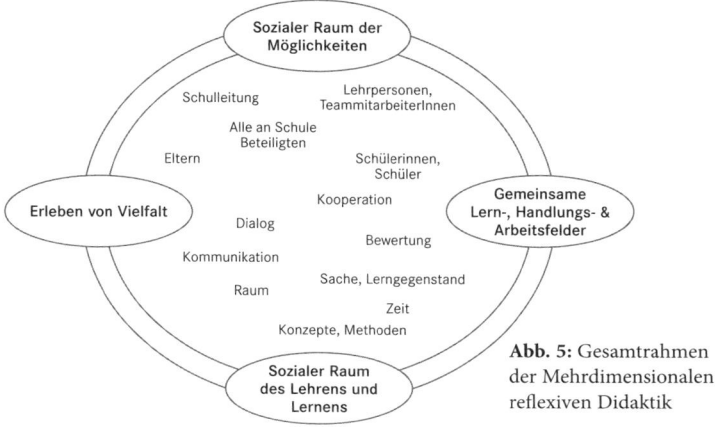

Abb. 5: Gesamtrahmen der Mehrdimensionalen reflexiven Didaktik

4.1 Didaktischer Gesamtrahmen

Den didaktischen Gesamtrahmen soll die Vorstellung eines sozialen Raums bzw. Feldes bilden. Felder sind soziale Räume mit einer eigenen Logik (vgl. Bourdieu/Waquant 1996, 127).

Politik, Wissenschaft, Kunst und Pädagogik stehen beispielhaft für gesellschaftliche Felder. Das didaktische Feld innerhalb des pädagogischen Feldes ist zugleich ein SOZIALER RAUM DER MÖGLICHKEITEN für Lernen und Entwicklung.

Pierre Bourdieu vergleicht das Feld mit einem Spiel (ebd.). Die Spieler oder Akteure (d. h. alle am Spiel Beteiligten) bringen sich in das Spiel ein, wollen bzw. sollen mitspielen. Sie haben Interesse am Spiel. Die Akteure nehmen im Feld unterschiedliche Positionen ein, sie haben ›Trümpfe‹ in der Hand, die sie als Kapitalarten in das Spiel einbringen können. »Kapital ist akkumulierte Arbeit, entweder in Form von Materie oder in verinnerlichter Form« (Bourdieu 1983, 183). Auf das didaktische Feld lässt sich die Idee des sozialen Raumes übertragen. So sind die Akteure sowohl Schüler*innen, Lehrpersonen und weitere Teammitarbeiter*innen (z. B. Therapeut*innen) als auch Schulbegleiter*innen, die im engeren Sinne am ›Spiel‹ beteiligt sind und im Raum unterschiedliche Positionen und Rollen einnehmen. Um das Gesamtensemble betrachten zu können, sind jedoch auch alle anderen an Schule Beteiligte (z. B. Hausmeister*innen) mit ihren jeweiligen Rollen zu berücksichtigen. Eltern und enge Bezugspersonen der Schüler*innen sind am Rand des sozialen Raums positioniert und pendeln zwischen ›innen und außen‹. Sie nehmen eine besondere Rolle ein. Über ihre Kinder sind sie dem pädagogischen und didaktischen Feld verbunden. Mitbestimmung, Partizipation und Beteiligung ist abhängig von konzeptionellen Vereinbarungen in der Schule, darüber hinaus von Einstellungen und Haltungen von Lehrpersonen bzw. Schulleitungen gegenüber den Eltern bzw. Bezugspersonen.

Eine Vielzahl von Akteuren muss nunmehr miteinander in Beziehung treten, kooperieren und kommunizieren. Sie bilden darüber (im bourdieuschen Sinne) soziales Kapital für sich selbst.

»Das soziale Kapital ist die Summe der aktuellen und virtuellen Ressourcen, die einem Individuum oder einer Gruppe aufgrund der Tatsache zukommen, dass sie über ein dauerhaftes Netz von Beziehungen, einer … wechselseitigen Kenntnis und Anerkenntnis verfügen; es ist also die Summe allen Kapitals und aller Macht, die über ein solches Netz mobilisierbar sind.« (Bourdieu/Waquant 1996, 151 f.)

Voraussetzung dafür, dass sich ein stabiles Netz von Beziehungen bildet, ist »unaufhörliche Beziehungsarbeit in Form von ständigen Austauschakten ..., durch die sich gegenseitige Anerkennung immer wieder neu bestätigt« (Bourdieu 1983, 193). Damit wird im didaktischen Feld die Frage nach dem Netz der Beziehungen der Schüler*innen untereinander bzw. aller Akteure untereinander gestellt. Spannt sich das Netz an Beziehungen des/der Einzelnen deutlich über die Schule und das didaktische Feld hinaus, wird hier insbesondere das Netz an Beziehungen innerhalb des didaktischen Feldes beleuchtet. Grundsätzlich wird mit Inklusion die BALANCE INDIVIDUELLER UND GEMEINSCHAFTLICHER ANGEBOTE UND AKTIVITÄTEN verbunden. Zu fragen ist danach, welche sozialen Prozesse Potenziale für die Entwicklung Einzelner und der Gemeinschaft bieten können. Gemeinsame Erlebnisse und Erfahrungen, der Austausch untereinander, das Schaffen gemeinsamer Produkte (materielle und geistige Produkte) und gemeinsame Austauschrunden führen zur Ausbildung eines kollektiven Verhältnisses zueinander. (Inklusive) Schule zielt auf ein Klassen-, Gruppen- und Lernklima des sich gegenseitig Wahrnehmenden und Wertschätzenden, des Dialogischen und Kooperativen.

4.2 Dimensionen der Mehrdimensionalen reflexiven Didaktik

Die MEHRDIMENSIONALE REFLEXIVE DIDAKTIK beinhaltet die folgenden Dimensionen:

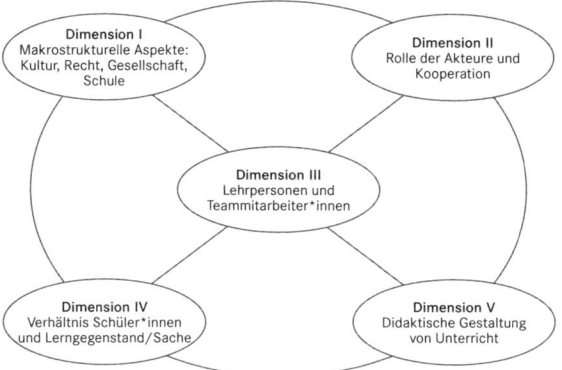

Abb. 6: Dimensionen der Mehrdimensionalen reflexiven Didaktik

4.2.1 Dimension I: Makrostrukturelle Aspekte – Kultur(en), Gesellschaft, Recht, Schulsystem und Institution Schule

Die weiteste Dimension, die den Unterricht bzw. die Didaktik beeinflusst, ist die makrostrukturelle, d. h. Gesellschaft, Kultur, Recht, Wirtschaft, Verwaltung, Politik und das Schulsystem. So treten die Rahmenbedingungen – z. B. die Traditionen, die Werte und Normen, die Einstellungen und Überzeugungen – in den Fokus. Wie diese Dimension Schule und Unterricht beeinflusst, wird spätestens mit der Ratifizierung der *UN-Konvention über die Rechte behinderter Menschen* deutlich. Diese wirkt(e) sich maßgeblich auf die Schulgesetzgebung, die Schule als Institution und die Gestaltung des konkreten Unterrichts aus.

Inklusion hat gesamtgesellschaftliche Relevanz, deren Umsetzung maßgeblich von politischen Entscheidungen abhängig ist. Gesellschaftlich ist die Frage zu stellen, wie ein Zusammenleben aller an der Gesellschaft Beteiligten möglich werden kann und inwiefern die Bereitschaft besteht, Ausgrenzungsrisiken und -praktiken wahrzunehmen und diesen zu begegnen. Das betrifft alle gesellschaftlichen Felder, bspw. die Freizeit, das Wohnen, die Arbeit und die Bildung. Kennzeichen gesellschaftlicher Ausgrenzungsrisiken und -praktiken sind Armuts- und Reichtumsverhältnisse; prekäre Lebenslagen, Arbeits- und Wohnverhältnisse; soziale und ökonomische Ungleichverteilungen; Ab- und Ausgrenzungen von sozialen Gruppen, die als entbehrlich oder überflüssig gelten u. a. m. Die Fragen nach Ausgrenzungsrisiken und -praktiken sind nicht nur national, sondern darüber hinaus auch auf europäischer Ebene bzw. international zu stellen. Ein Beispiel sind die Wanderungsbewegungen von Menschen, deren Leben bzw. Überleben in ihrem Ursprungsland aufgrund von Verfolgungen, Armut und politischen Verhältnissen nicht oder kaum gesichert ist. Über eine Million Menschen sind im Jahr 2015 nach Deutschland gekommen, ein erheblicher Anteil davon Kinder und Jugendliche. Damit stellt sich unweigerlich auch auf nationaler Ebene die Frage nach Inklusion oder Exklusion. Die Debatte ist entfacht über die Integration von Flüchtlingen und über ›Abschiebungen‹. Allein die Wahl der Begriffe setzt Zeichen mit deutlich negativer Konnotation.

Bezüglich der Differenzsetzung ›Behinderung‹ sind bis in die Gegenwart hinein Bilder, Vorstellungen und Einstellungen vordergründig, die ein negativ konnotiertes Bild von ›Behinderung‹ zeichnen. Dies führt zu Ängsten, Verdrängungen und ablehnenden Einstellungen. Das steht der inklusiven Idee grundsätzlich im Wege bzw. verunmöglicht die konkrete Umsetzung (vgl. Ziemen 2013b). Um das langfristig zu verändern, fordern bspw. Eltern/Familien und Bezugspersonen von Kindern und Jugendlichen mit Behinderung öffentliche Aufklärungsarbeit, Möglichkeiten der Begegnung, gemeinsame Aktivitäten und Unterstützung durch Politik, Verwaltung und Behörden.

Die makrostrukturelle Dimension umfasst darüber hinaus das Schulsystem und die INSTITUTION SCHULE.

(Schul-)Systemveränderungen werden seit Langem gefordert. Die von Georg Feuser bereits in den 1990er-Jahren vorgelegte Analyse des Erziehungs-, Bildungs- und Unterrichtssystems bietet dafür eine relevante Grundlage (vgl. Feuser 1995, 159 ff.) und hat nichts an Aktualität verloren. Die Veränderungen im Schulsystem betreffen das deutsche gegliederte Schulsystem an sich und darüber hinaus schulorganisatorische, -strukturelle und curriculare Bedingungen. Alle »Stufen des Bildungswesens sind beteiligt und müssen sich gleichzeitig in eine inklusive Richtung bewegen« (Carle 2017, 136). Auf der Ebene der Einzelschule wird die Herausforderung im Hinblick auf Inklusion sehr unterschiedlich verwirklicht. Zum großen Teil wird die Einzelschule durch

»… tradierte rechtliche, zeitliche, räumliche und curriculare Strukturen erheblich eingeschränkt, zumal sich diese auch in den persönlichen professionellen Routinen der Lehrer*innen und Schüler*innen sowie in ihren Arbeitsmitteln manifestiert haben.« (ebd. 136 f.)

Durch fehlende generelle Systemveränderungen erfolgt die Entwicklung vordergründig auf der Ebene der Einzelschule. Die Schule kann nach Goffman (1972, 18) zur »totalen Institution« werden.

Das System Schule gilt aus konstruktivistischer bzw. systemischer Sicht als Einheit, die einem »ständigen Entwicklungs- und Modifikationsprozess unterworfen ist« (Greving 2013, 170). Schule als LERNENDE ORGANISATION zu verstehen, ist zu einem geflügelten Wort geworden. Veränderungen werden für die Organisation bzw. Institution Schule vorausgesetzt. Wie sich an den Herausforderungen im Kontext von Inklusion zeigen lässt, werden Reformbemühungen und bevorstehende Veränderungen bzw. Wandlungsprozesse nicht immer als Chance für Entwicklung gesehen. Ängste vor dem Neuen bzw. Unbekannten und Verunsicherungen führen dazu, als Abwehrmechanismen zu fungieren und inklusive Entwicklungen zu erschweren oder zu verunmöglichen.

Bildungspolitische Entscheidungen müssen für Schulen und alle an Schule Beteiligte transparent und verlässlich sein. Entwicklungen mit Blick auf Inklusion im Kontext Schule werden positiv konnotiert, wenn notwendige Bedingungen geschaffen werden, um diese Veränderungen zu vollziehen, so z. B. ausreichend qualifiziertes Personal.

Fragen, die den reflexiven Prozess unterstützen können, sind folgende:
- Welche Werte und Normen sind aus gesellschaftlicher und kultureller Sicht für den didaktischen Prozess relevant?
- Welche Schulsystemfragen behindern oder befördern den didaktischen (inklusiven) Prozess?
- Welche Rechtsgrundlagen behindern oder befördern den didaktischen (inklusiven) Prozess?
- Welche schulstrukturellen, schulorganisatorischen und schulgesetzlichen Bedingungen behindern oder befördern den didaktischen (inklusiven) Prozess?

4.2.2 Dimension II: Rollen der Akteure und Kooperationen

4.2.2.1 Rollen der Akteure

Der Soziologe Erving Goffman (1922–1982) nimmt die Idee der Bühne eines Schauspiels auf und legt den Fokus auf die Akteure, die in sozialen Rollen handeln. Dabei gibt es Schauspieler*innen, das Publikum, die Bühne (Vorder- und Hinterbühne), Kulissen u. a. m. Menschen handeln in ihrer Rolle.

»Das vorherbestimmte Handlungsmuster, das sich während einer Darstellung entfaltet und auch bei anderen Gelegenheiten vorgeführt oder durchgespielt werden kann, können wir ›Rolle‹ nennen ... Wenn wir soziale Rollen als die Ausübung von Rechten und Pflichten definieren, die mit einem bestimmten Status verknüpft sind, dann können wir sagen, dass eine soziale Rolle eine oder mehrere Teilrollen umfasst und dass jede dieser verschiedenen Rollen von dem Darsteller ... vor dem gleichen Publikum dargestellt werden kann.« (Goffman 1997, 18)

Rollen und das damit verbundene entsprechende Verhalten sind mit Erwartungen verbunden, die mit der Funktion, dem Status, der jeweiligen Zuständigkeit und Fähigkeit in Beziehung steht, diese Rolle einzunehmen und sie zu gestalten.

Im schulischen Kontext gibt es eine Vielzahl von Akteuren, die jeweils ihre spezielle Rolle im pädagogischen und didaktischen Feld einnehmen.

Sie sollen im Folgenden skizziert werden. Dabei werden insbesondere die Schulleitung; Lehrpersonen und Teammitarbeiter*innen; Schüler*innen und die Eltern bzw. Bezugspersonen in den Blick genommen. Darüber hinaus sind Akteure bzw. an der Schule maßgeblich Beteiligte, wie bspw. die Schulbegleiter*innen, Praktikant*innen, Lehramtsanwärter*innen, aber auch Reinigungs- und Küchenpersonal bzw. Hausmeister*innen bedeutsam. Letztere werden jedoch im Rahmen dieser Veröffentlichung nicht explizit berücksichtigt.

Der SCHULLEITUNG kommt eine bedeutende Rolle zu bei der Qualitätssicherung und Wirksamkeit von Schule bei Veränderungsprozessen, so die Ergebnisse der Schulqualitäts- und Schulentwicklungsforschung (vgl. Huber 2017, 122). Huber (mit Verweis auf Schratz) kennzeichnet die Ansprüche an die Schulleitung. Diese beinhalten eine

»… gemeinsame Vision und abgestimmte Ziele, ein funktionstüchtiges Qualitätsmanagement …, die Entwicklung und Änderung von Prozessen und Aufgaben, eine evaluative Grund- und Werthaltung sowie ein hochwertiges Unterrichtsangebot.« (Huber 2017, 122 f.)

Der Schulleitung kommt eine bedeutende Rolle zu bei »staatlichen Reformmaßnahmen«, aber auch »schuleigenen Innovationsbemühungen« (vgl. ebd., 123), z. B. bezüglich Inklusion. Die Schulleitungen werden als »Schlüsselfiguren … mit dem Vermögen, Schulentwicklungsprozesse entscheidend voranzubringen, aber genauso auch zu blockieren« (ebd.) bezeichnet, gelten als »Change Agents«, als Verantwortung Tragende für die Veränderungen der Einzelschule (vgl. ebd.). Die Umsetzung von Inklusion wird von der Schulleitung zumeist als besondere und neue Herausforderung bewertet. Inklusion stellt Schulen vor die Herausforderung, sich zu verändern. Dieser auf bildungspolitischer Ebene angelegte Transformationsprozess wird durch die rechtlichen Grundlagen, hier v. a. durch die *UN-Konvention über die Rechte behinderter Menschen* und deren Ratifizierung durch die Länder (hier: Deutschland); durch die Veränderung der Schulgesetze der Bundesländer; durch schulstrukturelle und schulorganisatorische Rahmenbedingungen der Kommunen, Kultusministerien, Schulämter bestimmt. Mit Fend kann davon ausgegangen werden, dass die Veränderungen und Umgestaltungen an den Schulen zum einen abhängig sind von den beteiligten Feldern und Akteuren außerhalb der Einzelschule und deren Kommunikation miteinander, zum anderen vom Feld der Einzelschule und der beteiligten Akteure in dieser. Diese reflektieren die neuen Herausforderungen und »rekontextualisieren« (Fend 2008) die Situation. Verschiedene Akteure deuten die Herausforderungen auf unterschiedliche Art und Weise. Somit ist zu erklären, dass die Entwicklungen an den Schulen sehr unterschiedlich verlaufen.

Schulentwicklung mit Blick auf Inklusion ist als Prozess zu verstehen, in den alle an Schule Beteiligte, v. a. auch über die Einzelschule hinaus – so z. B. Verwaltung, Kulturministerien, Behörden – mit dem Ziel, die Qualität jeder einzelnen Schule zu erhöhen und gemeinsam die Verantwortung für die Gestaltung des Gesamtprozesses zu übernehmen, involviert werden.

Bisherige Erfahrungen zeigen, dass es grundlegende Voraussetzungen zur Veränderung und Transformation an Einzelschulen gibt, die allen Beteiligten Orientierung bieten und unterstützend wirken. Dazu gehört:
- ein gemeinsames Schulkonzept bzw. gemeinsam vereinbarte Leitideen;
- eine wertschätzende Beziehungsgestaltung in der Schule;
- verschiedene Formen und Zeiten für kollegialen Austausch und Teamarbeit;
- Fort- und Weiterbildung entlang der Bedarfe der Lehrpersonen und Teammitarbeiter*innen;
- Beratung und Unterstützung der Kollegien wie auch der Schulleitung;
- eigene Gestaltungsmöglichkeiten in der Schule u. a. m.

Die Schulleitungen sind maßgebliche Gestalter*innen von Schulentwicklungsprozessen.

Bildung, Erziehung, Lernen, Dialog, Kommunikation und Kooperation der SCHÜLERINNEN UND SCHÜLER stehen im Zentrum der Aufmerksamkeit. Damit sind sowohl die Beziehung zu Lehrpersonen und Teammitarbeiter*innen im Fokus als auch die Beziehungen der Schüler*innen untereinander. Es besteht die große Chance, dass diese voneinander lernen und sich gegenseitig unterstützen. Konzepte wie das kooperative Lernen, das Peer-Tutoring oder Peer-Teaching sind dafür besonders geeignet.

Gemeinsame Projekte, Begegnungen und Aktivitäten können dazu führen, dass sich die Einstellungen und Vorstellungen über sich selbst und andere verändern. Die Schüler*innen sind einander Begegnende, einander Unterstützende, gemeinsam und individuell Handelnde.

Sie übernehmen die Verantwortung für sich und ihren Lernprozess; aber auch für andere, d. h. für Mitglieder des Kollektivs.

Den LEHRPERSONEN UND TEAMMITARBEITER*INNEN (als unmittelbare Gestalter*innen des pädagogischen resp. didaktischen Prozesses) kommt eine besondere Rolle zu. Vor allem sind im inklusiven Kontext nicht nur die Lehrpersonen (z. B. Regelschullehrer*innen, Sonderpädagog*innen) aktiv und verantwortlich, sondern weitere Teammitarbeiter*innen beteiligt, bspw. Therapeut*innen und ggf. medizinisches Personal.

Das Ziel von Unterricht ist die Unterstützung des Lernens und der Entwicklung der Schüler*innen, die sich im Dialog, in kommunikativen Situationen und in Kooperation verwirklicht. Basis dafür ist eine Beziehung, die den Prämissen der Demokratie, der Humanität, der (positiven) Anerkennung und Wertschätzung verpflichtet ist.

In Makarenkos Grundprinzip »… möglichst hohe Forderungen an einen Menschen, gleichzeitig aber auch höchste Achtung vor ihm« (Makarenko V, 1974, 238), sind diese verankert.

Im Folgenden wird durch die von Carl Rogers, Martin Buber und Marshall Rosenberg entwickelten Grundhaltungen eine Orientierung für eine humane Gestaltung der Beziehung zwischen Lehrpersonen und Schüler*innen grundgelegt.

Die Grundhaltung CARL ROGERS' (1902–1987) lässt sich zusammenfassen in seinem Satz: »In meinen Beziehungen zu Menschen habe ich herausgefunden, dass es auf lange Sicht nicht hilft, so zu tun, als wäre ich jemand, der ich nicht bin« (Rogers 1961, 16).

Carl Rogers gilt neben Frankl, Erikson, Perls, Fromm u. a. m. als einer der bedeutendsten humanistischen Psychologen. Der Mensch ist für Rogers im Kern positiv, strebt nach Selbstverwirklichung, Selbstemanzipation und Selbstbestimmung. Er ist zu Selbstkritik fähig und kann sich selber organisieren. »Ich habe kein euphorisches Bild von der menschlichen Natur. Ich weiß, dass Individuen aus Abwehr und innerer Angst sich unglaublich grausam, destruktiv, unreif, regressiv, … und schädlich verhalten können« (Rogers 1973, 42). Dennoch geht Rogers von positiven Grundeigenschaften des Menschen aus, die offengelegt werden müssen, z. B. durch eine Therapie.

Er begründete die personenzentrierte Gesprächs(psycho)therapie, die sich ›non-direktiv‹ versteht. Zur Gestaltung von Beziehungen sind die von Carl Rogers entwickelten Grundhaltungen nicht nur in therapeutischen Kontexten relevant, sondern gewinnen auch für die pädagogische Begegnung bzw. darüber hinaus für jegliche zwischenmenschliche Beziehungen Bedeutung. Das Selbst und das Selbstbild wird zur zentralen Instanz von Rogers' Theorie. Er geht von der Frage aus: »Wie kann ich eine Beziehung herstellen, die dieser Mensch zu seiner eigenen Persönlichkeitsentfaltung benutzen kann« (Rogers 1973, 110). Rogers nennt drei Bedingungen zur Beziehungsgestaltung, erstens die Echtheit: »Es führt zu nichts, die äußerliche Fassade einer Einstellung zu zeigen, die ich auf einer tieferen oder unbewussten Ebene gar nicht habe« (Rogers 1973, 120). Zweitens »das warmherzige Anerkennen des Individuums als Person von bedingungslosem Selbstwert« (ebd., 123) und drittens die Bedingung der Freiheit, worunter die Freiheit »sich selbst auf bewussten und unbewussten Ebenen zu erforschen« ebenso verstanden wird wie die »völlige Freiheit von irgendeiner moralischen oder diagnostischen Bewertung, da solche Bewertungen (...) immer bedrohlich sind« (ebd. 125).

Entsprechend Rogers Theorie sind diese Grundhaltungen auch für den pädagogischen und didaktischen Prozess relevant.

- *Echtheit – Kongruenz:* Lehrpersonen/Teammitarbeiter*innen treten den Schüler*innen mit ihren Gefühlen gegenüber. Sie nehmen sich zunächst selbst wahr, auch das, was in ihnen vorgeht.
- *Anteilnahme und Achtung vor dem anderen:* Die bedingungslose positive Zuwendung meint, die momentanen Gefühle des anderen zuzulassen und den Menschen in seiner Einzigartigkeit (mit seinen Gefühlen, Problemen, Verhaltensweisen) anzuerkennen. Beurteilungen und Bewertungen werden vermieden.
- *Empathisches Verstehen:* Empathie ist einfühlendes Verstehen. Es ist ein auf andere Zu- und Eingehen und damit in den Dialog bzw. die Kommunikation kommen. Dabei geht es darum, sich den anderen zu nähern, sich in deren Welt hineinzuversetzen.

Die Grundhaltungen bedingen einander und ergänzen sich. Ziel ist es, eine echte Beziehung einzugehen. Die Lehrpersonen bzw. Teammitarbeiter*innen sind transparent und ermöglichen den Schüler*innen, sich zu öffnen.

Neben Rogers' Theorie ist die MARTIN BUBERS (1878–1965) für die Beziehungsgestaltung und den Dialog grundlegend. Buber ist durch seine philosophischen Schriften, v. a. *Ich und Du* (1966) für die Pädagogik und die Psychologie von besonderem Interesse. Die Grundworte »ICH – DU« und »ICH – ES« sind dabei hervorzuheben, da diese der

Schlüssel sind, um über »Entfremdung und Authentizität nachzudenken« (Stöger 2000, 19); »der Mensch mit dem Mitmenschen, das ist das Thema der Pädagogik« (ebd., 157). Peter Stöger bezeichnet (mit Verweis auf Martin Buber) den Menschen als das »Gegenüber-Seiende Wesen« (ebd., 155) (…) »Das Gegenüber-Sein spielt in der Dialogpädagogik Martin Bubers eine entscheidende Rolle« (ebd., 166). Die Grundworte »Ich – Du« und »Ich – Es« kennzeichnen die alltäglichen Begegnungen. Ich und Du als Verhältnis zwischen Menschen markieren das gelungene solidarische, stimmige, nicht ausgrenzende Verhältnis zueinander. »Ich werde am Du; Ich werdend spreche ich Du. Alles wirkliche Leben ist Begegnung« (Buber 1983, 18) …

»Beziehung ist Gegenseitigkeit. Mein Du wirkt an mir, wie ich an ihm wirke. Unsre Schüler bilden uns, unsre Werke bauen uns auf. (…) Wie werden wir von Kindern, wie von Tieren erzogen! Unerforschlich einbegriffen leben wir in der strömenden All-Gegenseitigkeit.« (ebd., 23)

Das ES ist die verdinglichte Form, das heißt »Das Ich, das den Mitmenschen und damit sich selbst verfehlt, verdinglicht und verdinglicht sich selbst« (ebd., 167). Hier sind Parallelen zur Befreiungspädagogik Paolo Freires zu erkennen.

»Kolonialisierende Pädagogik domestiziert, grenzt aus, hat nur ein Ding vor Augen, das wie ein koloniales Gut administriert und für ein ökonomisches, regionales oder internationales Planquadrat (finanz-)tauglich, handelbar – und damit austauschbar ›gemacht‹ wird. Hier sind auch (pädagogische, therapeutische …) Verfahrensweisen zu zählen, die lediglich für einen status quo oder für ein institutionalisiertes Unrecht adaptieren wollen.« (ebd., 167)

Nach Buber existiert der Mensch als Gegenüber entweder als DU solidarisch und anerkennend oder als ES verdinglicht und distanziert. Und Martin Buber geht noch einen Schritt weiter, indem der Mensch, als Gegenüber eines anderen, über diesen sich selbst erkennt.

»Erkenne ich das Fremde als mein Eigenes, ist ein dialogisches Verhältnis zu mir eröffnet. Was wird erkannt? Eigenes Fremdes, die Fremde des Ich. Und solange dieses Fremde in mir unbekannt, zugedeckt bleibt, werde ich das Du außen bleiben lassen und isolieren.« (ebd., 169)

Diese Isolation zu erkennen ist die Voraussetzung für einen genuin sinnvollen Dialog. Den anderen »Ich sein« zu lassen, erfordert es, das eigene Ich nicht als einzige Möglichkeit anzunehmen. So gelingt es, ethnische, religiöse, kulturelle, sprachliche, fähigkeitsbezogene, intellektuelle und andere Differenzen als Möglichkeit zu denken.

In Bubers Theorie geht es demnach immer darum, wie sich das Ich zum Du verhält, was für die pädagogische Begegnung von entscheidender Bedeutung ist. Dieser Dialog ist geprägt von Authentizität und Gegenseitigkeit. Im Verhältnis von Ich und Du. Im Dialog entsteht ein »Zwischen« (ebd., 175), welches den Dialog entscheidend bestimmt.

»Das geheimnisvolle ›Zwischen‹ ist der Spielraum, die Bühne, wo sich die Annäherung und wechselseitige Anregung ereignen kann. Jeder muss erst auf diesen leeren Raum gelockt werden, er muß die Freiheit wagen, dann kann er Kontur gewinnen.« (Buber 1990, 104)

Dieses ›Zwischen‹ kann »Mauer wie Brücke« (Stöger 2000, 177) zugleich sein. Auch die Mauer als Trennendes gibt die Möglichkeit, darüber miteinander in Beziehung zu treten. Sie kann auch einen Durchgang bieten oder Membran sein (vgl. ebd.).

Das Pädagogische ist gemeinsames Erfahren, was »in der Tiefe, in der Mitte bereitet und vorbereitet« sein soll (vgl. ebd., 195).

»Paradigmatisch gesehen ist die Mäeutik wichtig, das herantastende, einfühlende Fragen, das hörende, nicht so sehr antwortheischende Fragen. Das Fragen, das das Schweigen als Antwort akzeptieren kann, ja mehr als das, das Schweigen als eine Grammatik der Sprache zu begreifen versteht, ähnlich wie das auch in einem psychoanalytischen Prozeß bedeutsam wird, wenn sich lähmendes Schweigen dialogisch in Schweigen wandelt, das Staunen und Ehrfurcht vor dem Lebendigen bedeutet. Ist diese Dimension miteinbezogen, so kann Dialog als Bewegendes, eben als Prozeßhaftes Gestalt werden ... Etwas soll zur Welt kommen: die Authentizität des Antwortens, des Sich-Antwortens, im Sinne des Sich-Verantwortetseins und des Dem-Anderen-Antworten-Könnens, was ersteres voraussetzt.« (ebd.)

Das Erkennen der Grundworte »Ich – Du« und »Ich – Es« ist für die Pädagogik von zentraler Bedeutung. Pädagogische Modelle, Konzepte, Reformvorschläge in schulischen Kontexten sind unwirksam, wenn sie das Grundwort »Ich – Du« nicht berücksichtigen. Es kennzeichnet keine Lehre, sondern eine grundsätzliche Haltung und ist Basis für verantwortungsvolles Handeln. Dialog ist

»... auf Befreiung hin orientiert. Das ist keine formale Feststellung, sondern hat tiefgehende pädagogische, psychotherapeutische und politische Konsequenzen. Hier ergeben sich die stärksten Verbindungen zu Paolo Freire ... Das Dialogische vermag ... Formen der Abhängigkeit und der Entfremdung Schritt für Schritt überwinden helfen.« (ebd., 211)

Neben Carl Rogers' und Martin Bubers Theorie ist ebenso das Modell ›gewaltfreier Kommunikation‹ MARSHALL ROSENBERGS für die Beziehungsgestaltung und Kommunikation zwischen Lehrpersonen/Team-

mitarbeiter*innen und Schüler*innen bzw. den Schüler*innen untereinander grundlegend. Vier Aspekte spielen dabei eine entscheidende Rolle:
- die Beobachtung,
- die Gefühle,
- die Bedürfnisse und
- die Bitten.

Empathie liegt diesem Modell zugrunde. Rosenberg bezieht sich auf Carl Rogers und Martin Buber. Karoline Bitschnau, die sich in ihrer Dissertation mit seinem Modell auseinandergesetzt hat, fasst die Kommunikation nach Rosenberg wie folgt zusammen.Es geht dabei darum,
- »den sprachlichen Ausdruck umzugestalten,
- eine aktive Form des Zuhörens anzuwenden, …
- bewusste Antworten zu wählen,
- wahrzunehmen, was andere fühlen und brauchen,
- sich klar und ehrlich auszudrücken,
- anderen respektvolle Aufmerksamkeit zu schenken,
- eigene Bedürfnisse klar zu formulieren, die Bedürfnisse des anderen wahrzunehmen …,
- Widerstand, Abwehr und gewalttätige Reaktionen auf ein Minimum zu reduzieren,
- Wertschätzung, Aufmerksamkeit und Einfühlungsvermögen zu fördern,
- zu wissen, dass hinter jeder Handlung der Versuch steht, bestimmte Bedürfnisse und Werte zu erfüllen,
- zu wissen, dass Bedürfnisse und Werte grundsätzlich positiv sind.«
(Bitschnau 2008, 51 f.).

Die Modelle Carl Rogers', Martin Bubers und Marshall Rosenbergs zielen auf eine humane, wertschätzende und würdevolle Gestaltung von Beziehungen.

Lernbegleiter*innen haben eine offene und vorurteilsfreie bzw. vorurteilsbewusste Haltung allen Schüler*innen gegenüber. Lehrpersonen als Lernbegleiter*innen geben den Schüler*innen Vorschuss und Kredit im Sinne »symbolischen Kapitals« (vgl. Bourdieu). Lehrpersonen und Teammitarbeiter*innen verstehen sich sowohl als Lernbegleiter*innen als auch als Forscher*innen und Selbst-Lernende.

Im Kontext von ›Behinderung‹ sind häufig immer noch negativ konnotierte Bilder und Vorstellungen habituell verankert (vgl. Ziemen 2013b), welche dazu führen, die vermeintlichen Schwächen der Schüler*innen in den Mittelpunkt zu stellen. Erforderlich ist es, sich mit den eigenen Bildern und Vorstellungen kritisch auseinanderzusetzen (Selbstreflexion).

Die herausfordernden Situationen in Schule und Unterricht führen zu neuen Erkenntnissen. Die tägliche pädagogisch diagnostische und didaktische Tätigkeit basiert darauf, eine forschende und fragende Haltung einzunehmen. Es ist ein zyklischer Prozess, der Folgendes beinhaltet:
- Problem/Frage stellen,
- Beobachtung/Analyse der Situation,
- Erprobung/Veränderung der Situation,
- Beobachtung/Auswertung,
- neues Problem erkennen/Frage stellen.

Im Team ist es möglich, unterschiedliche Perspektiven auf die Fragen und Probleme einzunehmen, den Forschungsprozess gemeinsam zu gestalten. Forschungsfragen in didaktischen Prozessen beziehen sich auf unterschiedliche Aspekte, bspw.:
- die Schüler*innen in ihrem So-Sein und ihrem möglichen Werden (›Zone der aktuellen und der nächsten Entwicklung‹);
- die Beziehung zu den Schüler*innen;
- die Beziehung, Kooperation zwischen den Teammitarbeiter*innen;
- die Beziehung, Kooperation mit Eltern/Familien und Bezugspersonen;
- die persönlichen Krisen, Unsicherheiten, Ängste;
- unklare Situationen und Verständnisprobleme;
- den unterrichtlichen Alltag, Routinen und neue Herausforderungen
- u. a. m.

In der Schule sollten Strukturen geschaffen werden, die es ermöglichen, diesen Forschungsfragen nachzugehen. Durch die eigenen Beobachtungen, Analysen, Experimente können diese allein – oder besser im Team – bearbeitet werden. Lehrpersonen und Teammitarbeiter*innen können dabei ihr Handeln reflektieren und zu Veränderungen/Perspektivwechsel angeregt werden.

4.2.2.2 Kooperationen

Die Veränderungen mit Blick auf Inklusion stellen Schule und Unterricht vor die Herausforderung, in interdisziplinären Teams zu arbeiten. Als Teammitarbeiter*innen fungieren die Lehrer*innen, Sonderpädagog*innen und Therapeut*innen. Dazu können Schulsozialarbeiter*innen, der schulpsychologische und -medizinische Dienst, Schulbegleiter*innen (Schulassistent*innen), Praktikant*innen, Besucher*innen, Unterstützer*innen im Ganztag, Küchen- und Reinigungspersonal, Hausmeister*innen kommen.

Alle Akteure sind maßgeblich daran beteiligt, das inklusive Schulkonzept zu verwirklichen. Das engere Team übernimmt die gemeinsame Verantwortung für die Klasse/Gruppe. Teamarbeit kann die Qualität von Unterricht steigern. Das beginnt bereits bei der Planung des Unterrichts. Der Unterricht wird möglichst im Team geplant, durchgeführt und reflektiert. Dabei kooperieren v. a. die Lehrkräfte – Lehrer*innen und Sonderpädagog*innen.

Folgende Vorgehensweisen sind derzeit in der Schule Praxis:
- Regelschullehrkräfte, Sonderpädagog*innen, weitere Teammitarbeiter*innen planen den Unterricht gemeinsam, führen diesen arbeitsteilig durch und evaluieren ihn wiederum gemeinsam;
- Regelschullehrkräfte und Sonderpädagog*innen planen und gestalten den Unterricht ohne weitere Teammitarbeiter*innen;
- Regelschullehrkräfte planen den Unterricht selbstständig, Sonderpädagog*innen sind für einzelne Schüler*innen bzw. die erforderlichen differenzierten Angebote zuständig.

In inklusiven Kontexten ist eine gemeinsame Planung, Durchführung (ggf. arbeitsteilig) und Evaluation notwendig, stellt die Teammitarbeiter*innen jedoch vor große Herausforderungen. Voraussetzung dafür sind gemeinsame Absprachen, zeitliche Ressourcen und ein soziales Miteinander des gegenseitigen Akzeptierens und Wertschätzens.

Verschiedene Möglichkeiten der Kooperation im Unterricht stellen Friend und Cook (2010, 115 ff.) zusammen:
- eine Lehrkraft unterrichtet, die andere assistiert;
- eine Lehrkraft unterrichtet, die andere beobachtet;
- *co-teaching* in jeweils unterschiedlichen Räumen, dabei wird die Gruppe geteilt;
- *teaming*, gemeinsames Unterrichten, z. B. im Wechsel;

- gemeinsames Unterstützen der Schüler*innen während selbstständiger und kooperativer Arbeitsformen;
- paralleles Unterrichten, dabei werden die Gruppen nach dem Zufallsprinzip oder aber von den Lehrkräften aufgeteilt.

Darüber hinaus werden einzelne Schüler*innen von einer Lehrkraft, räumlich getrennt vom Großteil der Klasse, unterrichtet. Zumeist betrifft es die Schüler*innen mit diagnostiziertem ›sonderpädagogischem Förderbedarf‹. Sicher kann dieses Modell in ausgewählten Situationen erforderlich sein, z. B. um den spezifischen Interessen und Bedürfnissen bestimmter Schüler*innen nachzukommen. Zu unterscheiden ist die Unterrichtung außerhalb der Klasse nach gleichem Inhalt/Thema bzw. die Unterrichtung Einzelner nach unterschiedlichem Inhalt/Thema. Für den inklusiven Kontext ist entsprechend Georg Feusers Ansatz einer allgemeinen Pädagogik und ›entwicklungslogischen Didaktik‹ (1995, 2011) der ›gemeinsame Gegenstand‹ und die Kooperation miteinander maßgeblich. Zugleich sind die Interessen und Bedürfnisse aller Schüler*innen zu berücksichtigen. Folgendes Beispiel zeigt das:

Eine (inklusive) weiterführende Schule, die die gemeinsame Lerntätigkeit in Form von Projekten ins Zentrum rückt, geht der Frage nach, wie die Bedürfnisse und Interessen der Schüler*innen mit diagnostiziertem Förderbedarf (z. B. mit dem Förderschwerpunkt geistige Entwicklung) berücksichtigt werden können. Alle Schüler*innen sind in alle unterrichtlichen Projekte eingebunden. Darüber hinaus ist jedoch für einzelne Schüler*innen das Erwerben grundlegender Kenntnisse, Fähig- und Fertigkeiten bedeutsam, die andere Schüler*innen schon längst erworben haben, so z. B. sich in der Zeit und im Raum zu orientieren; Schriftsprache und basale mathematische Grundkompetenzen zu erwerben; mit Geld umzugehen; Fahrpläne zu lesen u. a. m. Diese Inhalte finden nicht immer genügend Entsprechungen in den mit allen geplanten gemeinsamen Projekten. So wird eine frei verfügbare Lernzeit für alle Schüler*innen als individuelle Lernzeit angeboten, die den Bedürfnissen und Interessen Rechnung trägt. In dieser Zeit arbeiten alle an ihren individuellen »Lernjobs« und Zielen. Bedeutsam dabei ist, dass diese Zeit fest im Stundenplan verankert ist und nicht die hauptsächliche Lernzeit, die für gemeinsame, kooperative Angebote vorgesehen ist, tangiert.

Der soziale Raum der Begegnung, des Dialogs, der Kommunikation und Kooperation schließt die ELTERN, Familien bzw. Bezugspersonen der Schüler*innen ein. Ausgangspunkt einer gelingenden Kooperation als partnerschaftliches Verhältnis zwischen Fachleuten und Eltern/Familien bzw. engen Bezugspersonen ist das Kennen der sozialen Situation der Familie. Mit der Diagnosestellung verändert sich diese soziale Situation. Soziale Regeln des menschlichen Miteinanders, der Kooperation und Kommunikation werden sehr häufig bereits gleich zu Beginn verletzt, z. B. durch wenig sensible Diagnosemitteilungen ohne weitere Beratung der Eltern. Eltern geraten in widersprüchliche Situationen, in Rand- und Außenseiterpositionen und unter Rechtfertigungsdruck. Eltern von Kindern mit Behinderungen entwickeln und verfügen über sehr individuelle und vielfältige Kompetenzen (vgl. Ziemen 2013b, 2017c) auf der emotionalen, kognitiven und/oder sozialen Ebene. Emotionale Kompetenzen beinhalten die Reflexion von eigenen Wünschen, Hoffnungen, Ängsten, welche sich zumeist auf das Kind und seine Entwicklung beziehen. Darüber hinaus holen Eltern selbst umfangreiche Informationen zu Syndromen und Diagnosen ein. Sie beobachten ihre Kinder genau und können über Interessen, Bedürfnisse, Fähigkeiten detaillierte Aussagen treffen. Sie erproben Kommunikations- und Handlungsmöglichkeiten mit dem Kind, suchen nach weiteren pädagogischen, psychologischen, therapeutischen oder medizinischen Angeboten. Darüber hinaus bewerten sie fachliche Angebote. Alle diese Kompetenzen werden unter dem Sammelbegriff der kognitiven Kompetenzen gefasst. Soziale Kompetenzen zeigen sich durch die Reflexion des sozialen Netzes an Beziehungen innerhalb und außerhalb der Familie.

»Unterstützungsangebote stabilisieren die Familie, insbesondere ... Selbsthilfegruppen, Verbände bzw. Organisationen ... Innerhalb der Gruppe Gleichbetroffener ist das Machtgefälle zwischen den Akteuren äußerst gering.« (Ziemen 2004, 55)

Der Austausch zwischen Gleichbetroffenen wird zumeist als unterstützend erlebt (vgl. Ziemen 2017c, 76).

Kompetenzen der Eltern können für didaktische Prozesse fruchtbar sein. Die jeweils spezifische Situation der Eltern bzw. Familien sollte Ausgangspunkt für die Unterstützung, Beratung und Begleitung sein.

Die Eltern von Kindern mit Behinderung setzen sich seit über 30 Jahren für die Integration/Inklusion ihrer Kinder ein. Nicht immer sind die Beratungsangebote ausreichend und die Eltern gut über die Möglichkeiten inklusiver Beschulung informiert. Eltern wünschen unabhängige

Beratungsangebote, d. h. Beratungsinstanzen, die die Auswahl offenlassen und keine institutionellen Eigeninteressen vertreten.

Einige (inklusive) Schulen beziehen die Eltern bzw. Bezugspersonen der Schüler*innen sehr eng in den schulischen Kontext, bspw. die Entwicklung des Schulkonzepts und die pädagogische Arbeit, ein. Diese Kooperation kann als »Erziehungs- und Bildungspartnerschaft« (Eckardt 2017, 156) bezeichnet werden. Als Leitideen gelten vertrauensvolle dialogische und kommunikative Beziehungen bzw. gegenseitige Wertschätzung und Anerkennung. Zu bedenken ist die Heterogenität der Eltern und Familien, auch deren differenzierte Ausgangs- und Umfeldbedingungen, so bspw. kulturelle, weltanschauliche, religiöse Hintergründe; unterschiedliche Familienkonstellationen; Behinderungserfahrungen; heterogene sozio-ökonomische Bedingungen; unterschiedliche Vorstellungen über Bildung und Erziehung u. a. m. Voraussetzung für die Kooperation ist die Kommunikation zwischen den Fachleuten und Eltern bzw. Bezugspersonen, das Herausarbeiten gemeinsamer Aufgabenfelder aus dem Bildungs- und Erziehungskontext des Kindes bzw. Jugendlichen. Aus Sicht der Fachleute sind folgende Aufgabenfelder relevant:

- Unterstützung, Beratung und Begleitung der Eltern/Familien/Bezugspersonen bei der Lösung ihrer Fragen und Probleme;
- Beteiligung der Eltern/Familien/Bezugspersonen an den diagnostischen, pädagogischen (u. a.) Prozessen und bei allen Entscheidungen (z. B. Peer Counceling).

Formen der Kooperation mit den Eltern sind z. B. Elternsprechtage, Elternabende, Hausbesuche, Gesprächskreise, Spielnachmittage (ggf. auch für Geschwister geöffnet), Mitteilungshefte und Tür-und-Angel-Gespräche.

Alle Akteure leisten einen gewichtigen Beitrag zum Gelingen von gemeinsamem Leben, Lernen, Spielen und Arbeiten. Der Gestaltung der Beziehungen untereinander ist höchste Aufmerksamkeit zu widmen.

Folgende Fragen können den reflexiven Prozess unterstützen:
- Wie gestaltet sich die Beziehung im Team? Welches sind Hindernisse oder Ängste?
- Wie gestaltet sich die Beziehung zu den Schüler*innen?
- Wie gestaltet sich die Beziehung der Schüler*innen untereinander?
- Wie gestaltet sich die Beziehung zwischen Schulleitung und Lehrpersonen/Teammitarbeiter*innen?

- Wie gestaltet sich die Beziehung zwischen Eltern/Bezugspersonen und Schulleitung bzw. Lehrpersonen/Teammitarbeiter*innen?
- Wie gestaltet sich die Beziehung aller Akteure zueinander?
- u. a. m.

4.2.3 Dimension III: Lehrpersonen und Teammitarbeiter*innen – Reflexion des Gesamtprozesses und Selbstreflexion

Lehrpersonen und Teammitarbeiter*innen planen, gestalten und reflektieren den Gesamtprozess: makrostrukturelle Aspekte, insofern diese Einfluss auf die Gestaltung des pädagogischen Prozesses haben (Dimension I); die Rollen der Akteure und die Kooperationen (Dimension II); das Verhältnis von Schüler*innen und Lerngegenstand (Dimension IV) und die Möglichkeiten der didaktischen Gestaltung von Unterricht, die innere Differenzierung, die Planung und Evaluation von Unterricht (Dimension V). Diese komplexen Anforderungen und Aufgabenfelder sind vordergründig im Team zu bewältigen. Lehrpersonen und Teammitarbeiter*innen werden sich der Ressourcen und Bedarfe bewusst.

Einen relevanten Aspekt stellt die SELBSTREFLEXION dar, die dazu führen soll, eigene Kompetenzen und Grenzen; bestehende Befürchtungen, Distanzierungen oder Verdrängungen zu erkennen und zu bearbeiten. Der Selbstreflexivität im Sinne von Selbstwahrnehmung und Selbstkontrolle kommt dabei besondere Bedeutung zu, da sie eine »notwendige Ergänzung der allgemeindidaktischen, fachdidaktischen und fachwissenschaftlichen Reflexionen« (Hierdeis/Würker 2010, 189) darstellt und ermöglicht, eigene biografische Aspekte sichtbar zu machen oder mögliche

»… schulimmanente (Selbst)Entfremdung wie die sich im Laufe des Berufslebens öffnende Altersschere zwischen den Generationen oder die immer nur uneindeutig zu definierenden Ziele der Schule, die den Lehrerinnen und Lehrern … ein Gefühl der Erfolglosigkeit vermitteln und ihnen … nahe legen, den Focus ihrer Anstrengungen auf das Messbare und daher Erfolgversprechende … zu richten.« (ebd. 192)

Der Selbstreflexivität wird bislang in der Ausbildung der Lehrer*innen und in der schulischen Praxis kaum gebührende Aufmerksamkeit zuteil. So bleiben Befürchtungen, Gefühle und Vorstellungen verborgen und zumeist unbearbeitet, was wiederum zu Unzufriedenheit bzw. zu Belastungen führt, die ggf. längere Ausfallzeiten durch Krankheit o. ä. nach sich ziehen.

In einem ersten Schritt können selbstreflexive Prozesse zunächst zugelassen, in den Teams oder in Supervision thematisiert und bearbeitet werden. Fragen, die den reflexiven Prozess unterstützen:
- Wodurch ist die Planung, Gestaltung und Evaluation des pädagogischen Gesamtprozesses (negativ oder positiv) beeinflusst?
- Welche Chancen und Herausforderungen sehen Lehrpersonen und Teammitarbeiter*innen persönlich?
- Welche Befürchtungen und Schwierigkeiten sehen Lehrpersonen und Teammitarbeiter*innen?
- Welche Unterstützung ist erforderlich? (Wer soll wen unterstützen? Wodurch soll die Unterstützung erfolgen?)

4.2.4 Dimension IV: Verhältnis von Schüler*innen und Lerngegenstand/Sache

Die Mehrdimensionale reflexive Didaktik fußt auf Erkenntnissen der ›entwicklungslogischen Didaktik‹ (Feuser 1995, 2011). Diese misst dem Verhältnis zwischen Schüler*innen und dem Gegenstand bzw. der Sache Bedeutung zu.

4.2.4.1 Entwicklungslogische Didaktik

In den 1980er-Jahren ist die auf theoretische Erkenntnisse gestützte ›entwicklungslogische Didaktik‹ (Feuser 1995, 2011) im Kontext von Integration entstanden. Sie versteht sich als allgemeine Didaktik und bietet hier den Ausgangspunkt weiterer didaktischer Überlegungen. Sie zielt auf die Überwindung von Marginalisierung, Diskriminierung, Stigmatisierung und setzt auf die »Anerkenntnis der Unteilbarkeit der menschenrechtlichen Basis« (Feuser/Maschke 2013, 8). Eine positive Haltung und Einstellung aller beteiligten Akteure zu Inklusion ist dabei grundlegende Voraussetzung. Damit einher geht die Wertschätzung jedes Schülers/jeder Schülerin in seinem bzw. ihrem So-Sein, im Werden und damit in der Entwicklung. Die Didaktik

»… reflektiert Erkenntnisse der Humanwissenschaften, wie sie vor allem im Kontext der Aufarbeitung der kulturhistorischen Schule in der kritischen und materialistischen Behindertenpädagogik ausformuliert wurden (Jantzen 2007) und wie sie aus subjektwissenschaftlicher Perspektive besonders seitens der Naturwissenschaften und im Kontext naturphilosophisch begründeter und empirisch gesicherter Annahmen zur Selbstorganisation lebender Systeme, durch die Systemtheorie und Synergetik und partiell auch durch einen kritischen Konstruktivismus gewonnen werden konnten.« (Feuser 2013, 282)

Die konsequente Orientierung an Theorien und humanwissenschaftlichen Erkenntnissen bestimmt die ›entwicklungslogische Didaktik‹. In Pädagogik und Didaktik sind erkenntnistheoretische Bezüge relevant, die sich auf das Sein und Werden des Menschen, auf die Ermöglichung und die Be-Hinderung von Lernen und Entwicklung, auf die Teilhabe an Kultur und Gesellschaft beziehen. Die folgende Auswahl humanwissenschaftlicher Erkenntnisse gibt eine Orientierung. So sind Erkenntnisse der Systemtheorie (Maturana/Varela) aufgenommen. Der Mensch wird als lebendes System umweltoffen verstanden. Dieser verfügt über eine »dissipative Struktur, die sich entsprechend referentiell zu ihrer Welt stets selbst neu hervorbringt. Sie ist also auch autopoetisch und (auf hoher Ebene der Evolution dank eines zentralen Nervensystems) referentiell zu sich selbst« (Feuser 2016a, 4).

»Die als Lernen bezeichneten Austauschprozesse sind auf hohem evolutionären Niveau dialog- und kommunikationsbasierte Kooperationen ..., die nun aufgrund externer und/oder interner Bedingungen der Isolation beeinträchtigt sein können.« (Feuser 2016a, 4)

Der Zusammenhang von Isolation und Behinderung ist im Kontext der Behindertenpädagogik (Jantzen 1992, 2003) entwickelt und diskutiert worden. Menschen können »aufgrund externer und/oder interner Bedingungen der Isolation beeinträchtigt sein« (Feuser 2016a, 4). »Behinderung ist Ausdruck der Kompetenz, unter den je spezifischen Ausgangs- und Randbedingungen« (Feuser 2016a, 5). Mit Bezug auf die Komplexität der Welt, der den Kosmos aufbauenden Elementarteilchen, der Relativitätstheorie Einsteins

»... wird deutlich, dass das gegenwärtig Komplexe nur verstanden werden kann, wenn man die Grundlagen seines Werdens im Sinne der Ausgangs- und Randbedingungen eines evolvierenden Systems zu erklären vermag. Der über Jahrtausende erkenntnistheoretische Fokus auf das Sein wechselte zur Betrachtung des Werdens. Dies im Spiegel eines postrelativistischen Denkens der Selbstorganisation der Materie (und damit der Materie), aus der sich eine systemtheoretische und konstruktivistische Epistemologie entwickelt hat.« (Feuser 2016b, 3)

»Alles, was ist, ist aus Wechselwirkungen entstanden, so dass, was wir beobachten oder messen, immer relational ist« (Feuser 2016b, 3) und »Der Mensch erschließt sich die Dinge durch den Menschen und sich den Menschen über die Dinge – in gemeinsamer Kooperation« (Feuser 2016b, 7) sind grundlegende Erkenntnisse. Diese und weitere mit Bezug zu René Spitz, Martin Buber und John Bowlby; der Befreiungspädagogik von Paulo Freire, soziologischen Erkenntnissen zu Stigma und Stigmatheorie Erving Goffmans; der Theorie Pierre Bourdieus u. a. sind in das theoretische Gesamtgebäude eingeflossen. Im engeren Sinne basiert die »entwicklungslogische Didaktik« (Feuser 1995, 2011, 86) auf der kritisch-konstruktiven Didaktik (Klafki) und bezieht sich auf die Erkenntnisse der ›kulturhistorischen Schule‹ bzw. ›Tätigkeitstheorie‹, so bspw. die Erkenntnisse zu Tätigkeit und Aneignung bzw. zur Interiorisation geistiger Handlungen (Gal'perin).

»Allgemeine Pädagogik bedeutet, dass alle Kinder und Schüler in Kooperation miteinander auf ihrem jeweiligen Entwicklungsniveau – nach Maßgabe ihrer momentanen Wahrnehmungs-, Denk- und Handlungskompetenzen – in Orientierung auf die nächste Zone der Entwicklung (Vygotskij) an und mit einem Gemeinsamen Gegenstand spielen, lernen und arbeiten können.« (Feuser 2011, 89)

Die Sache (Sachstrukturanalyse) und die Schüler*innen (Tätigkeits- und Handlungsstrukturanalyse) werden dabei in Beziehung gesetzt.

Die Sachstruktur umfasst die Analyse der inhaltlichen Seite des Lehrens und Lernens, die fachdidaktische Struktur, so die unterrichtlichen Gegenstände. Erst durch die Berücksichtigung der führenden Tätigkeit gewinnt die Didaktik ihre entwicklungslogische Dimension (vgl. Feuser 2011, 93).

»Unter Beachtung neuro-, lern- und entwicklungspsychologischer Sachverhalte, diese, der ihnen zugrundeliegenden erklärungstüchtigen Entwicklungstheorien wegen, besonders orientiert an den Arbeiten von Leont'ev (1973; 1982), Piaget (1969), Spitz (1972) und Vygotskij (1987), kann die Erkenntnis von Welt nur durch eine für den Lernenden sinnstiftende und bedeutungstragende Tätigkeit konstituiert werden.« (ebd., 93)

Des Weiteren ist die Handlung zu berücksichtigen, die »zwischen der den Menschen grundsätzlich auf die Welt orientierenden Tätigkeit und deren realen Welt vermittelt ... Sie ist durch bedürfnisrelevante Motive initiiert, Zielen unterworfen und auf die objektive Seite des Gegenstands bezogen« (ebd.). Demnach erfordert die entwicklungslogische Didaktik eine Sachstruktur-, Tätigkeitsstruktur- und Handlungsstrukturanalyse (vgl. Abb. 7).

Darüber hinaus sind tragende Aspekte des Modells der gemeinsame Gegenstand; die Inhalte aus den Fach- und Humanwissenschaften; die individuellen Lernziele für alle Schüler*innen und die Berücksichtigung der verschiedenen Abstraktionsebenen. Georg Feuser verweist explizit darauf, dass die entwicklungslogische Didaktik vor allem im Projektunterricht umgesetzt werden kann. Sein Modell hat an Aktualität nicht verloren und ist weitreichend, theoretisch begründet und fundiert. Von Anfang an

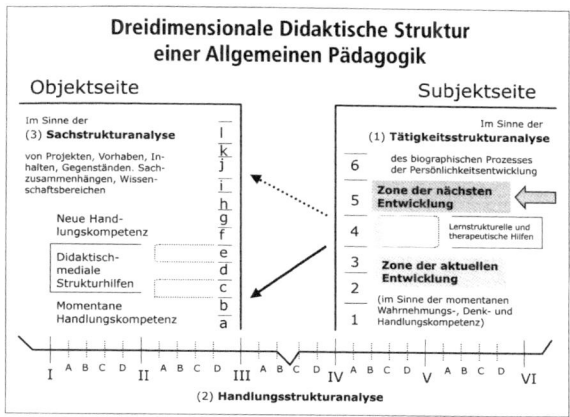

Abb. 7: Dreidimensionale didaktische Struktur einer allgemeinen Pädagogik (Feuser 2011, 94)

hat sich diese Didaktik als ›inklusiv‹ verstanden, d. h. insbesondere und von Grund auf gegen jegliche Form von Aussonderung, Ausgrenzung und Marginalisierung gewendet. Der Personenkreis der Kinder und Jugendlichen mit schweren und schwerst mehrfachen Behinderungen wurde dabei nicht nur berücksichtigt, sondern stets in den Fokus gerückt. So waren diejenigen, die von Diskriminierung, Segregation und Separation am meisten betroffen waren (und es bis heute sind) maßgeblich für eine Didaktik, die kein Kind und keinen Jugendlichen ausschließt.

Der Entwicklung einer allgemeinen Pädagogik und entwicklungslogischen Didaktik wird besondere Bedeutung beigemessen. Die Differenzierung zwischen Heil- und Sonderpädagogik, Behindertenpädagogik und Regelpädagogik gilt in der allgemeinen Pädagogik und Didaktik als überwunden (vgl. Feuser 2011, 88 ff.).

Das didaktische Modell der entwicklungslogischen Didaktik entspricht allen Schüler*innen in ihrer Individualität, Diversität und Einmaligkeit. Zugleich werden über den ›gemeinsamen Gegenstand‹ und die Kooperation gemeinsame Lehr-, Lernangebote bzw. gemeinsame Tätigkeiten möglich. Die diese Didaktik konstituierenden Aspekte sind: Kooperation, gemeinsamer Gegenstand, innere Differenzierung und Individualisierung (vgl. Feuser 2011, 91).

GEMEINSAMER GEGENSTAND: Dieser von Georg Feuser eingeführte Begriff wird zumeist fehlgedeutet und gleichgesetzt mit dem Unterrichtsthema. Dem ist jedoch nicht so. Bereits 1989 definiert Georg Feuser den gemeinsamen Gegenstand so: Er »ist nicht das materiell Faßbare, das letztlich in der Hand des Schülers zum Lerngegenstand wird, sondern der zentrale Prozeß, der hinter den Dingen und beobachtbaren Erscheinungen steht und sie hervorbringt« (Feuser 1989, 32). Es handelt sich um einen »synthetischen und symbolhaften Begriff« (Feuser 2013, 284), um eine »epistemologische Kategorie … eine über alle Niveaus menschlicher Entwicklung … hinweg gültige Kategorie« (ebd., 285) … Anders gesagt:

»Er kennzeichnet Erlebensweisen und Erkenntnisse, die durch das Zusammenwirken von Menschen unterschiedlicher Entwicklungsniveaus (z. B. in jahrgangsübergreifenden Mehrstufenklassen/altersgemischtes Lernen) in der Auseinandersetzung mit unterschiedlichen Sachverhalten in vergleichbarer Weise gewonnen werden können, so wie z. B. im Erkenntnisfeld der sichtbaren Welt die Ausweitung bzw. Verbesserung des menschlichen Sehvermögens in Relation zu der optisch mit dem Auge erfassbaren Wirklichkeit durch ein Mikroskop, ein Fernglas, ein Teleskop, oder eine Brille erreicht werden kann.« (Feuser 2013, 285)

Es geht darum,

»… was seiner Möglichkeit nach durch die handelnde Auseinandersetzung im Kollektiv anhand der Themen, Sachverhalte und Gegenstände des Unterrichts erfahren werden kann, und nicht um die Sachverhalte bzw. Gegenstände an sich, wie das in der Unterrichtspraxis oft zu beobachten ist. Sie ist sozusagen der Hintergrund, auf dem das zu Erkennende wahrgenommen, erlebt und damit handelnd erfahren werden kann.« (ebd. 286)

So muss zwischen dem Unterrichtsthema und dem gemeinsamen Gegenstand unterschieden werden. Bspw. kann das Thema des Projekts *Wasser ist Leben – Pulheimer Bach* den gemeinsamen Gegenstand ›Verhältnis Mensch oder Tier und Natur (Bach)‹ haben, oder aber ›Lebensbedingungen für Tiere im und am Bach‹; ›Genese und Veränderung des Baches‹; ›Veränderungen über die Zeit – Historische Facetten‹ u.a.m.

4.2.4.2 Pädagogische Diagnostik

Pädagogische Diagnostik ist Teil des Unterrichts und zielt auf verfügbare Kompetenzen, Bedürfnisse und Interessen der Schüler*innen.

Sie sind mit ihren Kompetenzen, Ausgangsvoraussetzungen, Bedürfnissen und Interessen, mit ihrem kulturellen und sozialen Kapital, der »Zone der aktuellen Entwicklung« (Vygotskij 1987), d.h. den momentan verfügbaren Denk-, Wahrnehmungs-, Sprach- und Handlungskompetenzen zu erkennen. Zugleich werden unter Berücksichtigung des Gegenstandes mögliche Entwicklungspotenziale in der »Zone der nächsten Entwicklung« (Vygotskij 1987) eruiert.

In der Pädagogik werden zumeist die Begriffe ›Fähigkeit‹ und ›Kompetenz‹ synonym gebraucht. Eine genauere begriffliche Analyse ergibt ein differenzierteres Bild, welches für die pädagogische Diagnostik und Didaktik relevant ist.

> **EXKURS**
>
> **KOMPETENZEN**
> Ausgehend vom Verständnis unterschiedlicher Kapitalformen (vgl. Bourdieu) wird das Augenmerk auf die Kompetenzen gerichtet. Diese sind nicht ausschließlich individuelle Fähigkeiten – das Können; das Wissen oder das Vermögen, etwas zu tun; etwas wahrzunehmen oder zu äußern. Das entsprechende Kapital, ob nun kulturelles oder soziales Kapital, wird bewertet und damit an- oder aberkannt. Somit sind Kompetenzen keine Eigenschaften, sondern das Ergebnis einer Bewertung. Differenzierter betrachtet beziehen sich die Bewertungen auf die verschiedenen (bereits dargestellten) Kapitalformen, wie kulturelles und soziales Kapital. So wird Inkorporiertes (Verinnerlichtes) wie Wissen, Fähig- und Fertigkeiten bzw. das Können zu Kompetenzen. Ebenso drücken sich Kompetenzen durch Objektiviertes in Form von erschaffenen Produkten oder durch Institutionalisiertes in Form erworbener Abschlüsse aus. Die positive Bewertung, d.h. die Anerkennung von Inkorporiertem, Objektiviertem, Institutionalisiertem tritt als Kompetenz in Erscheinung. Neben diesen Kompetenzen sind die auf sozialem Kapital basierenden Kompetenzen in der Schule zu berücksichtigen. Sie zeigen sich in den Beziehungen zwischen den Schüler*innen, so bspw. in der Art und Weise der Zusammenarbeit, der Kommunikation, der Hilfe oder Unterstützung, aber auch der Beteiligung am Klassengeschehen und der Übernahme von Verantwortung für sich und andere.
>
> In der pädagogischen Diagnostik besteht die Herausforderung, Kompetenzen zu erkennen und damit anzuerkennen. Die Einschätzung der Kompetenzen ohne Normvergleiche oder Vergleiche zwischen den Schüler*innen ist nicht nur möglich, sondern im inklusiven Kontext vorrangig zu berücksichtigen. Schüler*innen werden auf der Basis

ihrer eigenen Potenziale und Entwicklungen von anderen eingeschätzt und bewertet. Zugleich ist die Entwicklung der Selbsteinschätzung und der Reflexion des eigenen Lernprozesses bedeutsam. Entsprechend Bourdieus Feldtheorie nehmen die Akteure, d. h. hier die Schüler*innen bestimmte Positionen ein, auch darüber werden Kompetenzen zuerkannt. Pierre Bourdieu drückt es wie folgt aus:

»*Kompetent sein heißt, das Recht und die Pflicht zu haben, sich mit etwas zu befassen … das wirkliche Gesetz … ist das Gesetz, dass politische Kompetenz, Sachkompetenz, wie alle Kompetenzen eine soziale Kompetenz ist. Das bedeutet nicht, dass es keine Sachkompetenz gäbe, aber es heißt, dass die Neigung, das zu erwerben, was man Sachkompetenz nennt, umso größer ist, je mehr soziale Kompetenz man hat, das heißt, je mehr man sozial als würdig und also als verpflichtet anerkannt ist, diese Kompetenz zu erwerben.*« (Bourdieu 1992, 227f.)

Am Beispiel der Schüler*innen mit diagnostiziertem ›sonderpädagogischem Förderbedarf, Förderschwerpunkt Geistige Entwicklung‹, zeigt sich, dass die Positionen, die sie in der Klasse bzw. Gruppe einnehmen können, zumeist nicht vergleichbar mit anderen sind. Oft werden sie allein aufgrund der Diagnose als nicht fähig eingeschätzt, z. B. Verantwortung zu übernehmen oder sich mit anspruchsvollen Inhalten und Themen auseinanderzusetzen. Sie werden zumeist unterschätzt. Über diese Unter- bzw. Geringschätzung wird ihnen per se ohne weitere Eröffnung von Möglichkeiten eine randständige Position zugewiesen. Diese Position führt letztlich dazu, relevante Fähigkeiten und Kenntnisse nicht erwerben zu können.

Zusammengefasst zeigt sich: Kompetenzen sind sowohl Ausgangspunkt für pädagogische resp. didaktische Prozesse als auch Ergebnis. Lehrpersonen stehen vor der Aufgabe, die Kompetenzen der Schüler*innen als solche anzuerkennen. Verschiedene Kapitalformen bzw. Kompetenzen verweisen auf das zentrale Bestimmungsstück in der Pädagogik und Didaktik, auf Bildung und Erziehung. Zur Erfassung von Ausgangslagen, Zugängen, Kompetenzen, Interessen und Bedürfnissen hat sich auch in der Pädagogik der Begriff der ›Diagnostik‹ durchgesetzt. Dabei geht es hier nicht um Feststellungsdiagnostik oder um andere Formen normorientierter Diagnostik. Für den pädagogischen Kontext ist eine Diagnostik erforderlich, die ausschließlich subjektorientiert ausgerichtet ist.

Pädagogische Diagnostik zielt darauf ab, die Entwicklungs- und Lernpotenziale der Schüler*innen zu erkennen und auf dieser Basis Lerngelegenheiten zu schaffen. Diagnostik im schulischen Kontext zielt auf:
- die Erfassung bzw. Rekonstruktion der sozialen Gesamtsituation von Schüler*innen, ggf. um sich Verhalten erklären und es verstehen zu können;
- die Erfassung der »Zone der aktuellen Entwicklung« (Vygotskij), d. h. der momentanen Denk-, Wahrnehmungs- und Handlungskompetenzen (Außenperspektive).

Diese beinhaltet:
a) die Persönlichkeits- bzw. Entwicklungsbereiche:
   - Sprache (bspw. die Art und Weise zu kommunizieren),
   - Wahrnehmung,
   - Emotion,
   - Aufmerksamkeit,
   - Motorik,
   - Kognition (z. B. Begriffe und Zusammenhänge),
   - Orientierung,
   - Motivation,
   - Interessen,
   - Bedürfnisse,
   - Lern- und Sozialverhalten;
b) führende Tätigkeiten:
   - perzeptive Tätigkeit,
   - Manipulieren,
   - gegenständliche Tätigkeit,
   - Spiel,
   - Lernen,
   - Arbeit;
c) Handlungsmöglichkeiten:
   - Operationen (z. B. anfassen, loslassen; schreiben, lesen, skizzieren, denken u. a. m.),
   - Handlungen planen,
   - Handlungsziele bestimmen;
d) die fach-, fächerbezogenen Aspekte je nach Gegenstand des Unterrichts:
   - Schriftsprache,

- mathematische Fähigkeiten,
- Vorerfahrungen, Kenntnisse und Fähigkeiten bezüglich Biologie, Geografie, Literatur, Kunst, Sport u. a. m.

Neben der Zone der aktuellen Entwicklung aus der Sicht von außen durch Lehrpersonen o. a. Diagnostiker*innen ist die INNENPERSPEKTIVE aufzunehmen, um die Schüler*innen selbst an der Diagnostik zu beteiligen. Der Fokus richtet sich auf:
- Interessen, Bedürfnisse, Motive am Unterrichtsgegenstand;
- Erlebnisse und Erfahrungen mit diesem;
- ggf. Aspekte von a)–d);
- das eigene Lernen und die Einschätzung optimaler Lernbedingungen.

Wesentliche Methoden einer pädagogischen Diagnostik sind: die Beobachtung, die Analyse von Dokumenten und selbstständigen Schüler*innenarbeiten, die Exploration, das Interview u. a. m.

4.2.4.3 Das Verhältnis von Gegenstand/Sache/Inhalt und Schüler*innen

Die für den Unterricht zentralen Gegenstände, Inhalte und Zusammenhänge sind im Rahmen einer Analyse der Sachstruktur zu erheben (vgl. Feuser 1995, 2011). Dabei wird das Wesen des Gegenstands bestimmt, die Präsenz in den Fächern und Wissenschaften und die Eingebundenheit in die aktuellen Curricula eruiert. Die Analyse des Gegenstands führt zu Erkenntnissen über seine Komplexität, die Verflechtungen und Verhältnisse zu anderen Inhaltsbereichen, über die tragenden und zu vermittelnden Begriffe und Zusammenhänge, die gesellschaftliche, politische, soziale, individuelle Bedeutung und Aktualität des Lerninhaltes. Die Auswahl der Sache (resp. des Lerngegenstands, des Inhalts von Unterricht) stellt Lehrpersonen immer wieder vor besondere Herausforderungen, allen Schüler*innen in ihrer Verschiedenheit zu entsprechen. Mit der Analyse der Sachstruktur werden die Inhaltsbereiche aufgefächert, und damit wird die komplexe Struktur sichtbar. Entsprechend Wolfgang Klafkis Theorie ist der Gegenstand bzw. die Sache im Hinblick auf die Gegenwarts- und Zukunftsbedeutung sowie die exemplarische Bedeutung für die Schüler*innen zu bestimmen – zusammen mit ihnen (vgl. Klafki 1996, 251 ff.). Die Gegenstände werden erst dann zu Unterrichtsgegenständen, wenn diese »unter bestimmten Fragestellungen zu denjenigen, denen diese ... im

Unterricht zugänglich werden sollen, in eine Beziehung gesetzt oder von den Schülern in den Unterricht eingebracht werden« (Klafki 1996, 119). Wolfgang Klafki formuliert folgende Leitfrage, die zur Entscheidung darüber führen soll, Inhalte und Themen auszuwählen:

»Welche Orientierungen, Erkenntnisse, Fähigkeiten bedarf der Aufwachsende, um angesichts seiner gegenwärtigen und vermutlich zukünftigen geschichtlichen Wirklichkeit Selbstbestimmungs-, Mitbestimmungs- und Solidaritätsfähigkeit entwickeln zu können?« (ebd. 121)

Wolfgang Klafki hat mit der Formulierung der SCHLÜSSELPROBLEME die »Inhalte der Allgemeinbildung konkretisiert« (vgl. Kaiser 2011, 157). Er bezeichnet diese als »epochaltypisch« und verweist damit auf deren »aktuelle und generelle historische Dimension« (ebd.). In seiner ursprünglichen Fassung benennt Klafki 13 verschiedene Inhalte:
- »die Friedensfrage (…),
- die Umweltfrage,
- Möglichkeiten und Gefahren des naturwissenschaftlichen, technischen und ökonomischen Fortschritts,
- sog. ›entwickelte Länder‹ und ›Entwicklungsländer‹ sowie das Nord-Süd-Gefälle,
- soziale Ungleichheit und ökonomisch gesellschaftliche Machtpositionen,
- Demokratisierung als generelles Orientierungsprinzip der Gestaltung unserer gemeinsamen Angelegenheiten (…),
- Arbeit und Arbeitslosigkeit (…),
- Arbeit und Freizeit (…),
- Freiheitsspielraum und Mitbestimmungsanspruch des Einzelnen und kleiner sozialer Gruppen einerseits und das System der großen Organisationen und Bürokratien andererseits,
- das Verhältnis der Generationen zueinander,
- die menschliche Sexualität und das Verhältnis der Geschlechter zueinander,
- traditionelle und alternative Lebensformen,
- individueller Glücksanspruch und zwischenmenschliche Verantwortlichkeit,
- Recht und Grenzen nationaler Identitätsbestimmung angesichts der Unabdingbarkeit universaler Verantwortung,
- Deutsche und Ausländer in Deutschland,
- Behinderte und Nichtbehinderte,

- Möglichkeiten und Problematik der Massenmedien und ihre Wirkung,
- die wissenschaftliche Wirklichkeitsbetrachtung, die sog. ›Verwissenschaftlichung‹ der modernen Welt und das alltägliche Verhältnis von Mensch und Wirklichkeit« (Klafki 1987 21).

In weiteren Veröffentlichungen hat Klafki diese Schlüsselprobleme jeweils leicht verändert, die übergreifenden Fragestellungen aber grundsätzlich beibehalten. Astrid Kaiser würdigt diese, merkt jedoch an, dass es »keinen wissenschaftlichen Rahmen ... (gibt, d. V.), der genau die Grenzen zwischen Schlüsselproblem und Randfrage definieren würde« (Kaiser 2011, 160). Grundsätzlich kann konstatiert werden, dass Problemfelder umrissen werden wie Krieg und Frieden, Rassismus, Gleichheit und Unterschiedlichkeit, Armut und Reichtum, Probleme der Umwelt (vgl. ebd.). Kaiser greift den Einwand Klafkis auf, es bestehe die Gefahr, dass Inhalte bzw. gesellschaftlichen Schlüsselprobleme im Kindesalter durchaus zur Überforderung führen können, und schlägt vor, den Unterricht nicht nur nach den Schlüsselproblemen aufzubereiten, sondern nach verschiedenen Fähigkeiten: kognitiv, sozial, emotional, ästhetisch, praktisch-technisch (vgl. Kaiser 2011, 162). Astrid Kaiser entwickelt unter Berücksichtigung wesentlicher Schlüsselfragen/Probleme – wie Frieden, Umwelt, eine Welt, gerechte Verteilung, Demokratisierung und Technikfolgen – und den Fähigkeits- oder Zugangsbereichen – kognitiv, ästhetisch-kreativ, technisch-praktisch, emotional, sozial, ethisch – ein zweidimensionales Kriterienraster. Es wird dann um eine dritte Dimension ergänzt, die Bezüge zu Klafkis »Sinn-Dimensionen von Bildung« (ebd., 163) aufweist und sich auf die gegenwärtigen Problemfelder der Schüler*innen richtet. Diese Aufgaben der gegenwärtigen Allgemeinbildung sind folgende:

1. »Mobilitätsbildung und Bewegungserziehung in einer urbanisierten Welt
2. Kritische Informationsverarbeitung und ethische Beurteilung in einer Informationsgesellschaft
3. Kritische Konsumbildung in einer Welt der Vermarktung
4. Bewusste Ernährungsbildung und Gesundheitsbildung in einer Welt der Warenexpansion
5. Sozial-emotionale Kompetenzentwicklung bei zunehmenden sozialen Konflikten und Stärkung des Selbst durch konkrete Arbeitsprojekte

6. Sozial- und Sexualerziehung zur Stabilisierung der individuellen Glücksfähigkeit in komplizierter werdenden sozialen Zusammenhängen
7. Kreativität, Entdecken und ästhetisches Gestalten in einer Welt der Bürokratisierung und Standardisierung
8. Authentische Kritikfähigkeit in einer Welt der Verwissenschaftlichung
9. Konstruktive technische Gestaltungsfähigkeit in einer Welt der Technisierung und Automatisierung
10. Schaffung verlässlicher sozialer Strukturen und Rituale in einer Welt des rapiden Wandels
11. Schaffung von Geborgenheit und Aufgehobensein in einer globalen Weltgesellschaft …
12. Gewaltprävention in einer Welt der Gewaltexpansion
13. Toleranz und Akzeptanz in einer Welt der Verschiedenheit und Mehrkulturalität« (Kaiser 2011, 163).

Dieses Kriterienraster kann zur Auswahl der Inhalte unter Berücksichtigung der Allgemeinbildung angewendet werden und dabei vielfältige Kompetenzen bzw. ein breites Spektrum von Inhalten abdecken (vgl. ebd.). Die Problemfelder und Fragestellungen lassen sich erweitern, bspw. um die Fragen nach dem
– Verhältnis zwischen Mensch und Natur (z. B. Eingriffe des Menschen in die natürliche Umwelt und Folgen daraus),
– Verhältnis zwischen den Menschen (z. B. Dialog und Kommunikation; Fürsorge),
– Verhältnis zwischen Lebewesen (z. B. Begegnung zwischen Mensch und Tier) u. a. m.

Das Schlüsselproblemkonzept (Klafki) und auch das aufgezeigte Spektrum der Aufgaben der Allgemeinbildung (Kaiser) sind aufgrund ihrer Offenheit, aber auch Erweiterbarkeit geeignet für die Bildungsarbeit generell vom Vorschulalter bis zum Erwachsenenalter und zugleich relevant für die Arbeit in sehr heterogenen Gruppen.

»Der Begriff Curriculum wurde von Robinsohn (1967) in die deutsche Lehrplandiskussion eingeführt. Abgesehen von sehr unterschiedlichen Erscheinungsformen sind schulische Curricula wissenschaftlich fundierte Programme … Eine allgemeine Curriculumtheorie gibt es bis heute nicht.« (Carle 2017, 37)

Derzeit wird Kritik an der curricularen Separiertheit der Unterrichtsfächer geübt. Im Hinblick auf die Ausgestaltung eines inklusiven

Bildungssystems steht die Debatte um ein CURRICULUM FÜR ALLE noch aus (vgl. ebd. 39). Tony Booth hat mit Blick auf Inklusion »Curricula for all« gefordert (vgl. Booth 2014, 57). So wird bspw. aus Sicht eines Faches auf damit einhergehende und vernetzte Themenfelder orientiert (vgl. Musenberg/Riegert 2015, 22); das Fach »History« etwa wird nicht isoliert gesehen, sondern mit weiteren Themen vernetzt, z. B. »Food Cycles«, »Literature, Arts and Music« bzw. »Ethics, Power and Government« (vgl. Booth 2014, 63). Nimmt Booth den Ausgangspunkt der Unterrichtsfächer und stellt die Verknüpfungen mit anderen Themenfeldern dar; bieten die Schlüsselprobleme bei Wolfgang Klafki und die Aufgabenfelder der Allgemeinbildung bei Astrid Kaiser übergreifende Fragestellungen, die an lebensweltliche Erfahrungen und aktuelle Ereignisse geknüpft werden können und insofern für die Schüler*innen sinnhaft erscheinen, dass die Klärung der Probleme und Fragen unmittelbar erlebbar und die Relevanz für Gegenwart und Zukunft deutlich wird.

Die übergreifenden Fragen, Probleme und Themenfelder können sowohl auf verschiedene Entwicklungsniveaus bezogen als auch durch verschiedene Zugänge, mittels unterschiedlicher Komplexität und Anforderungen durchdrungen werden.

Bislang sind sowohl in der Theorie als auch in der Schulpraxis kaum Bestrebungen zu erkennen, ein Curriculum für alle auszuarbeiten. An einem fächerbezogenen Curriculum wird weiterhin festgehalten. Diese fachlichen Systematiken werden v. a. durch wissenschaftliche Felder abgesichert und legitimiert (vgl. Sturm 2013, 159). Darüber hinaus orientieren sich die Fächer an Kompetenzen bzw. Bildungsstandards. Peter Rödler (2011, 297 ff.) setzt sich mit diesen kritisch auseinander, gelten Bildungsstandards doch als Instrument der Steuerung auf festgelegte Ziele für bestimmte Fächer und Schulstufen. Bildungsstandards sind wettbewerbsorientiert und setzen auf die Messbarkeit von Leistungen. Im Kontext von Inklusion wird die Problematik besonders brisant. Inklusion ist mit dem Anspruch verbunden, jeder Schülerin und jedem Schüler gleichermaßen gerecht zu werden und niemanden auszuschließen.

»Die hierarchische Stufung der Kompetenzmodelle (level) und die Formulierung von gestuften Bildungsstandards führt logisch auch zur Exklusion von Menschen, die die geforderten Standards nicht erreichen! Didaktisch machen solche Hierarchien zudem den Entwurf Gemeinsamer Gegenstände über mehrere Aneignungsebenen hinweg – eine Grundbedingung Inklusiver Pädagogik – unmöglich oder erschweren sie zumindest sehr.« (Rödler 2011, 301)

Mit der ernsthaften Umsetzung der inklusiven Idee würde die kritische Reflexion der Kompetenzmodelle und Bildungsstandards der Regelschule eine Voraussetzung sein. Das ist jedoch bislang ausgeblieben. Stattdessen wird neben den Curricula der Regelschule an den spezifischen Curricula v. a. für die Schüler*innen mit dem Förderschwerpunkt ›Lernen‹ und dem Förderschwerpunkt ›Geistige Entwicklung‹ festgehalten. Deren Ausdifferenzierung ist von Bundesland zu Bundesland unterschiedlich. So sind bspw. für Schüler*innen mit dem Förderschwerpunkt ›Geistige Entwicklung‹ die Curricula der Bundesländer von Baden-Württemberg und Bayern differenziert aufbereitet, wogegen das Land Nordrhein-Westfalen nur eine grobe curriculare Struktur mit geringer Aussagekraft vorgibt. Die Problematik besteht darin, dass diese Schüler*innen derzeit auch in inklusiven schulischen Kontexten nach den speziellen Curricula unterrichtet werden. Die Entsprechungen zwischen Regelcurriculum und speziellem Curriculum müssen die Lehrpersonen in der inklusiven Schulpraxis selbst herstellen. Das erschwert (vor allem im weiterführenden Schulbereich) das Herausarbeiten gemeinsamer Inhalte und Themen oder das Finden des gemeinsamen Gegenstands. Hinzu kommt, dass im spezifischen Curriculum Inhalte aufgeführt sind, die keinerlei Entsprechungen im Regelcurriculum finden – wie bspw. »Umgang mit Geld«, »Orientierung in der Zeit« oder Themen bezüglich Selbstständigkeit und Orientierung in der Lebenswelt.

Folgende Fragen unterstützen den reflexiven Prozess zum Verhältnis von Sache/Lerngegenstand und Schüler*innen:

- Was ist Thema bzw. gemeinsamer Gegenstand?
- Was sind tragende Inhalte, Begriffe, Zusammenhänge?
- Wie ist die Gegenwarts- und Zukunftsbedeutung des Gegenstands?
- Wie sinnhaft ist der Gegenstand aus der Sicht der Schüler*innen?
- Wie sind die Ausgangsbedingungen, Lernausgangslagen, die ›Zone der aktuellen Entwicklung‹ der Schüler*innen?
- Welche bedeutungstragenden Inhalte, Begriffe oder Zusammenhänge sollen vermittelt werden?
- Wie muss der Inhalt verändert werden, um allen Schüler*innen und deren Ausgangslagen zu entsprechen?
- Welche Ziele werden für alle und welche für einzelne Schüler*innen verfolgt?
- Welche führenden Tätigkeiten sind zu berücksichtigen (z. B. perzeptive Tätigkeit, Agieren mit Objekten, Spiel, Lernen, Arbeit)?

- Welche Möglichkeiten der inneren Differenzierung sind zu planen und durchzuführen?
- Wie werden einzelne Schüler*innen unterstützt?
- Wer arbeitet mit wem kooperativ zusammen?
- Wie werden die Ergebnisse präsentiert?
- Welche unterrichtlichen Angebote müssen individualisiert aufbereitet werden?
- Welche gemeinsamen Angebote werden geplant?

u. a. m.

4.2.5 Dimension V: Didaktische Gestaltung von Unterricht

Die didaktische Gestaltung von Unterricht bezieht sowohl didaktische Konzepte, Vorgehensweisen und Methoden ein als auch die innere Differenzierung von Unterricht; Medien bzw. Lehr- und Lernmaterialien; Rituale und Regeln und deren Bedeutung im Unterricht; die Fragen nach Zeit, Raum, Bewertung und Einschätzung.

4.2.5.1 Möglichkeiten der inneren Differenzierung

Eine wesentliche Frage in inklusiven Kontexten ist die nach der inneren Differenzierung von Unterricht. Nach Wolfgang Klafki sind verschiedene Differenzierungsebenen zu berücksichtigen (vgl. Klafki 2007, 173 ff.). Er entwickelte ein Dimensionen- und Kriterienraster, das sich zum einen auf die Phasen des Unterrichtsprozesses bezieht und zum anderen auf die Schüler*innen und deren Voraussetzungen. Dabei unterscheidet Klafki:
- Stoffumfang/Zeitaufwand,
- Komplexitätsgrad,
- Anzahl der notwendigen Durchgänge,
- Notwendigkeit direkter Hilfe/Grad der Selbstständigkeit,
- Art der inhaltlichen oder methodischen Zugänge/der Vorerfahrungen,
- Kooperationsfähigkeit. (vgl. ebd.)

Ergänzt werden können diese Ebenen um die Differenzierung nach:
- Medien und Materialien,
- Sozialform,
- räumlicher und zeitlicher Gestaltung,
- verschiedenen Arten der Präsentation,
- Art und Weise der Unterstützung durch andere (u. a. m.).

Die DIFFERENZIERUNG NACH ANEIGNUNGS- UND WAHRNEHMUNGSEBENEN stellt zumeist eine besondere Herausforderung dar. Vor allem in den Fachdidaktiken wird die Differenzierung nach Bruner (1971) vorgeschlagen, nach enaktiver (handelnd), ikonischer (bildhaft), symbolischer (abstrakt) Ebene. Das wird zumeist mit ›EIS-Prinzip‹ abgekürzt. Diese Differenzierung ist in der Fachliteratur und auch der schulischen Praxis häufiger zu finden.

Die von Klafki dargestellten drei Aneignungs- und Handlungsebenen, die »a) konkrete Aneignungs-, bzw. Handlungsebene, b) explizit-sprachliche Aneignungs- bzw. Handlungsebene, c) rein gedankliche Aneignungs- und Handlungsebene« (Klafki 2007, 188) sollten (seiner Auffassung nach) noch weiter aufgefächert werden. Dazu unterbreitet er jedoch keine konkreten Vorschläge.

Georg Feuser differenziert im Kontext der entwicklungslogischen Didaktik nach Piaget in fünf Differenzierungsstufen:
1. elementares sensomotorisches Anpassungsverhalten,
2. intensionale sensomotorische Anpassungsprozesse,
3. egozentrisch-operationales Denken,
4. konkret-operationales Denken,
5. formal-logisches Denken. (vgl. Feuser 2011, 95)

Damit können zieldifferenzierte Angebote vom sinnlich-konkreten Handeln bis zur abstrakt-logischen Rekonstruktion (Letztere in Form von Sprache, Schrift, Formeln und Theorien) unterbreitet werden.

Neben den bereits aufgeführten Differenzierungsmöglichkeiten ist unter Berücksichtigung der Tätigkeitstheorie (Leont'ev) die Auffächerung nach den führenden Tätigkeiten notwendig, die der Entwicklung der Schüler*innen entspricht. Die sich in der Ontogenese ausbildenden Tätigkeiten sind folgende: die perzeptive Tätigkeit (Empfinden/Wahrnehmen), das Manipulieren und Agieren mit Objekten, das Spiel, das Lernen und die Arbeit.

Differenzierung nach Klafki	Differenzierung nach Feuser	Differenzierung nach Leont'ev
	Bewegen, Sehen, Hören, Anfassen u.v.m. Elementares sensomotorisches Anpassungsverhalten	Empfinden und Wahrnehmen

Differenzierung nach Klafki	Differenzierung nach Feuser	Differenzierung nach Leont'ev
Konkrete Aneignungs- und Handlungsebene	Sinnlich-konkretes Handeln Intensionale sensomotorische Anpassungsprozesse	Manipulieren Gegenständliche Tätigkeit
Explizit-sprachliche Aneignungs- und Handlungsebene	Egozentrisch-präoperationales Denken	Spiel
Rein gedankliche Aneignungs- und Handlungsebene	Konkret-operatives Denken Formal-logisches dialektisches Denken Sprache, Schrift, Formeln	Lernen
		Arbeit

Abb. 8: Differenzierungsebenen

Die DIFFERENZIERUNG NACH DEN JEWEILS FÜHRENDEN TÄTIGKEITEN der Schüler*innen wird derzeit in der didaktischen Literatur kaum beachtet und soll deshalb hier ausführlicher vorgestellt werden. Ausgangspunkt ist dabei das Modell Leont'evs und seine Theorie der ›führenden Tätigkeit‹, die den individuellen Möglichkeiten der Schüler*innen entspricht, sich aktiv mit der Welt, mit anderen und sich selbst auseinanderzusetzen. Wie bereits ausgeführt, entwickeln sich im Laufe der Ontogenese nach und nach Tätigkeiten, begonnen mit der perzeptiven Tätigkeit über das Manipulieren und Agieren mit Objekten, das Spiel, das Lernen (operative Aneignung von Welt; Aneignen von Kenntnissen, Fähig- und Fertigkeiten; deren Bewertung) bis hin zur Arbeit.

Im Folgenden werden diese Tätigkeiten vorgestellt und für den (inklusiven) schulischen Kontext fruchtbar gemacht.

Im psychologischen Alter von 0–1 Jahren ist die TÄTIGKEIT DES EMPFINDENS UND DES WAHRNEHMENS führend (vgl. Manske 2004, 49 ff.). »Schritt für Schritt lernt der Säugling seine Sinne zu synchronisieren und mit seinen Bewegungsabläufen zu koordinieren« (ebd., 51).

»Das Kind orientiert sich zunehmend auf Gegenstände hin, die es interessieren. Dabei kommt es zunehmend zur Koordination der verschiedenen Modalitäten, bis die Hand dem Auge folgt und nicht mehr das Auge der Hand. Die Orientierungsbewegungen der Hand werden interiorisiert und durch optische Wahrnehmung aufgehoben.« (Jantzen 2007, 199)

Relevanz für Didaktik und Unterricht: Die Entdeckung von Neuem wird durch das unmittelbare Empfinden und das Wahrnehmen bedeutsam, so über die perzeptiven Tätigkeiten, die sich beziehen auf akustisches, optisches, olfaktorisches, vestibuläres, vibratorisches, kinästhetisches, taktiles Empfinden und Wahrnehmen.

Im psychologischen Alter von 1–3 Jahren ist die TÄTIGKEIT DES AGIERENS MIT OBJEKTEN führend (vgl. Manske 2004, 53 ff.). Die Kinder manipulieren zunächst mit Gegenständen und erkennen nach und nach deren Funktionen und Eigenschaften.

Sie erlernen den Gegenstandsgebrauch über vier Stufen (vgl. Manske 2004, 55, mit Bezug zu Obuchova):
1. planloses Agieren,
2. Gegenstand kennenlernen durch Betasten, Anschauen, orales Erkunden etc.,
3. Wiederholungen der Handlungen,
4. Bekräftigung der Handlungen durch andere (Erwachsene), die Orientierungsgrundlage geben bis zur Erfüllung des Handlungsziels (vgl. ebd.).

Neben dem Agieren mit Objekten entwickeln sich das »Spiel und produktive Tätigkeitsarten (Zeichnen, Modellieren, Konstruieren) … Die Ausbildung der aktiven Sprache wird zur Grundlage der gesamten psychischen Entwicklung des Kindes« (Jantzen 2007, 199 f.).

Relevanz für Didaktik und Unterricht: Neues zu entdecken und kennenzulernen wird über folgende Tätigkeiten und Ziele bedeutsam:
- Agieren mit Gegenständen,
- Eigenschaften und Funktionen von Gegenständen kennenlernen,
- Handlungspläne kennenlernen und ausführen,
- Handlungsziele verfolgen,
- erste spielerische Aktivitäten (Objektspiel und Sujetspiel),
- Malen, Zeichnen, Modellieren, Bauen, Konstruieren.

Im psychologischen Entwicklungsalter von 3–7 Jahren ist die FÜHRENDE TÄTIGKEIT DAS SPIEL und damit das gemeinsam geteilte Symbolisieren (vgl. Manske 2004, 58 ff.). Das Spiel hat eine besondere Bedeutung für die Entwicklung von Kindern und Jugendlichen.

Daniil Borisovic' El'konin, ein Mitarbeiter von Vygotskij, hat sich in umfassendem Sinne mit dem Spiel bzw. der Psychologie des Spiels und deren Bedeutung für die Persönlichkeitsentwicklung auseinandergesetzt. Das Spiel wird gekennzeichnet als Tätigkeit, die etwas »außerhalb der sozialen Situation« (El'konin 2010, 31) nachgestaltet bzw. auch neu gestaltet. El'konin verweist auf die Beziehung des Spiels zur Kunst, zur Ästhetik und zu jeglicher Form der Dramatisierung. Er setzt sich ausführlich mit dem Spiel des Kindes, v. a. dem Rollenspiel, auseinander. Spiel ist eine freiwillige Tätigkeit, sie ist in hohem Maße intrinsisch motiviert. Die Kinder sind zumeist darin versunken. Dem Spiel kommt große Bedeutung für die Persönlichkeitsentwicklung zu und es sollte in schulischen Kontexten fest verankert sein. Intrinsisch motiviert können sich die Schüler*innen über das Spiel mit Unterrichtsinhalten, mit anderen Schüler*innen und sich selbst auseinandersetzen.

Das Spiel bietet Entwicklungsangebote in der ›Zone der nächsten Entwicklung‹. Spiele sind dann motivierend und interessant, wenn sie die ›Zone der aktuellen Entwicklung‹ berücksichtigen und Entwicklungsmöglichkeiten bieten, die nicht über- bzw. unterfordern. Spiel kann in unterschiedlichen Formen auftreten, so als Objekt- oder Funktionsspiel; als Symbol- oder Rollenspiel und als Regelspiel.

Die folgende Tabelle der ontogenetischen Entwicklung von einer Spielform zur nächsten bietet einen Überblick über die differenzierten Formen des Spiels.

Spielform/Beginn	Zone der aktuellen Entwicklung	Zone der nächsten Entwicklung
Objektspiel Überschuss an Bewegungsmöglichkeiten/ sensomotorisches Stadium (8-12 Monate)	Der Fokus der Aufmerksamkeit liegt auf der Funktion der Ersetzbarkeit der Funktionen von Objekten.	Der Fokus der geteilten Aufmerksamkeit liegt im Zeigen und Benennen von Objekten und Handlungen.
Sujetspiel Überschuss an bekannten Objekten/sensomotorisches Stadium (ab ca. 1,5-2 Jahren)	Der Fokus der Aufmerksamkeit liegt auf der Ersetzbarkeit der Bedeutungen von Objekten.	Der Fokus der geteilten Aufmerksamkeit liegt im Benennen und Vorführen von sozialen Rollenmustern.
Rollenspiel Überschuss an Bedeutungen/ anschauliches Denken (ab ca. 4 Jahren)	Der Fokus der Aufmerksamkeit liegt auf der Ersetzbarkeit der Rollen von Personen.	Der Fokus der geteilten Aufmerksamkeit liegt im Absprechen von Regeln und Kontrolle ihrer Einhaltung.
Regelspiel Überschuss an Mustern/ konkrete Operationen (ab ca. 7 Jahren)	Der Fokus der Aufmerksamkeit liegt auf der Ersetzbarkeit von Regeln.	Der Fokus der geteilten Aufmerksamkeit liegt in der Formulierung von Wettbewerbszielen und Hypothesen.

Abb. 9: Ontogenetische Entwicklung von einer Spielform zur nächsten (Zimpel 2011a, 106)

COMPUTER- ODER VIDEOSPIELE nehmen eine besondere Rolle ein. Mit Manfred Spitzer ist zu konstatieren, dass Computerspiele Auswirkungen haben, die bei »zunehmender Gewaltbereitschaft, Abstumpfung gegenüber realer Gewalt, sozialer Vereinsamung (!) ... eine geringere Chance auf Bildung« (Spitzer 2012, 203) zeigen. Spitzer übt bezüglich digitaler Medien generell Kritik. So führen sie seiner Auffassung zufolge dazu,

»... dass wir unser Gehirn weniger nutzen, wodurch seine Leistungsfähigkeit mit der Zeit abnimmt. Bei jungen Menschen behindern sie zudem die Gehirnbildung; die geistige Leistungsfähigkeit bleibt also von vornherein unter dem möglichen Niveau. Dies betrifft keineswegs nur unser Denken, sondern auch unseren Willen, unsere Emotionen und vor allem unser Sozialverhalten.« (ebd., 322)

Deutlich wird damit die Gefahr, die von Computer- und Videospielen ausgehen kann.

»Die Orientierung an schnellen Erfolgsrückmeldungen ist ein Wesensmerkmal des Spiels. Deshalb ist spielerisches Lernen zumeist besonders effektiv. In schnellen Erfolgsrückmeldungen liegt aber auch – wie Computerspiele zeigen – ein gefährliches Suchtpotenzial.« (Zimpel 2011a, 29)

Digitale Medien weisen bei einem Großteil der Kinder und Jugendlichen einen hohen Aufforderungscharakter auf. So ist bei Computer- und Videospielen deren Qualität; die Zeit, die die Schülerin oder der Schüler damit verbringt, und die Möglichkeiten des Austausches ausschlaggebend für eine Bewertung. Hier sind insbesondere Lehrpersonen und Eltern gefragt.

»Es gibt auch harmlose oder sogar sehr lehrreiche Computerspiele. Aber auch hier ist weniger mehr, wenn man bei einer Generation bildschirmfixierter Kinder Bewegungsmangel, eingeschränkten Erlebnisradius und soziale Isolation nicht noch zusätzlich verschärfen will.« (Zimpel 2011a, 28)

Schule muss die Möglichkeit bieten, sich in geschütztem Raum unter Berücksichtigung verschiedener spielerischer Möglichkeiten mit Inhalten, mit anderen Menschen und sich selbst auseinanderzusetzen. Dazu eignen sich Spiele (auch Computer- und Videospiele).

Relevanz für Didaktik und Unterricht: Spiel kann im didaktischen Prozess Inhalt oder Methode sein. Zum Inhalt werden Spiele dann, wenn diese in schulischen Kontexten als Unterrichtsgegenstand zur Verfügung gestellt und angeeignet werden sollen, z. B. Sportspiele mit ihren Regeln.

Zum anderen werden Spiele in didaktischen Kontexten genutzt, um Unterrichtsgegenstände/Inhalte zu präsentieren, diese zu festigen oder zur Anwendung zu bringen. So eignen sich bspw. Sujetspiele und Rollenspiele, um sich literarische Werke, Sachthemen oder geschichtliche Themen zu erschließen. In Rollenspielen und darstellenden Spielen werden Rollen übernommen, ausgestaltet und verändert; soziale Regeln befolgt, und es wird in sogenannten »Als-ob-Situationen« gehandelt. Darüber hinaus sind Regelspiele wie Kreis-, Sing-, Tanzspiele, Bewegungsspiele, Bau- und Konstruktionsspiele, Gesellschaftsspiele, aber auch Domino-, Memory-, Karten- und Puzzlespiele v. a. im Grundschulalter geeignet, um Inhalte zu vertiefen und zu festigen.

In den weiterführenden Schulen wird der didaktisch-methodische Einsatz von Spielen immer geringer. Ausnahmen bilden Spiele im Sportunterricht, spielerisches Auseinandersetzen mit Materialien im Kunstunterricht oder spielerische Improvisationen im Musikunterricht.

Theaterspiele und andere Dramatisierungen wie Hand-, Stabpuppen-, Marionetten- und Stegreifspiele gewinnen immer größere Bedeutung in schulischen Kontexten. Die Schüler*innen setzen sich aktiv mit dem Inhalt (z. B. dem Theaterstück), mit dem anderen als Spielpartnerin/Spielpartner, mit sich selbst, mit der Rolle und deren Ausgestaltung auseinander. Sie spielen, dramatisieren, improvisieren, experimentieren miteinander und lernen dabei exemplarisch.

Im psychologischen Alter von 7–12 Jahren ist die FÜHRENDE TÄTIGKEIT DAS LERNEN und damit das gemeinsam geteilte Denken (vgl. Manske 2004, 63 ff.). »Lernen beim Menschen ist seinem Wesen nach Aneignung menschlicher Erfahrungen, gesellschaftlicher Kultur und führt zur Herausbildung bzw. Weiterentwicklung psychischer Funktionen und funktioneller Organe« (Lompscher 2004, 173).

»Lerntätigkeit wird als spezifische Tätigkeitsart (neben Arbeit, Spiel u. a.) betrachtet, die sich im Prozess der gesellschaftlichen Entwicklung in dem Maße herausgebildet hat, wie es immer unmöglicher wurde, die für die Arbeit (und andere Aspekte menschlicher Tätigkeit) erforderlichen Voraussetzungen unmittelbar im Arbeits- und Lebensprozess selbst zu erwerben. Lernen kann in unterschiedlichen Tätigkeiten vonstatten gehen …, kann aber auch selbst eine Tätigkeit sein, eben Lerntätigkeit.« (Lompscher 2004, 183 f.)

So erfolgt Lernen selbstverständlich vom ersten Lebenstag des Kindes an. In der perzeptiven Tätigkeit, beim Manipulieren und Handeln mit Objekten, beim Spiel und bei der Arbeit wird gelernt. Das Lernen als Tätigkeit kann jedoch auch selbst im Sinne der operativen Aneignung von Welt in das Zentrum rücken, was maßgeblich im schulischen Kontext erfolgt.

In umfassenderen Sinne haben sich El'konin und Davydov der Lerntätigkeit gewidmet (vgl. ebd., 183). Grundlegend ist die Auffassung, dass der Lernende den Wunsch zu lernen und die dafür notwendige Kompetenz hat (vgl. Lompscher 2004, 191). Gekennzeichnet ist das Lernen durch »die Aneignung von Wissen und Können als aktiven, forschungsorientierten Prozess, nicht als Reproduktion fertig vorgegebener Kenntnisse« (ebd., 192, mit Verweis auf Davydov). Zumeist wird in schulischen Kontexten aber gerade das zuletzt Erwähnte gefordert. Folge davon kann sein, dass die Neugier bzw. die Motivation, etwas zu erproben und möglichst selbst zu Erkenntnissen zu kommen, begrenzt oder gänzlich verhindert wird.

Lernhandlungen sind durch ihre Anforderungsstruktur gekennzeichnet und stehen im Verhältnis zu den Voraussetzungen der Lernenden (z. B. Motivation, Wissen, Können, Fähigkeiten, Aneignungsniveau usw.).

»Jeder Tätigkeitstyp entsteht und gestaltet sich anfangs in seiner Form als Netz entfalteter Wechselbeziehungen zwischen Menschen, die verschiedene materielle und materialisierte Mittel zur Organisation ihres Verkehrs und Austauschs von Handlungen nutzen; erst auf dieser Basis entwickeln sich die inneren Tätigkeitsformen des einzelnen Menschen.« (Lompscher 2004, 198 mit Verweis auf Davydov 1996, Übersetzung aus dem Russischen).

Materialisierte Mittel der Organisation können z. B. Experimente oder Simulationen von Sachverhalten und Zusammenhängen sein; materielle Mittel der Organisation sind z. B. Abbildungen, Piktogramme und Veranschaulichungen auf zweidimensionaler Ebene.

Pjotr J. Gal'perin entwickelte folgende Theorie der Lerntätigkeit. Das Modell der Interiorisation geistiger Handlungen umfasst zwei Momente: die Orientierung und die Ausführung (vgl. ebd., 177). Die Aneignung oder Verinnerlichung verläuft von außen nach innen etappenweise.

»Sechs Etappen der Ausbildung geistiger Handlungen werden unterschieden:
- Schaffen einer motivationalen Handlungsgrundlage,
- Schaffung eines Orientierungsschemas für die Handlungsausführung,
- Ausbildung der Handlung in materiell-gegenständlicher bzw. materialisierter Form,
- Handlungsausführung in Form des lauten sozialisierten Sprechens,
- Handlungsausführung in Form des ›äußeren Sprechens für sich (selbst)‹,
- Handlungsausführung in verinnerlichter Form (geistige Handlung)« (ebd., 179).

Die vollständige Berücksichtigung der Abfolge ist jedoch nur bei ganz neuen, noch unbekannten Handlungen notwendig (vgl. ebd.).

Die Theorie Gal'perins ist v. a. im didaktischen Kontext häufig missverstanden worden. Ihm selbst ging es um den Nachweis, wie Verinnerlichungsprozesse ablaufen – und das unter experimentellen kontrollierten Bedingungen. Seine Schüler*innen und Mitarbeiter*innen (wie z. B. Obuchova oder Talyzina) haben den Transfer in den Unterricht fokussiert und wertvolle Ansätze für Lehr-, Lernprozesse aufgezeigt (vgl. ebd.).

Die Theorie Gal'perins kann für didaktische Prozesse unter Berücksichtigung der individuellen Situation der Schüler*innen bedeutsam sein.

Christel Manske zeigt bspw. am Schriftspracherwerb, wie Kinder und Jugendliche (z. B. mit Trisomie 21) lesen lernen. Der Unterricht erfolgt auf der »Grundlage der etappenweisen Bildung geistiger Handlungen nach Gal'perin« (Manske 2004, 79 f.). Die Etappen sind folgende:
- Motivation (Entwicklung eines gemeinsamen Lernmotivs),
- Orientierung (Lehrperson gibt Orientierungsgrundlagen, damit Kinder selbstständig arbeiten können),
- Handlung (Werkzeug, Material) und Kommunikation (Lautsprache, Gebärde),
- Materialisierte Handlung (Bilder, Fotos, Miniaturen, Piktogramme usw.) und Kommunikation,
- Sprache (Sprache für andere, Kinder geben sprachliche Anweisungen, Flüstersprache – Kinder gehen in den Dialog mit sich),
- Verinnerlichung – Schriftsprache (Schriftzeichen).

Der Prozess der Erarbeitung jedes Buchstaben erfolgt über:
- Spiel (z. B. *A* – Rollenspiel beim *Arzt*),
- sinngebende Laute (z. B. *A* und Gebärde dazu),
- Foto und Bild der Tätigkeit (z. B. *A* und Foto *Affe*),
- Bildkarten, Buchstaben, Schriftzeichen (z. B. *A* als Sandpapierbuchstabe, Knetbild, Schreiben, Stempeln),
- Wiedererkennen des Buchstaben in der Umwelt (z. B. *A* und so geformte Zweige; vgl. ebd. 2004, 81).

Danach entstehen Silben und erste Worte bzw. kurze Sätze (z. B. Tätigkeitssätze).

Der Schriftspracherwerb im vorschulischen Alter unterstützt die Kinder in ihrer Entwicklung der Lautsprache.

> **EXKURS**
>
> **Lesetexte**
> In inklusiven Kontexten ist davon auszugehen, dass die Schüler*innen auf unterschiedlichen Leseniveaus lesen. Gegenwärtig müssen Lesetexte, die diese Unterschiede berücksichtigen, von den Lehrpersonen oder Teammitarbeiter*innen selbst hergestellt werden. Die durch einige Verlage angebotenen Differenzierungen auf drei Leseniveaustufen (z. B. Cornelsen) reichen für die Differenzierung zumeist nicht aus.

Beispiele für Lesetexte zu sachunterrichtlichen Themen im Primarbereich wurden in Form von »parallelen Lesetexten« (vgl. Manske 2014) erstellt. Themen wie *Der UHU, Die Fliege, Das Fahrrad, Die Brille* (vgl. ebd.) berücksichtigen unterschiedliche Leseniveaus, z. B. das Erkennen von Bildern, das Lesen einzelner Buchstaben, das Lesen von Silben, von kurzen Sätzen und Texten. Sachtexte mit den notwendigen Differenzierungen fehlen für den weiterführenden Schulbereich gänzlich. Auch die Differenzierung literarischer Werke muss zukünftig mit Blick auf Inklusion größere Bedeutung bekommen.

Die FÜHRENDE TÄTIGKEIT DER ARBEIT: »Nach Marx produzieren Menschen ihre Existenzbedingungen. Arbeit als produktives Verhältnis zur Welt und zu sich selbst ist ihnen eine existentielle Notwendigkeit« (Jödecke 2008, 261).
Mit der Pubertät (zwischen dem 14. und 17. Lebensjahr)

»… übernimmt der Jugendliche immer mehr Funktionen des Erwachsenen … Freundschaften, Beziehungen zum anderen Geschlecht, Herausbildung einer Weltanschauung, Entwicklung von Lebensplänen und Berufswahl verweisen auf tiefgreifende Umgestaltungen des Psychischen.« (Jantzen 2007, 201)

Vielfältige neue Interessen entstehen, Bewertungen von Situationen und Sachverhalten, des eigenen Selbsts, der Beziehung zu anderen werden immer vordergründiger. Das Selbstbewusstsein erlangt neues Niveau, der Jugendliche

»… erlangt die Fähigkeit und entwickelt jetzt ein Bedürfnis, sich als Persönlichkeit zu begreifen, die über Eigenschaften verfügt, die nur ihr selbst eigen und sie von allen anderen unterscheidet. Dieses neue Selbstbewusstsein erzeugt beim Jugendlichen das

Bestreben nach Selbstbestätigung, nach Selbstäußerung … und nach Selbsterziehung.« (Boshowitsch 2016, 110)

Die Tätigkeit der Arbeit nimmt zunehmend führende Position ein und ist im Erwachsenenalter höchst bedeutsam. Dabei ist nicht ausschließlich die Erwerbsarbeit gemeint.

Arbeit ist »auf bestimmte Ziele, auf die Erzeugung eines bestimmten Produkts, auf ein bestimmtes Resultat gerichtet« (Rubinstein 1977, 173). Arbeit erfolgt zielgerichtet, der Plan für die Umsetzung gedanklich und vorausschauend. Arbeit ist eine Tätigkeit, die zumeist in Koordination und Kooperation mit anderen erfolgt. Sie führt zu einem Produkt, dass sowohl materiell fassbar sein kann als auch ideell. Es ist eine geplante und kontrollierte Tätigkeit, die Arbeitsmittel verschiedenster Art erfordert. Es ist sowohl individuelle als auch gesellschaftliche Tätigkeit, d. h. nützlich für den Einzelnen und/oder eine Gruppe, das Kollektiv, die Gemeinschaft. Rubinstein mit Verweis auf Marx kennzeichnet Arbeit wie folgt: Sie ist

»… bewusste zielgerichtete Tätigkeit … die sich auf die Verwirklichung eines Resultats richtet, das vor der Handlung in der Vorstellung des Arbeitenden gegeben ist und durch den Willen entsprechend ihrem bewussten Ziel reguliert wird.« (Rubinstein 1977, 707)

Im Laufe der Ontogenese werden die Kompetenzen für die Arbeitstätigkeit in vollendeter Form erworben. Arbeitstätigkeiten werden bereits sehr früh für Kinder bedeutsam, so sind die Tätigkeiten nicht nur spielerisch, sondern auf ein konkretes Resultat ausgerichtet, u. a. Tätigkeiten im Haushalt und zur Organisation des Unterrichts. Diese sind bedeutsam für die Kinder selbst und für die Gemeinschaft.

Manfred Jödecke (2008, 266) erweitert die führenden Tätigkeiten im Erwachsenenalter.

»Funktionelle Hirnsysteme entwickeln sich spontan als ideelle Repräsentation aufeinander aufbauender und auseinander hervorgehender führender Tätigkeiten. Zu diesen gehören mindestens … die gegenständlich-manipulierenden Tätigkeiten, das Spiel, das Lernen, die intim persönliche Kommunikation unter gleichaltrig Heranwachsenden oder Jugendlichen, die berufsvorbereitende Tätigkeit, die Arbeit, die Sorge um die nachfolgende Generation (Generativität), die Sorge um sich selbst und sein ›Seelenheil‹ (Integrität).«

Er verweist darauf, dass Krisen, im Sinne von »existentiellen Erschütterungen«, die Übergänge von einer Tätigkeit zur anderen erschweren können. Exemplarisch dafür stehen Krieg, Krankheit, Behinderung und Trennung von nahestehenden Angehörigen (vgl. ebd., 266).

Im Folgenden werden Beispiele für die Differenzierung des Unterrichts nach den Tätigkeiten aufgeführt.

Perzeptive Tätigkeit (Empfinden/Wahrnehmen)	Winkel an eckigen Gegenständen taktil erkunden (z. B. Tetrapacks, Würfel);
Manipulieren/Agieren mit Objekten	Manipulieren mit einer Schmiege oder einem Zirkel; Bewegen einer Tür – verschiedene Winkel einstellen (spontan)
Spiel/Symbolisieren	Memory zu Winkelarten; Spiel mit verschiedenen Winkeleinstellungen der Tür Zuordnen von Einstellungen der Schmiege zu Winkelarten
Lernen/Denken	Experimentieren, z. B.: Wie groß muss ein Türwinkel sein, um durchzugehen, um mit dem Rollstuhl durchzufahren? – Planung, Ausführung und Dokumentation des Experiments! Differenzierung verschiedener Winkelarten (z. B. spitze, stumpfe Winkel), Ausmessen von Winkeln, Zeichnen von Winkeln, Vergleichen von Winkeln, Berechnungen von Winkeln
Arbeit	Anlegen eines Schulgartens – Anwendung der Erkenntnisse über Winkel, Nachbau der Schulumgebung mit Wegen und Straßen – deren Verhältnisse zueinander

Abb. 10: Geometrie – Aneignung von Winkeln

Perzeptive Tätigkeit (Empfinden/Wahrnehmen)	Wasser mit Händen und Füßen wahrnehmen, Wasserrauschen hören, ggf. Wasser schmecken
Manipulieren/Agieren mit Objekten	Wasser in Bewegung versetzen
Spiel/Symbolisieren	Puzzle – Wasserkreislauf, Memory
Lernen/Denken	Schlüsselbegriffe und die jeweiligen Bedeutungen in einen Zusammenhang bringen Durch Abbildungen unterstützte Erkenntnisse Bilddokumente zur Veränderung von Gewässern durch menschliche Beeinflussung Experimentieren am Modell zur Erfassung der Fließgeschwindigkeit Fachtexte, Graphiken, Statistiken – eigene Zusammenfassungen der grundlegenden Erkenntnisse erstellen
Arbeit	Anlegen eines Feuchtbiotops im Schulgarten – Anwenden der Erkenntnisse über Fließgeschwindigkeit, menschliche Beeinflussung

Abb. 11: Geografie: Wasser ist Leben

Die Tabelle kann jeweils um sprachliche Anforderungen ergänzt werden: einzelne Wörter verwenden (Schlüsselwörter), vorgegebene Satzanfänge oder Lückentexte ergänzen, Sachverhalte beschreiben, argumentieren, Zusammenhänge darstellen, eigene Texte verfassen u. a. m.

Des Weiteren können alternative oder augmentative (ergänzende) Kommunikationsmöglichkeiten zum Einsatz kommen: Gebärden, Gesten; nicht elektronische Kommunikationsmöglichkeiten (Bild- und Schrifttafeln); elektronische Kommunikationsmöglichkeiten (Talker, I-Pad etc.) u. a. m.

Verschiedene Arten von Tätigkeiten treten in der Entwicklung eines Menschen in bestimmten Entwicklungsphasen als führend in Erscheinung.

»Anfang und Ende einer führenden Tätigkeit bilden mehr oder weniger ausgeprägte Entwicklungs- und Wachstumskrisen, die aus einer grundlegend veränderten sozialen Entwicklungssituation resultieren. Die soziale Entwicklungssituation ist durch ein verändertes Verhältnis des Menschen zu anderen Menschen, den instrumentellen Anforderungen und Prozessen von Kultur und Gesellschaft und nicht zuletzt zu sich selbst gekennzeichnet.« (Jödecke 2008, 266)

Die Tätigkeit des Lernens war für die kulturhistorische Schule stets zentral.

»Lernen beim Menschen ist seinem Wesen nach Aneignung menschlicher Erfahrungen, gesellschaftlicher Kultur und führt zur Herausbildung bzw. Weiterentwicklung psychischer Funktionen und funktioneller Organe ... Das Lernen Erwachsener – noch dazu eingebettet in Arbeitsprozesse – unterscheidet sich natürlich wesentlich vom schulischen Lernen der Kinder und Jugendlichen.« (Lompscher 2004, 173 f.)

Im Kontext schulischen Lernens wird die »verallgemeinerte und widergespiegelte menschliche Erfahrung ... in Form von Bedeutungen (Wissen, Handlungsweisen, Normen, Regeln etc.)« (ebd., 174) angeeignet.

Lernen ist von der Arbeit nicht zu trennen. Im Erwachsenenalter sind die Tätigkeiten Empfinden/Wahrnehmen, Agieren mit Objekten, Spiel, Lernen und Arbeit mit je unterschiedlicher Gewichtung zu berücksichtigen, wobei dem Lernen und der Arbeit die führende Rolle zukommt. Aber auch die Entwicklung von Kindern und Jugendlichen zeigt, dass verschiedene Tätigkeiten Bedeutung gewinnen und zueinander in Beziehung stehen. Die Arbeitstätigkeit als zweck- und zielgerichtete Tätigkeit mit einem klaren Ergebnis tritt bereits im vorschulischen Alter immer dann in Erscheinung, wenn Aufgaben für das Kind selbst oder eine Gemeinschaft, z. B. die Familie, übernommen werden (z. B. *Tisch decken*). Diese frühe Tätigkeit ist vom Agieren mit Objekten oder vom Spiel zu differenzieren. Zugleich findet dabei Lernen statt. Die Motivation für zweckgerichtete Tätigkeiten ist im vorschulischen Alter hoch.

Im inklusiven Kontext sollten stets mehrere Tätigkeiten im Unterricht angeboten werden, um den verschiedenen Entwicklungspotenzialen der Schüler*innen gerecht zu werden. »Jede Unterrichtseinheit kultiviert das gemeinsam geteilte Empfinden, das gemeinsam geteilte Wahrnehmen, das gemeinsam geteilte Erinnern und das gemeinsam geteilte Denken« (Manske 2014, 53).

4.2.5.2 Ausgewählte didaktische Konzepte

Im Folgenden werden einige ausgewählte didaktische Konzepte vorgestellt. Lernen lernen gilt als übergreifender Ansatz, der darauf zielt, dass

»Lernende befähigt werden, anknüpfend an ihre Interessen:
- Lernbedürfnisse und Lernmotive zu entwickeln,
- Lernziele selbst zu generieren,
- Lernmittel gegenstandsadäquat zu suchen und anzuwenden,
- sich Lernaufgaben zu stellen,
- Lernhandlungen zu planen, auszuführen, zu kontrollieren und zu bewerten sowie
- auf einer metakognitiven Ebene reflexiv die eigene Lerntätigkeit zu bewerten, um neue Lernziele zu generieren.

Das Lernen lernen bedeutet daher vor allem, die eigene Lerntätigkeit regulieren zu lernen.« (Giest 2011, 205 f.)

Offener Unterricht ist ein Sammelbegriff verschiedener Unterrichtskonzepte, wie z. B. Stationenlernen, Werkstattarbeit, Projektunterricht, Tagesplan- und Wochenplanarbeit sowie Freie Arbeit, er gilt als

»Konzept einer Unterrichtskultur, (basierend, d. V.) auf den Vorbildern der Reformpädagogik (Jena-Plan, Montessori-Pädagogik, Freinet-Pädagogik), den Anregungen der ... angelsächsischen open education und den Erfahrungen der englischen Primary Schools.« (Schaub/Zenke 2000, 410)

Offene Unterrichtsformen richten sich gegen die vordergründig lehrer- und lehrgangszentrierten Konzepte und Methoden mit dem Ziel, den Schüler*innen »selbstständiges und kooperatives, problemorientiertes und handlungsbezogenes, mitbestimmendes und mitverantwortetes Lernen« (ebd.) zu ermöglichen. »Die Öffnung bezieht sich auf die Methode des Unterrichts, auf die Themen und die Inhalte sowie auf die Öffnung der Schule gegenüber der außerschulischen Lebenswelt« (ebd.). Bedingungen für Offenen Unterricht sind:

- eine vorbereitete Lernumgebung (Klassenraum o. ä.),
- vielseitige und differenziert vorbereitete Lernangebote (mit Einstiegshilfen und Kontrollmöglichkeiten),
- flexible Zeit- und Raumplanung,
- Orientierungsmöglichkeiten, z. B. durch Rituale und Rhythmisierung der Angebote,
- Wechsel von Spannung und Entspannung, Reflexionsphasen (vgl. Schaub/Zenke 2000, 410 f.).

Die Gestaltung offener Unterrichtsformen erfolgt unter Berücksichtigung der Entwicklung selbstständigen, kooperativen, problemorientierten, mitbestimmenden Lernens der Schüler*innen. Diese erwerben zunehmend Fähigkeiten und Kenntnisse der Gestaltung offenen Unterrichts und werden dabei von den Lehrpersonen begleitet. Lehrpersonen reduzieren die Unterstützung nach und nach.

Offene Unterrichtsformen bieten den Lehrpersonen und Teammitarbeiter*innen genügend Gelegenheiten zur pädagogischen Diagnostik, da die Schüler*innen häufig in Gruppen oder selbstständig arbeiten. Genaue Beobachtung, Beschreibung und Dokumentation ihrer Entwicklung sind dabei wichtige Aufgaben.

In offenen Unterrichtsformen sind prinzipiell sowohl kooperative als auch individuelle Lernprozesse möglich. In inklusiven Kontexten ist dabei auf ein ausgewogenes Verhältnis von beiden zu achten. Ausschließlich individuelles Lernen (z. B. bei Tages- und Wochenplanarbeit) kann zur Isolation der Schüler*innen führen.

FREIE ARBEIT als didaktisches Konzept wird im Kontext reformpädagogischer Ansätze (Montessori, Freinet, Jena-Plan) mit unterschiedlicher Konnotation genutzt. Freie Arbeit gilt als »Organisationsform Offenen Unterrichts« (Schaub/Zenke 2000, 220). Selbstständiges Arbeiten in vorbereiteter Lernumgebung entsprechend den eigenen Interessen und Bedürfnissen steht dabei im Mittelpunkt. Die Schüler*innen können Gegenstand/Sache, Arbeitsmittel/Medien und Arbeitszeit frei wählen. Die Lehrpersonen bereiten die Lernumgebung vor und ermöglichen neben der Einzelarbeit auch Partner- und Gruppenarbeit. Die Schüler*innen lernen, sich die Arbeit und die Zeit immer selbstständiger einzuteilen.

Freie Unterrichtsphasen können sich mit strukturierten und frontalen Unterrichtsphasen abwechseln. In inklusiven Kontexten ist insbesondere auf das ausgewogene Verhältnis von individuellem und gemeinsamem Tätigsein zu achten.

WOCHENPLÄNE sind Arbeitspläne für die Schüler*innen mit festgelegten Arbeitszeiten, mit Pflicht- und Wahlaufgaben. Wochenpläne bauen auf Tagesplänen auf und werden mit den Schüler*innen gemeinsam festgelegt. Sie sind i. d. R. individualisiert und differenziert. Eine Selbstkontrolle sollte möglich sein. Im Anschluss an die Wochenplanarbeit erfolgt ein Gespräch mit den Lehrpersonen. Während der Wochenplanarbeit kann die Lehrperson die Schüler*innen beobachten oder unterstützen. Wochenplanarbeit wird oftmals für inklusives Arbeiten fokussiert. Ein ausschließlich an Tages- und Wochenplänen ausgerichteter Unterricht kann isolierend wirken und ist für inklusive Kontexte nicht bedingungslos geeignet. Entscheidend für inklusive Kontexte sind individualisierte und gemeinsame Lernangebote.

In inklusiven schulischen Kontexten werden unabhängig von didaktischen Modellen, Konzepten und Methoden LERNLANDSCHAFTEN fokussiert. Diese bieten unterschiedliche Lerngelegenheiten. Sie sind zumeist fächerübergreifend angelegt, bieten zeitliche Flexibilität und sind räumlich bzw. materiell entsprechend ausgestattet, so dass ein eigenaktives Tätigsein möglich wird. Lernlandschaften fordern dazu auf, sich mit Themen, Problemen und Fragestellungen auf unterschiedliche Art und Weise auseinanderzusetzen.

Die Idee der PROJEKTARBEIT ist auf Vertreter des amerikanischen Pragmatismus – John Dewey (1859–1952)/William Heard Kilpatrick (1871–1965) – Anfang des vorigen Jahrhunderts zurückzuführen (vgl. Schaub/Zenke 2000, 441).

»Den Zusammenhang von Demokratisierung der Gesellschaft und entsprechendes Lernen in der Schule sahen sie in der Projektmethode verwirklicht, durch die problemorientiertes Denken, praktisches Tun und realitätsbezogenes Erfassen der Wirklichkeit miteinander verbunden werden sollen, um die Trennung von Leben und Lernen sowie Denken und Handeln aufzuheben.« (ebd. 441 f.)

Im Projektunterricht beteiligen sich Lehrpersonen und Schüler*innen gleichermaßen an der Findung der Projektidee. Sie arbeiten gemeinsam den Projektplan aus und führen das Projekt zu einem Ergebnis. Schaub und Zenke arbeiten aus der Literatur verschiedene Kriterien für den Projektunterricht heraus:

- »Ausgangspunkte für Projekte sind in der Regel situative Anlässe und konkrete Aufgabenstellungen aus der Lebenswirklichkeit der Schüler (Situations-, Sach-, Gesellschafts- und Schülerorientierung).
- Zielsetzung ist die gemeinsame und konkrete Bearbeitung der Probleme und Aufgaben in der Realität (Produkt- und Handlungsorientierung).
- Die Organisation der Zielsetzung, Planung, Ausführung und Überprüfung der Projektarbeit wird gemeinsam von Lehrern und Schülern getragen (Selbstorganisation und Mitverantwortung).
- Anstelle ausschließlich fachimmanenter Lehrgänge werden problemorientierte, fächerübergreifende, integrative Lern- und Arbeitsprozesse bevorzugt (Interdisziplinarität, Lehrerkooperation/Teamarbeit, außerschulische Kompetenzen).
- Kognitive, soziale, affektive und motorische Anforderungen ... werden verknüpft (ganzheitliches Erleben der Realität und vernetztes Denken in komplexen Zusammenhängen).
- Praktische Anwendungen und Problemlösungen werden erprobt, um den individuellen Sinn und die soziale Bedeutung des Lernens zu erkennen (Sinn und Bedeutung des Handelns).
- Die Beendigung des Projekts kann ein Auslaufen, Scheitern, Zurückschauen oder festliches Verabschieden durch eine Veröffentlichung, Ausstellung, Aufführung oder Aktion sein (Metainteraktion, Produkt- und Werkbetrachtung.« (ebd., 442)

Projekte sind an den Interessen und Bedürfnissen der Schüler*innen orientiert und ermöglichen selbstständiges Auseinandersetzen mit dem Gegenstand, der Sache bzw. dem Thema. Es gibt kurzfristige (1–2 Stunden), mittelfristige (1–2 Tage) und langfristige Projekte (mehrere Wochen und Monate). Fächerübergreifende didaktische Arbeit ist in Projekten sehr gut möglich. Inhalte unterschiedlicher Fächer können in eine übergreifende Thematik einfließen. Besonders Projekte ermöglichen ein Lernen am ›gemeinsamen Gegenstand‹ (vgl. Feuser 2011) und berücksichtigen die unterschiedlichen Potenziale der Schüler*innen. Die Kooperation miteinander, die Aufteilung des Projektvorhabens in unterschiedliche Projektgruppen, das Lösen von Aufgaben und Problemen in diesen und das Zusammenführen der Ergebnisse bzw. die Präsentation des Gesamtergebnisses kennzeichnen Projekte insbesondere.

Der projektorientierte Unterricht ist an die Idee des Projektunterrichts angelehnt, muss diesem jedoch nicht in allen Aspekten entsprechen. Projektorientiertes Arbeiten eignet sich demnach für Schüler*innen ohne bzw. mit wenig Erfahrungen in der Projektarbeit. Projektunterricht und projektorientiertes Arbeiten ermöglicht individuelles und kooperatives Lernen und Arbeiten. Das gemeinsame Thema bzw. die gemeinsame Idee wird zum zentralen Bezugspunkt.

LERNWERKSTÄTTEN sind Räume (z. B. Kunstraum, Schreibwerkstatt in einem Klassenraum), die mit Materialien und Medien ausgestattet sind und es ermöglichen, sich mit einem Thema, Gegenstand bzw. Problem auseinanderzusetzen. Schüler*innen können in Werkstätten selbstständig arbeiten. Differenziertes Material, unterschiedliche Aufgabenstellungen, verschiedene Sozialformen sind in der Werkstattarbeit möglich. Experimentieren, Ausprobieren, Recherchieren, Darstellen, Dramatisieren, Erproben und Handeln spielen dabei eine zentrale Rolle. Werkstätten können völlig freies oder aber aufgaben-, bzw. problemorientiertes Tätigsein ermöglichen. Sie sind fachbezogen oder fächerübergreifend angelegt. Werkstätten eignen sich für inklusives schulisches Arbeiten, da gemeinsames und individuelles Tätigsein möglich ist. Gemeinsame Reflexionen über die Werkstattarbeit, die Arbeitsfortschritte oder -ergebnisse sind in die Arbeitsweise einzubinden.

Das Konzept des STATIONENLERNENS (auch als LERNZIRKEL) ist ursprünglich aus dem Sportunterricht übernommen. Zirkeltraining an kreisförmig angeordneten Stationen mit unterschiedlichen Geräten (vgl. Schaub/Zenke 2000, 354) stand dabei im Vordergrund. Stationenlernen ist ein didaktisches Konzept, welches eigenaktives Lernen an verschiedenen Stationen in Einzel-, Partner- und Gruppenarbeit ermöglicht. Es kann zu einem Thema unterschiedliche Stationen geben, die verschiedene Aneignungs- und Wahrnehmungsniveaus oder unterschiedliche führende Tätigkeiten ansprechen. Die einzelnen Stationen selbst können jedoch auch differenziert aufbereitet werden, so nach verschiedenen Aneignungsniveaus, Aufgabenstellungen und Tätigkeiten. Die Aufgaben sollten Selbstkontrolle ermöglichen. Stationen können in eine Thematik einführen, aber auch Übungs-, Anwendungs- und Transfergelegenheiten bieten.

Vier Phasen sind beim Stationenlernen zu berücksichtigen:

- »Gemeinsames Anfangsgespräch und Wahl der Stationen,
- Arbeit an den Stationen,
- Abschluss der Stationenarbeit und Aufräumen,
- Gemeinsames Abschlussgespräch mit Bericht über die Arbeit, Nachfragen, Austausch von Informationen und Erfahrungen ...

Bewährt hat sich ein Stationenprotokoll der Lehrkraft auf einem Plakat und der Schüler auf einer Laufkarte.« (Schaub/Zenke 2000, 353)

In der Regel werden Pflicht- und Wahlstationen angeboten. Die Schüler*innen können selbstständig entsprechend ihrem Tempo arbeiten. Für den schulischen Kontext ist sowohl das individuelle als auch das gemeinsame bzw. kooperative Tätigsein an den Stationen in den Fokus zu rücken. Die Lehrpersonen beobachten die Schüler*innen, begleiten und beraten sie und geben Unterstützung.

FRONTALUNTERRICHT oder LEHRERZENTRIERTER UNTERRICHT wird gegenwärtig zumeist kritisch betrachtet, sobald dieser ausschließlich oder dominierend den didaktischen Prozess bestimmt. Die Kritik richtet sich insbesondere darauf, dass
- die Interessen, Bedürfnisse und Motivationen der Schüler*innen kaum berücksichtigt werden,
- die Sache/der Unterrichtsgegenstand bzw. ausschließlich das Ziel fokussiert wird,
- die Schüler*innen nicht eigenaktiv und kreativ beteiligt werden, den verschiedenen Lernwegen und Lerntempi nicht differenziert nachgekommen werden kann.

Vorteile frontaler Unterrichtsphasen liegen darin, schnell Informationen, Wissen, Zusammenhänge übermitteln zu können. In der Schulpraxis finden sich frontale Phasen des Unterrichts bei
- der Einführung in Unterrichtssequenzen;
- Ritualen, z. B. Begrüßung;
- der Erarbeitung eines neuen Themas;
- der Präsentation von Ergebnissen u. a. m.

Die Lehrperson nimmt dabei die zentrale Rolle ein, hat den Überblick über die Klasse und das gesamte Geschehen. »Die wesentliche Aufgabe des Frontalunterrichts wird in der zeit-, personal- und materialökonomischen Übermittlung von Informationen an große Personengruppen gesehen« (Pitsch/Thümmel 2015, 95). Frontaler Unterricht bzw. Präsentationen und Anleitungen der Lehrpersonen sind nicht grundsätzlich abzulehnen. Zu sichern ist, dass Schüler*innen sich mit dem Unterrichtsgegenstand aktiv auseinandersetzen können. So sollte es nach einführender Information oder Präsentation Phasen der Übung, des Transfers, der Festigung geben. Einzel-, Partner- und Gruppenarbeit können durch gezielte Information und Präsentation bereichert werden. Die Lehrpersonen selbst werden durch ihre Präsentationen zu Vorbildern. Der frontale Unterricht kann als ganzer Lehrgang über mehrere Unterrichtseinheiten hinweg organisiert sein. Darüber hinaus sind kurze Präsentationen der Lehrpersonen, z. B. durch Vortrag oder Demonstration möglich. Auch bei diesem Konzept ist zu berücksichtigen, dass individualisierte und gemeinsame, kooperative Angebote in den Unterricht einbezogen werden.

»PEER-TEACHING (PT)... beruht auf dem Grundsatz, dass Schüler einander in vorgegebenen oder frei arrangierten Zusammenkünften in Inhalten unterweisen, die vom Lehrer benannt, geplant« (Unger 2011, 288) und kontrolliert werden. Peer-Involvement bezieht sich auf Schule, aber auch auf die Jugendarbeit. Auf schulisches Lernen bezogen existieren Modelle des Peer-Tutoring (Patenschaft), Peer-Mediation (Vermittlung bei Konflikten) und Peer-to-Peer-Programme (z. B. zur Aufklärung, Prävention usw.) (vgl. ebd.).

»Peer-Teaching erscheint vielfach als sinnvolle Alternative oder Ergänzung zu hierarchisch angelegten Unterweisungsansätzen, da es Betroffenen Möglichkeiten eröffnet, Bildungs- und Erziehungsprozesse innerhalb ihrer Peergruppe mit zu gestalten und aktiv Einfluss auf Ziele, Sozial- und Arbeitsformen zu nehmen, was eine stärkere Mitbestimmung und Partizipation garantiert.« (ebd. 288)

Die Unterrichtsmethode ›Lernen durch Lehren‹ erfordert, dass Schüler*innen unter Begleitung durch Lehrpersonen Inhalte vermitteln bzw. mit anderen Schüler*innen erarbeiten. In inklusiv schulischen Kontexten spielt neben kooperativem Lernen das Peer-Teaching eine immer größere Rolle. Unger verweist darauf, dass Entwicklungen in den Bereichen Lernen, Motivation und sozialem Miteinander (vgl. ebd., 291) nachzuweisen sind.

»Ziele aller genannter Peer-Konzepte sind neben dem Kompetenzerwerb und Lernerfolg auf sozialer, personaler und fachlicher Ebene die Steigerung von Selbstwirksamkeit, Lernmotivation, des sozialen Klimas und der Kooperations- und Kommunikationsfähigkeit.« (ebd.)

Peer-Teaching, Peer-Tutoring u. a. m. sind ergänzende Konzepte, die den Unterricht bereichern können. Die Lehrpersonen und Teammitarbeiter*innen leiten die Schüler*innen an und beobachten die zumeist in Partner- oder Kleingruppenarbeit stattfindenden Prozesse.

In inklusiven Kontexten besteht die Herausforderung darin, dass nicht nur Schüler*innen mit Behinderung (oder mit Deutsch als Zweitsprache u. a. m.) Unterstützung erfahren, sondern umgekehrt jede Schülerin/jeder Schüler anderen Unterstützung geben bzw. diese von anderen empfangen kann.

KOOPERATIVES LERNEN zielt darauf, arbeitsteilig in einer Gruppe zu lernen (und zu arbeiten). Dabei ist ein gemeinsames Thema zu bearbeiten, eine gemeinsame Idee zu verfolgen oder eine Aufgabe gemeinsam zu bewältigen. Jede Schülerin/jeder Schüler beteiligt sich aktiv. Der Fokus ist sowohl auf das gemeinsame Thema bzw. die Aufgabe als auch auf die kleine Gruppe und die darin ablaufenden sozialen Prozesse gerichtet. Der Neurowissenschaftler Gerald Hüther konstatiert: Die

»… wichtigsten Erfahrungen, die einen heranwachsenden Menschen prägen, sind solche, die in lebendigen Beziehungen mit anderen gemacht werden … Unser Gehirn ist also ein soziales Produkt … Die Erkenntnis, dass das menschliche Gehirn ein sich erfahrungs- und nutzungsabhängig entwickelndes Organ ist, bedeutet empirisch nichts weniger, als dass die soziokulturelle Entwicklungsumwelt, in die ein Mensch hineinwächst, die neuronale Architektur seines Gehirns ganz entscheidend bestimmt.« (Hüther 2011, 44 f.)

In gemeinsamer Tätigkeit macht das Kind

»… zwei Grunderfahrungen, die tief in seinem Gehirn verankert werden: Die Erfahrung engster Verbundenheit und die Erfahrung eigenen Wachstums und des Erwerbs eigener Kompetenzen. Diese beiden Grunderfahrungen bestimmen als Grundbedürfnisse seine zukünftigen Erwartungen … Wenn eines dieser Grundbedürfnisse nicht gestillt werden kann, leidet das entsprechende Kind und später der betreffende Erwachsene an einem Mangel.« (ebd., 45 f.)

Inklusion zielt auf die Veränderung der sozialen Situation der Schüler*innen. Wertschätzung, Anerkennung, Teilhabe und Kompetenzorientierung sichern die Grundbedürfnisse. Fünf Aspekte kennzeichnen das kooperative Lernen:

- das Schaffen einer positiven Interdependenz, d. h. gegenseitiger positiver Abhängigkeit, jede/jeder trägt zum Gesamtergebnis maßgeblich bei;
- die individuelle Verantwortungsübernahme;
- das Ermöglichen direkter Interaktion in der Gruppe;
- die Entwicklung sozialer Kompetenzen und
- die Reflexion in der Gruppe (vgl. Johnson & Johnson 1998, 2005).

In der Gruppe können die Schüler*innen bestimmte Rollen übernehmen, wie z. B. Zeitwächter, Planender, kritischer Hinterfragender u. a. m. Damit übernehmen alle Beteiligten Verantwortung für das Gemeinsame. Kooperatives Lernen eignet sich für die Arbeit in sehr heterogenen Gruppen und inklusiven Klassen. Gemeinsame und individuelle Prozesse des Tätigseins sind im Konzept selbst verankert. Es wirkt gemeinschaftsbildend und bietet die Chance, dass jede/jeder mit ihren/seinen Potenzialen und Kompetenzen wahrgenommen wird, sich einbringen und sich entwickeln kann.

Im Kontext kultur-historischen Denkens/der Tätigkeitstheorie ist die LEHRSTRATEGIE DES AUFSTEIGENS VOM ABSTRAKTEN ZUM KONKRETEN entwickelt worden. Um nicht missverstanden zu werden: Dabei bilden Abstraktionen nicht unbedingt die Ausgangsvoraussetzung. Die Abstraktion wird vom Lernenden auf der Basis konkreter Anforderungen gewonnen und dient dann als Erkenntnismittel. Damit ist zunächst der Kern des Gegenstandes (die Invariante) herauszuarbeiten Es ist diejenige »Information, welche dem System (dem Gegenstand, d. V.) zu Grunde liegt (seine Invariante darstellt) ... die (die, d. V.) gesamte Menge von Einzelfällen (Varianten) erzeugt« (Talyzina 2001, 211). Die russische Psychologin Nina Fedorovna Talyzina, die Schülerin und Mitarbeiterin Gal'perins war, führt seine Forschungen bis heute weiter (vgl. Bormann 2004, 60). Hervorzuheben ist v. a. die Forschung bezüglich der »Methodologie des Aufbaus von Unterrichtsinhalten« (ebd., 63). Talyzinas Didaktik basiert auf Gal'perins Forschungen und Erkenntnissen zum etappenweisen Aufbau geistiger Handlungen und nimmt dabei die ORIENTIERUNGSGRUNDLAGE in den Fokus.

»Jede menschliche Handlung schließt als eines der Elemente des Systems unbedingt die Orientierungsgrundlage der Handlung ein. Verfügt der Mensch über die gesamte Information, erreicht die Handlung das Ziel. Ist es nicht der Fall oder ersetzt er sie durch andere« (Talyzina 2001, 65), verfehlt er das Ziel. Talyzina geht von verschiedenen Typen der Orientierungsgrundlage des Handelns aus, wobei der dritte Typ die Arbeit nach Invarianten ermöglicht. Die Orientierungsgrundlage stellt neben der Motivation die Basis für den Aneignungsprozess dar. Jede menschliche Handlung schließt die Orientierungsgrundlage ein. Diese stellt die Information, das Wissen bereit, worauf sich die Schülerin/der Schüler bei der Ausführung seiner Handlung stützen kann (vgl. Talyzina 2001). Es gibt drei Typen der Orientierungsgrundlage:

»Der erste Typ ist durch die Unvollständigkeit der Orientierungsgrundlage gekennzeichnet, die Orientierungen werden ... vom Subjekt selbst ermittelt, durch blinde Versuche. Die Herausbildung einer solchen Handlung vollzieht sich sehr langsam, mit zahlreichen Fehlern. Die herausgebildete Handlung ist sensibel in Bezug auf kleinste Veränderungen der Bedingung der Ausführung.
Der zweite Typ der Orientierungsgrundlage der Handlung ist gekennzeichnet durch das Vorhandensein aller zur richtigen Ausführung der Handlung notwendigen Bedingungen. Doch diese Bedingungen werden dem Subjekt erstens in fertiger Gestalt

gegeben und zweitens in spezieller Gestalt, die sich nur im vorliegenden Fall zur Orientierung eignet. Die Herausbildung erfolgt bei einer derartigen Orientierungsgrundlage schnell und fehlerfrei. Die herausgebildete Handlung ist beständiger als beim ersten Typ der Orientierung. Doch die Sphäre der Übertragung der Handlung ist durch die Ähnlichkeit der konkreten Bedingungen ihrer Ausführungen eingeschränkt. Die Orientierungsgrundlage vom dritten Typ ist vollständig, die Orientierungen sind in verallgemeinerter Gestalt dargestellt, geeignet für eine ganze Klasse von Erscheinungen. In jedem konkreten Fall wird die Orientierungsgrundlage der Handlung vom Subjekt selbstständig zusammengestellt, mit Hilfe einer allgemeinen Methode, die ihm gegeben wird. Die Handlung, die sich auf der Orientierungsgrundlage vom dritten Typ herausgebildet hat, zeichnet sich nicht nur durch Schnelligkeit und Fehlerlosigkeit des Herausbildungsprozesses aus, sondern auch durch große Beständigkeit und Breite der Übertragung.« (Talyzina 2001, 207)

Talyzina erläutert am Beispiel der Winkelarten aus der Geometrie die Invariante und die Orientierungsgrundlage der Handlung. So sind alle Winkelarten dadurch zu erhalten, dass man

»... die Veränderlichen variiert, die in die Invariante des Winkels eingehen. Diese besteht aus drei Elementen: a) die Größe; b) die Seiten; c) ihre Lage im Raum. Variiert man die Lage der Seiten im Raum, erhält man alle Arten von Winkeln nach der Größe (spitze, rechtwinklige, stumpfe usw.). Variiert man die räumliche Lage der Größen und der Seiten zweier Winkel, erhält man alle Arten von Winkeln, die zwei Winkel einschließen (mit lotrechten Seiten, Scheitelwinkel, Nebenwinkel usw.)... Der Versuch hat gezeigt, dass die Schüler Dutzende von Varianten erhalten, darunter auch solche, die in der Schule üblicherweise nicht durchgenommen werden.« (ebd., 211 f.)

Dieser dritte Typ der Orientierung setzt die Analyse des Inhalts bzw. ganzer Unterrichtsfächer voraus. Zugleich, so räumt Talyzina ein,

»... stellt der Prozess zur Ermittlung des objektiven Inhaltes der Bedingungen, die eine erfolgreiche Anwendung der Handlungen im betreffenden Bereich gewährleisten, für die Anwendung der Orientierungsgrundlage vom dritten Typ die Hauptschwierigkeit dar.« (ebd., 212)

Die Vorteile liegen darin, sich nicht

»... jede spezielle Erscheinung des betreffenden Gebiets einprägen zu müssen ... an Stelle einer Menge fertiger Einzelfakten mit speziellen Methoden zu ihrer Analyse wird eine einheitliche Methode vermittelt. Sie wird anhand einiger spezieller Erscheinungen angeeignet ... Im weiteren kann man mit Hilfe dieser Methode selbstständig jede beliebige Erscheinung dieses Systems sowohl analysieren als auch konstruieren ... Bei der Orientierung vom dritten Typ bilden sich beim Schüler allgemeine Methoden der intellektuellen Tätigkeit heraus.« (ebd., 213)

Für einige Unterrichtsfächer und Gegenstände sind die Invarianten erarbeitet, jeweils auf der Basis der Tätigkeitstheorie russischer Psychologie (vgl. Talyzina, 212). Für viele andere Themen muss dieses zukünftig noch erfolgen. Die Analyse des Gegenstands im Hinblick auf die Invariante führt unweigerlich zur Orientierungsgrundlage als Basis für die Möglichkeit des Handelns, der Vermittlung und Aneignung. »Das Einzelne tritt ... als Mittel zur Aneignung des Allgemeinen auf« (ebd., 214).

Im Zentrum steht die selbstständige Erarbeitung des Gegenstands, der Thematik oder des Sachverhalts. So ist es bspw. mit einer Winkelschmiege (Instrument zum Ausmessen von Winkeln) oder dem Zirkel möglich, alle Arten von Winkeln zufällig durch Manipulieren mit der Schmiege zu konstruieren, indem beide Seiten bewegt werden. Die so zufällig entstandenen Winkel können des Weiteren bestimmt werden. Schüler*innen können dabei gemeinsam arbeiten. Gemeinsame Tätigkeiten sichern die Erkenntnis. Das Beispiel zeigt, dass mit der Orientierungsgrundlage des dritten Typs eine allgemeine Methode zur Verfügung gestellt wird, um alle möglichen Winkelarten selbstständig zu bilden. Das sichert die eigenaktive Auseinandersetzung mit dem Lerngegenstand.

Bildungsinhalte, entsprechend der Invarianten aufbereitet, führen dazu, den Unterrichtsstoff zu verringern. Die erworbenen Kenntnisse und Fähigkeiten sind länger anhaltend und die »Bildung wird fundamentaler« (ebd., 215) Darüber hinaus betont Talyzina:

»Der neue Typ des Aufbaus der Unterrichtsfächer erhöht den entwickelnden Effekt des Unterrichts. An Stelle spezieller Fertigkeiten und Gewohnheiten wird es möglich, allgemeine Methoden zum Lösen von Aufgaben, d. h. faktisch intellektuelle Fähigkeiten herauszubilden.« (ebd.)

Vorteile der Arbeit mit Invarianten liegen in der Effektivität der Aneignung, der Verringerung des Umfangs der Unterrichtsfächer, der zeitlichen Reduktion bei der Aneignung, der Herausbildung systematischen Denkens, der Erhöhung des entwickelnden Effekts des Unterrichts; in neuen Chancen für die Bildung, Festigung und Beständigkeit angeeigneter Begriffe und herausgebildeter Handlungen, Herausbildung theoretischen Wissens, Sicherheit im Wissen und in den Handlungen bzw. Selbstbewusstsein der Schüler*innen (vgl. Bormann 2004, 71 ff.).

Wenngleich diese Erkenntnisse bislang kaum in den Kanon der Bildungsinhalte zur Ausbildung zukünftiger Lehrer*innen an Hochschulen bzw. Universitäten eingegangen ist und diese auch in der Schulpraxis bzw. in der Fort- und Weiterbildung noch keine Rolle spielen, kann und muss dem zukünftig größere Relevanz zuteilwerden.

Der ENTWICKELNDE UNTERRICHT mit der ›Double-move-Methode‹ nach Mariane Hedegaard (vgl. Geise 2014, 30) zielt darauf ab, zu erwerbendes theoretisches Wissen mit alltäglichem Wissen zu verbinden (vgl. ebd., 31). Exemplarisch an einem Projekt unter Berücksichtigung der Fächer Biologie, Geografie und Geschichte an einer dänischen Grundschule werden folgende »Planungsprinzipien als Grundregeln für entwickelnden Unterricht« (vgl. Geise 2014, 31 ff.) dargestellt:

1. »Jedes Kind sollte in die Überlegungen der Planungen einbezogen werden …
2. Der gesamte Inhalt des Unterrichts sollte sich auf die Erfahrungen der Kinder gründen …
3. Der Unterrichtsinhalt sollte sich unverkennbar auf die grundsätzlichen Themen beziehen …
4. Bei den Kindern soll eine Motivation und ein Interesse für den Inhalt des Unterrichts entfaltet werden …
5. Die Fähigkeit der Kinder, ihr Wissen zu formen, sollte so entwickelt werden, dass die Modelle für die Kinder zu Werkzeugen werden, mit denen sie die Vielfalt von Problemen in der Welt, in der sie leben, entdecken und analysieren können …
6. Wissen sollte in der Leistung der kindlichen Aneignung der drei Unterrichtsfächer eingebettet sein.« (ebd., 34)

Das fünfte Prinzip enthält die Arbeit mit den zentralen Begriffen, die in den KEIMZELLMODELLEN aufgenommen sind. Sie dienen als »äußeres Werkzeug für die kindliche Analyse der Beziehungen zwischen Tier und Natur (und, d. V.) ebenso als psychisches Werkzeug« (ebd.). Die Kinder werden damit darin unterstützt, diese Beziehungen zu verstehen (ebd.). In Vorbereitung des Unterrichts sind die Keimzellen durch das Team bereitzustellen. Themen waren *Die Evolution der Tiere, Der Ursprung des Menschen* für die dritte Klasse, *Die Menschen* für die vierte und fünfte Klasse (vgl. ebd., 31). Prinzipien der Double-move-Methode sind:

1. »Formulieren von Problemen, die zentrale Begriffsbeziehungen und Methoden beinhalten als auch die Schüler motivieren …
2. Eine inhaltliche Analyse und Formulierung von Keimzellen und Keimzell-Modellen erstellen.
3. Eine Analogie zu Forschungsmethoden entwickeln.
4. Phasen im Unterricht, welche auf einem progressiven und qualitativen Wandel in der kindlichen Aneignung von Wissen und Fertigkeiten basieren, einzuleiten.« (ebd. 35)

Ein ›Keimzellmodell‹ nach dem Vorbild von Mariane Hedegaard bietet:

1. »die Basisbeziehungen zwischen ergänzenden Begriffen des Fachgebietes,
2. die Basisbeziehungen können in der die Schüler umgebenden Realität erkannt werden.« (ebd., 37)

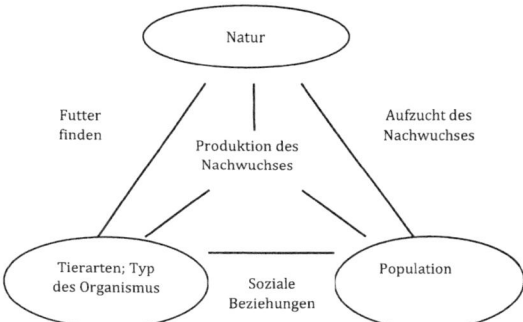

Abb. 12: Beispiel für ein Keimzellmodell (Geise 2014, 38)

Grundlegende Begriffe und Beziehungen zueinander werden über die Keimzellmodelle vermittelt und wechselseitige Abhängigkeiten erkannt. Die Schüler*innen können die Keimzellmodelle verändern und entsprechend ihren konkreten Untersuchungen und Fragestellungen anpassen. Keimzellmodelle sind für die Kinder Ordnungsgrundlage und sollen ein Verständnis für Begriffsbeziehungen herstellen. Es sind elementare Relationen eines Gegenstands. Die trianguläre Darstellung ermöglicht es, Probleme, Fragen, Widersprüche und Beziehungen zu bearbeiten.

Unterschieden werden LERNAUFGABEN von anderen Aufgaben. Lernaufgaben sind »dadurch gekennzeichnet, dass sie einen für einen ganzen Bereich gültigen, allgemeinen Zusammenhang enthalten, der durch Analyse aufgedeckt werden muss« (Geise 2014, 192). Lernaufgaben sind der »Schlüssel …, um sich einen ganzen Inhaltsbereich, seine Struktur und Prinzipien zu erschließen« (ebd.). Lernaufgaben haben »Problemcharakter« (ebd., 193). In dem hier aufgeführten Sinn bieten die Lernaufgaben den Schüler*innen die Möglichkeit, selbst forschend tätig zu werden, sich Zusammenhänge zu erschließen und Probleme zu lösen.

Lernaufgaben zu entwickeln, die das selbstständige Erarbeiten eines Lerngegenstands berücksichtigen, wird zukünftig Herausforderung für Lehrpersonen und Teammitarbeiter*innen in der Schulpraxis sein, aber auch in der Forschung in den Fokus rücken.

4.2.5.3 Fächerübergreifender Unterricht

Die Abgrenzungen der Schulfächer werden

»spätestens seit den Anfängen der reformpädagogischen Bewegung durch die Forderungen nach ganzheitlicher Bildung in lebenspraktischen Zusammenhängen statt ›Pauken in parzellierten Fächerterritorien‹ kritisch hinterfragt.« (Musenberg/Riegert 2015, 21 f.)

Dennoch werden diese vermutlich auch zukünftig – »in der Lehrerbildung wie in der Schulpraxis – Bestand haben« (ebd., 22). Andererseits wird das Bestehen der Fächer auch positiv beurteilt, so als

»… geteiltes Wissen über einen kulturell bedeutsamen Gegenstand … als besondere Sprachformen …, mit deren Hilfe die Welt beschrieben und erklärt wird … Es ist Aufgabe von Unterricht, in diese Sinn- und Symbolsysteme, die sich in historischen Auseinandersetzungen herausgebildet haben, einzuführen und die Schüler*innen mit ihnen zu konfrontieren.« (Sturm 2013, 159)

Zu konstatieren ist zum einen, dass allgemeingültige didaktische Konzepte entwickelt werden, die allen Schüler*innen und allen Inhalten bzw. Gegenständen entsprechen sollen (vgl. Feuser 1995, 2011; Ziemen 2002b, 2017), zum anderen entwickeln die Fachdidaktiken (unter der für sie neuen Prämisse ›Inklusion‹) neue didaktische Konzepte und Ideen. Mit dem Attribut ›inklusiv‹ (z. B. ›inklusive Fachdidaktik‹, vgl. Ziemen 2017d) wird der Fokus auf die Berücksichtigung der Verschiedenheit der Schüler*innen gelegt. Auf das Attribut kann verzichtet werden, wenn selbstverständlich und uneingeschränkt alle Schüler*innen ohne Ausnahme in den Fokus gerückt werden. Davon ist gegenwärtig jedoch nicht auszugehen.

In der Ausbildung der zukünftigen Lehrer*innen hat die Fächerorientierung in Deutschland (immer noch) Priorität. Die (universitären) Fächer orientieren sich seit der Diskussion um Inklusion in Deutschland zunehmend an den neuen Herausforderungen. Mehr und mehr treten nicht nur die Fachinhalte, sondern der Bezug zu den Voraussetzungen und Potenzialen von Schüler*innen in den Mittelpunkt der Diskussion (vgl. bspw. Riegert/Musenberg 2015, 24).

Im Kontext von Inklusion ist deutschlandweit zu beobachten, dass sich die unterschiedlichen Fächer und Fachdidaktiken öffnen und Interesse für die im Kontext der Sonderpädagogik oder der Behindertenpädagogik erarbeiteten Konzepte und Modelle zeigen. Zukünftig werden Kooperationen zwischen den unterschiedlichen Fächern und Disziplinen die Entwicklung in (inklusiven) didaktischen Kontexten voranbringen.

Ein fächerübergreifender Unterricht, der im Idealfall in Projekten stattfindet, wird von Georg Feuser (2011) im Kontext der ›entwicklungslogischen Didaktik‹ favorisiert und begründet. Fächerübergreifende Themen- und Problemfelder schaffen Lerngelegenheiten für verschiedene Interessen, Lernausgangslagen und Potenziale.

Im Folgenden wird ein fächerübergreifendes Projekt zusammengefasst vorgestellt: In einer fünften Klasse werden seit einem Schuljahr neben 23 Schüler*innen, die als durchschnittlich eingeschätzt werden, fünf Schüler*innen mit unterschiedlichen Heterogenitätsdimensionen unterrichtet. In einem Projekt der Fächer Geografie und Biologie soll fächerübergreifend v. a. am außerschulischen Standort ›Bach‹ das Thema *Der Bach – Wasser ist Leben* bearbeitet werden.

Durch eine kleine Ortschaft in der Nähe einer Großstadt fließt ein Bach, der von den nahegelegenen Schulen als außerschulischer Lernort genutzt wird. Darüber hinaus hat die Universität dort ein Lernlabor für Schüler*innen eingerichtet. Die Schüler*innen der fünften Klasse sollen zunächst den außerschulischen Standort ›Bach‹ kennenlernen, um dann an diesem zu arbeiten. Für die Projektdurchführung ist eine ganze Woche vorgesehen. Die Thematik soll forschend erkundet werden. Der gemeinsame Gegenstand (vgl. Feuser 2011), der das hinter der Thematik Verborgene und nicht auf den ersten Blick Sichtbare darstellt, wird hier als ›Verhältnis von Mensch und Natur‹, ›Beeinflussung der Natur durch den Menschen und die daraus entstehenden und entstandenen Konsequenzen‹ bestimmt. Dafür steht der Bach exemplarisch. Er ist dadurch gekennzeichnet, dass sich auf weniger als drei Kilometern Länge ein streckenweise natürlicher Bachlauf mit begradigten und renaturierten Bachabschnitten abwechselt. Die Schüler*innen beginnen ihre Forschungsarbeit damit, zu rekonstruieren, was sie über den Bach bereits wissen und was sie wissen möchten und beginnen dann mit ihrer forschenden Tätigkeit.

Es erfolgt:
- eine Reflexion über vorhandenes Wissen,
- die Planung des Prozesses,
- die Durchführung und Reflexion des Prozesses.

Die Projektwoche beginnt mit einer Orientierungsexkursion zum Bach, um die Wasserachse kennenzulernen. Die Schüler*innen setzen sich geografisch mit den folgenden Themen auseinander:

- Veränderung der Landschaft durch den Bach,
- Veränderungen des Baches durch den Menschen,
- Nutzung des Baches – früher und heute.

Neben diesen geografischen (auch historischen) Themen werden aus dem Fach Biologie folgende bearbeitet:
- die Stockente als typischer Schwimmvogel,
- Wirbeltiere und wirbellose Tiere im Vergleich,
- der Fisch,
- Angepasstheit an das Leben im Wasser,
- Wasserpflanzen und die Zonierung von Bachpflanzen.

Die Schüler*innen haben zunächst bei einer Orientierungsexkursion die Gelegenheit, den Bach, die verschiedenen Abschnitte des Baches, die Tiere und die Umgebung des Baches zu erleben und erstmals kennenzulernen. Für die Projektwoche werden unterschiedliche Tätigkeiten geplant und angeboten.

Die PERZEPTIVE TÄTIGKEIT ermöglicht am außerschulischen Lernort ›Bach‹ ein unmittelbares Erleben. Das Wahrnehmen als Tätigkeit ist dabei unterschiedlich komplex, vom sinnlich-konkreten Erfassen des Wassers (fühlen, sehen, hören), über das Sehen des Bachlaufs bis dahin, den Bachlauf nach verschiedenen Abschnitten (natürlich belassen, begradigt und renaturiert) unterscheiden zu können. Damit einher geht, das Ufer und die Ufergestaltung zu begutachten.

Das MANIPULIEREN UND AGIEREN MIT OBJEKTEN erfolgt mit dem Ziel, bspw. Wasserproben mit Kleinstlebewesen und Pflanzen für eine spätere Analyse zu nehmen.

Das SYMBOLISIEREN erfolgt in Form von Fotos und selbst angefertigten Zeichnungen des Baches und der Abschnitte des Bachlaufes als Dokumentation und für die weitere Analyse und Bearbeitung.

Weitere Differenzierungen: Grundlegende Begriffe werden festgelegt, mit denen die Mehrzahl der Schüler*innen operieren soll. Verschiedene Kommunikationsmodi/Zeichen sind dabei zu berücksichtigen, z. B. Fotos, Bilder und Bildfolgen, Piktogramme, Schriftsprache, Lautsprache, Gebärden, Medien im Kontext unterstützter Kommunikation u.v.m. So sind Fotos und Bilder vom Bach mit den jeweiligen zu differenzierenden Streckenabschnitten, dem Ufer, der Uferbepflanzung, den Pflanzen und Tieren für die Arbeit der Schüler*innen bereitzustellen.

Dimensionen der Mehrdimensionalen reflexiven Didaktik 153

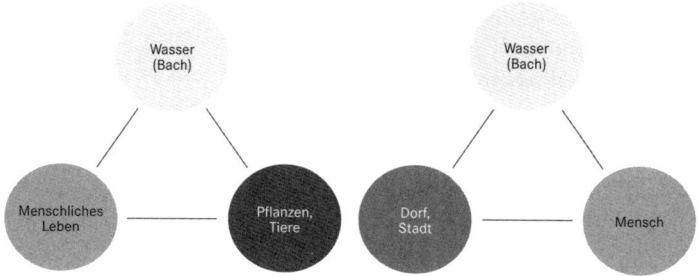

Abb. 13: Keimzell-Modelle

Folgende KEIMZELLEN dienen den Schüler*innen zur Orientierung:
Die Keimzellen lassen Forschungsfragen zu wie:
- Welche Bedeutung hat der Bach für den/die Menschen?
- Welche Pflanzen und Tiere sind am Bach und im Bach zu finden?
- Welche Bedeutung haben sie für das Ökosystem bzw. für den Menschen?
- Wie hat der Mensch den Bach verändert?
- Welche Konsequenzen hatten diese Veränderungen für die Menschen und das Dorf/die Stadt? – Welche Konsequenzen haben sie bis heute noch?

Die Schüler*innen erwerben sowohl zu den inhaltlichen Zusammenhängen Erkenntnisse als auch Metakompetenzen, die sich auf den Forschungsprozess als solchen beziehen. So klären sie folgende Fragen:
- Wer untersucht?
- Was wird untersucht?
- Welche Methoden wollen wir für die Untersuchung nutzen?
- Wer bildet mit wem Forscher*innengruppen?
- Zu welchen Erkenntnissen sind wir gekommen?
- Wie sollen die Erkenntnisse dokumentiert werden?
- Wie sollen die Erkenntnisse präsentiert werden?
- Wie bewerten wir die Erkenntnisse?
- Was werden wir zukünftig bei ähnlichen Forschungen verändern?

Das Modell des Bachlaufs mit den verschiedenen Bachabschnitten wird zum materialisierten Erarbeiten angeboten. Damit werden folgende Experimente durchgeführt:

- zur Fließgeschwindigkeit von Wasser,
- zur Wassergüte,
- zum Wasserkreislauf,
- zu Kleinstlebewesen im Bach.

Diese finden entweder im Lernlabor bzw. am Bach statt oder im Klassenraum. Sie sind für kooperatives Arbeiten geeignet.

Außerschulische Lernorte bieten Gelegenheiten zu gemeinsamen Erlebnissen und verschiedenen Tätigkeiten wie: perzeptive Tätigkeit, Manipulieren und Agieren mit Objekten, Symbolisieren und Experimentieren.

Ergebnis des Projekts sind erstellte Lernplakate zu den jeweils erarbeiteten Modulen. Die Plakate werden am letzten Projekttag in der Schule (vor anderen Klassen) präsentiert.

4.2.5.4 Spezielle didaktische Konzepte

Im sonderpädagogischen Kontext sind spezielle didaktische Konzepte entwickelt worden, etwa ›Bildung mit ForMat‹ und ›Elementarisierung‹.

BILDUNG MIT FORMAT nimmt den Ausgangspunkt in der ›kategorialen Bildung‹ Wolfgang Klafkis und der Kritik an der Schulpraxis von Schüler*innen mit ›geistiger‹ bzw. ›schwerer‹ Behinderung. Die Schulpraxis hält zumeist einseitig (Lamers/Heinen 2006, 144) spezielle Inhalte für diesen Personenkreis vor. So überwiegen formale Inhalte, die die Ausbildung von Fähig- und Fertigkeiten betreffen, welche sich vornehmlich auf die Selbstständigkeit und die unmittelbare Lebenspraxis beziehen. Materiale Bildungsangebote werden kaum oder gar nicht angeboten. Die so genannten ›anspruchsvollen‹ und aus den Unterrichtsfächern abgeleiteten Gegenstände wie bspw. naturwissenschaftliche, literaturwissenschaftliche, politische, rechtliche und sozialwissenschaftliche Fragestellungen und Zusammenhänge, die v. a. in der Sekundarstufe bzw. weiterführenden Schulen in den Fokus rücken, gelten oftmals für den oben genannten Personenkreis als nicht fassbar oder nicht relevant. Dieser Geringschätzung soll mit dem Konzept ›Bildung mit ForMat‹ begegnet werden, indem formale und materiale Bildungsangebote miteinander verknüpft werden. Um dem zu entsprechen, wird häufig das Konzept der ELEMENTARISIERUNG empfohlen. Es knüpft an die Bildungstheorie Wolfgang Klafkis an und stellt das Verhältnis von materialem Bildungsinhalt und dem Zugang der

Schüler*innen zu diesem ins Zentrum. Die Frage nach dem ›Elementaren‹ wurde zunächst in der Religionsdidaktik aufgegriffen. »Nipkow (1986) versteht Elementarisierung als Verschränkung von vier Elementarisierungsrichtungen, die zusammen ein mehrperspektivisches Modell bilden« (Heinen 2017, 64). Diesen vier Elementarisierungsrichtungen fügt Heinen eine fünfte hinzu, die der »Elementaren Vermittlungs- und Aneignungswege« (ebd.). Elementarisierung meint nicht Vereinfachung, Komplexitätsreduktion oder Simplifizierung, sondern abgeleitet vom lateinischen Begriff ›elementum‹, in der Bedeutung von ›Grundstoff‹ »fragt die Elementarisierung mehrperspektivisch nach den konstitutiven und interdependenten Grundbestandteilen von Unterricht«, so Heinen (ebd.).

Die fünf Elementarisierungsrichtungen können wie folgt unterschieden werden:

- *Elementare Strukturen* richten sich auf die »Identifizierung elementarer Strukturen von Bildungsinhalten« (ebd.), auf die Inhalte, den Gegenstand. Elementarisierung kann auf unterschiedliche Art und Weise erfolgen, z. B. durch
  - Adaption: Was ist ähnlich?
  - Modifikation: Was ist veränderbar?
  - Maximierung: Was kann hinzugefügt werden?
  - Minimierung: Was kann weggenommen werden?
  - Substitution: Was kann durch etwas anderes ersetzt werden?
  - Rearrangierung: Können einzelne Bausteine ausgetauscht werden?
  - Reihenfolge: Gibt es eine feste Folge der einzelnen Bestandteile?
  - Umkehrung: Was ist das Gegenteil?
  - Kombination: Welche Einheiten oder Bestandteile können in Beziehung zueinander gesetzt werden? (vgl. Heinen 2003, 133)
- *Elementare lebensleitende Grundannahmen* richten sich auf den »Adressatenkreis didaktischer Bemühungen« und auf die »Auswahlproblematik, die sich unter inhaltlichen und anthropologischen Aspekten stellt« (ebd., 64). Der Mensch in seiner Lebenswelt und unter Berücksichtigung seiner Lebensgeschichte tritt in den Mittelpunkt.
- *Elementare Erfahrungen* richten sich konkreter noch auf das »Existentiell-Konkrete« (vgl. ebd.). Hierbei geht es um die Beziehung der Schüler*innen zum Gegenstand, welche bei Klafki im Sinne der ›doppelseitigen Erschließung‹ auftaucht.

- *Elementare Zugänge* fragen nach den »individuellen (entwicklungs-) psychologischen Voraussetzungen der Adressaten« (ebd., 65).
- *Elementare Vermittlungs-/Aneignungswege* fragen nach Methodenentscheidungen (vgl. ebd.).

Das Konzept der Elementarisierung richtet sich sowohl auf den Inhalt als auch auf die Schüler*innen. Sichtbar werden entsprechend Wolfgang Klafkis Theorie und Perspektivenschema der Unterrichtsplanung (vgl. Klafki 2007, 272) im Kontext der Elementarisierungsrichtungen folgenden Bestimmungsstücke der Planung:
- Elementare Strukturen entsprechen dem Inhalt bzw. der thematischen Strukturierung, zugleich der exemplarischen Bedeutung.
- Elementare lebensleitende Grundannahmen entsprechen dem Begründungszusammenhang im Kontext der Bedingungsanalyse, der sozio-kulturellen Ausgangsbedingungen im Verhältnis zur inhaltlichen Auswahl.
- Elementare Erfahrungen entsprechen der »doppelseitigen Erschließung«, der Sache für die Schüler*innen und der Schüler*innen für die Sache, darüber hinaus der Gegenwarts- und Zukunftsbedeutung.
- Elementare Zugänge entsprechen der Zugänglichkeit der Schüler*innen, den individuellen Voraussetzungen.
- Elementare Vermittlungs-/Aneignungswege entsprechen der Lehr-Lern-Prozessstruktur von Unterricht.

Das Konzept der Elementarisierung wird v. a. bei der Analyse und Veränderung der Sachstruktur herangezogen. Bislang fehlt es jedoch an der weiteren theoretischen Durchdringung und schulpraktischen Anwendung des Konzeptes. Heinen kritisiert selbst:

»Zwar durchbricht die Elementarisierung, indem sie Fachwissenschaft und Mensch als gleichberechtigte und interdependente Partner im Verstehensprozess sieht, die durch das Primat des Inhaltes aufgestellten Barrieren … Dennoch ist es bisher nur bedingt gelungen die fünf Elementarisierungsrichtungen so weiterzuentwickeln, dass alle Aspekte gleich ausdifferenziert und theoretisch fundiert sind, um als gleichbedeutende interdependente Entscheidungsfelder wirken zu können.« (Heinen 2017, 65)

Insbesondere wird mit der ersten Elementarisierungsdimension der ›elementaren Strukturen‹ gearbeitet.

Auch wenn diese ggf. dabei unterstützt, den Lerngegenstand entsprechend der Diversität der Schüler*innen zu verändern, stellt sich die Frage nach dem Kern des Gegenstands bzw. nach dem ›gemeinsamen Gegenstand‹. Diese Frage wird im Konzept der Elementarisierung nicht berücksichtigt. Auch das Verhältnis zu den anderen Elementarisierungsebenen, v. a. denen, die sich auf die Seite der Schüler*innen beziehen, bleibt unbeantwortet. Somit besteht die Gefahr der isolierten Betrachtung der Ebenen. Für den inklusiven Kontext scheint das Konzept zunächst geeignet und schnell umsetzbar. Es wird jedoch nur dann sowohl den Schüler*innen als auch dem Gegenstand gerecht, wenn alle Ebenen in ihrem Verhältnis zueinander berücksichtigt werden und darüber hinaus das Gemeinsame (Kern des Gegenstands; grundlegende Zusammenhänge und Begriffe, …) in den Fokus tritt.

Im Folgenden soll ein spezielles Konzept, das für Kinder und Jugendliche entwickelt wurde, die unter den Bedingungen von Behinderung leben, dargestellt werden, da dieses in der Schulpraxis mehr und mehr Berücksichtigung findet.

TEACCH *(Treatment and Education of Autistic and related Communication handicapped Children)* ist ein Modell der Strukturierung und der individuellen Unterstützung von Kindern, Jugendlichen und Erwachsenen. Es wurde vordergründig für Menschen im Autismus-Spektrum entwickelt, findet aber auch Einsatz bei ›kommunikationsbeeinträchtigten Menschen‹ und Menschen, die unter den Bedingungen von geistiger Behinderung leben. Spezielle Hilfsmittel zur Orientierung in der Welt, zur Strukturierung von Handlungen und Aktivitäten der Personen sollen diese zu mehr Selbstständigkeit befähigen. An einem vorbereiteten Arbeitsplatz, nach vorgegebener Reihenfolge sollen die gestellten Aufgaben bewältigt werden. Eigenes Planen, Gestalten und Bewerten ist dabei meist nicht vorgesehen. Auch der Transfer auf Aufgaben und Situationen außerhalb des durch TEACCH strukturierten Rahmens bleibt zumeist unberücksichtigt. Die Arbeit am strukturierten Arbeitsplatz oder im Raum erfolgt individuell und nach Anleitung.

Zu konstatieren ist, dass das Konzept für eine gewisse Zeit Stabilität, Orientierung und Handlungsmöglichkeiten bieten kann. Nur durch genaues Beobachten und verschiedene Möglichkeiten der Unterstützung in der ›Zone der nächsten Entwicklung‹ sind Entwicklungspotenziale zu erkennen, die darüber hinausweisen und Bildung und Erziehung in umfassender Art und Weise ermöglichen, was Selbstbildung, Mitbestimmungsfähigkeit und Selbstverwirklichung beinhaltet. Diesbezüglich und bezüglich der Maßgabe der »Kooperation am Gemeinsamen Gegenstand« (Feuser 1995, 2011) sollte das Konzept eine Weiterentwicklung erfahren.

4.2.5.5 Medien, Lehr- und Lernmaterialien

Lehr- und Lernmaterialien bzw. Medien werden von Lehrpersonen und Teams immer wieder als besonders bedeutsam für den Unterricht hervorgehoben. Die Frage, wie und in welcher Form sich die Schüler*innen mit dem Lerngegenstand (Sache) auseinandersetzen sollen und können hat lange Tradition. Bereits in »altgriechischer Zeit sind Demonstrations- und Übungstafeln aus Wachs, Ton und Holz bekannt« (Tulodziecki 2009, 291), später konnte auf Papier (Bild, Schrift) zurückgegriffen werden – und die Entwicklung von Fotografie, Film, Radio, Fernsehen, Computer und Internet beeinflusste auch die Art und Weise, wie Lerninhalte präsentiert wurden und werden. Auf das Verhältnis von Erfahrung und Lernen verweist Tulodziecki (ebd.). Er kennzeichnet vier Formen der Erfahrung:

»(1.) die reale Form: diese ist z. B. beim Handeln in der Wirklichkeit, bei der personalen Begegnung mit Menschen oder beim realen Umgang mit Sachen gegeben; (2) die modellhafte Form: diese liegt z. B. beim Umgang mit Modellen oder beim simulierten Handeln im Rollenspiel vor; (3) die abbildhafte Form: diese entspricht z. B. der Information mit Hilfe realgetreuer und schematischer Darstellungen; (4) die symbolische Form: diese besteht z. B. in der Information durch schriftliche und mündliche verbale Darstellungen.« (ebd.)

Diese Differenzierung entspricht in etwa den verschiedenen Aneignungsebenen, wie sie bspw. in der »entwicklungslogischen Didaktik« (Feuser 1995, 2011) aufgeführt sind und für den Unterricht genutzt werden können.

»Kommunikationstheoretisch betrachtet sind MEDIEN strukturelle Elemente einer Kommunikation« (Meschenmoser 2011, 264). Es wird zwischen direkter und indirekter Kommunikation unterschieden. Direkte Kommunikation findet zwischen Personen statt und indirekte Kommunikation auf der Basis eines Mediums (vgl. ebd.). Medien werden im Unterricht in unterschiedlicher Art und Weise eingesetzt. Es gibt immer wieder Versuche, diese Unterrichtshilfen zu klassifizieren. Ein Beispiel dafür ist die Unterscheidung nach »offenen und geschlossenen Medien« (ebd. mit Verweis auf Sesink). Dabei wird mit ›geschlossenen Medien‹ bezweckt, Lernprozesse in Lernschritte und Lernziele zu zergliedern, Lernen durch Vorstrukturierung und Kontrolle zu bestimmen, wogegen ›offene Medien‹ Selbstständigkeit und die kreative Gestaltung von Lernsituationen unterstützen.

Medien vermitteln Informationen, so die kommunikationswissenschaftliche Sicht. Darüber hinaus bieten sie den Schüler*innen eine Möglichkeit, sich die Lerngegenstände auf unterschiedliche Art und Weise zu erschließen. Reale Gegenstände, Modelle, Bilder, Schrift und andere symbolische Darstellungen (z. B. Formeln) bieten jeweils unterschiedliche Möglichkeiten, sich den Gegenstand zu erschließen und sich mit diesem auseinanderzusetzen.

Interaktive bzw. digitale Medien setzen die Vorstellung von realen Gegenständen, Sachverhalten und Personen als gegeben voraus.

Interaktive Medien, digitale Medien und neue Medien sind Begriffe, die zumeist synonym gebraucht werden und Möglichkeiten zur Gestaltung von Lehr- und Lernprozessen bieten.

Medienbildung und Medienpädagogik sind in den letzten Jahren bedeutsame Wissensgebiete, die sich mit der Bedeutung von medialen Zugängen in pädagogischen Kontexten auseinandersetzen. Im inklusiven Kontext ist die Frage nach universellem und individuellem Einsatz gefragt. Teilhabe (und damit Barrierefreiheit), Selbstbestimmung und Kommunikation sind dabei maßgeblich.

Neue Medien bieten die Chance zu Interaktivität, Multimedialität, Anpassungsfähigkeit und Bildung von Hypertexten als vernetzte Strukturen (vgl. ebd.). Interaktive Medien bieten die Möglichkeit des Dokumentierens, Reservierens, Korrigierens (vgl. ebd., 266). Die zukünftige Entwicklung sieht Meschenmoser im kooperativen Lernen in vernetzten Systemen (ebd., 268). Diese Vernetzungen ergeben sich dann nicht nur im Kontext der Klasse oder Schule, sondern auch mit außerschulischen Partner*innen.

Die Herausforderung besteht, einen Gegenstand/eine Sache des Lehrens und Lernens mit möglichst verschiedenen Medien bzw. Lehr- und Lernmaterialien zur Verfügung zu stellen, um der Heterogenität einer Gruppe oder Klasse gerecht zu werden. Leitende Fragen:

Was kann dargestellt und angeeignet werden durch
- die reale Begegnung mit Dingen und Personen?
- konkrete Handlungen und Erfahrungen unter Berücksichtigung perzeptiver Tätigkeit?
- Modelle, Simulationen, experimentelle Erfahrungen?
- Fotografien, Bilder?
- Symbole, Schrift, Zeichen?

Universelle Designs sollen einen Zugang für alle Menschen bieten. Die modernen Informations- und Kommunikationstechnologien erreichen die schulischen, beruflichen und privaten Bereiche und werden gesellschaftlich und kulturell immer bedeutsamer. Medienkompetenz umfasst:
- technische Kompetenz (Fähigkeit zur Bedienung und Vermittlung),
- soziale Kompetenz (Fähigkeit, sich der medienadäquaten Kommunikationsformen bedienen zu können),
- kulturelle Kompetenz (Fähigkeit, sich verschiedener Aneignungsstrategien zu bedienen),
- reflexive Kompetenz (Fähigkeit, Informationen sachlich einschätzen und einordnen zu können) (vgl. Bosse 2012, 14).

Medienbildung ist Bildungsauftrag der Schule. Im Kontext »epochaltypischer Schlüsselprobleme« nimmt Wolfgang Klafki (2007, 59) die neuen Medien auf: »Ein viertes Schlüsselproblem sind die Gefahren und die Möglichkeiten der neuen technischen Steuerungs-, Informations- und Kommunikationsmedien«. Folgen werden für den Arbeitsmarkt, den Freizeitbereich und in der zwischenmenschlichen Kommunikation benannt (vgl. ebd., 60). Ein kritischer Umgang und die Auseinandersetzung mit Medien und deren Einsatz ist demnach für den Unterricht bedeutsam.

»Wir brauchen in einem zukunftsorientierten Bildungssystem auf allen Schulstufen und in allen Schulformen eine gestufte, kritische informations- und kommunikationstechnologische Grundbildung als Moment einer neuen Allgemeinbildung; ›kritisch‹, das heißt so, dass die Einführung in die Nutzung und in ein elementarisiertes Verständnis der modernen, elektronisch arbeitenden Kommunikations-, Informations- und Steuerungsmedien immer mit der Reflexion über die Wirkungen auf die sie benutzenden Menschen, über die möglichen sozialen Folgen des Einsatzes solcher Medien und über den möglichen Missbrauch verbunden werden.« (ebd.)

Eine Weiterentwicklung ist im Verhältnis »didaktischer Konzeptbildung und unterrichtlicher Erprobung« (ebd.) zu sehen.

Manfred Spitzer greift in *Digitale Demenz* (2012) in besonderer Weise die Gefahren auf, die mit der Nutzung digitaler Medien verbunden sind, so diese bspw. Suchtpotenzial bieten; Störungen im Bereich der Kognition, Aufmerksamkeit und Emotion auftreten können (vgl. Spitzer 2012, 7f.). Für die sich in Entwicklung befindlichen Kinder und Jugendlichen werden digitale Medien Auswirkungen haben. Spitzer beschreibt, dass sich die geistige Leistungs- und Kritikfähigkeit verringert, da zunehmend auf digitale Medien vertraut wird (vgl. ebd., 18).

Dennoch ist zu konstatieren, dass digitale Medien als kulturell bedeutsam aus dem Leben und Zusammenleben von Menschen nicht wegzudenken sind. Im Unterricht nehmen die neuen bzw. digitalen Medien eine je nach Intention; Eigeninteresse und Ausbildung der Lehrpersonen unterschiedliche Rolle ein. Potenziale und Gefahren sind gleichermaßen zu berücksichtigen.

Die Begriffe ›inklusives Design‹, ›universelles Design‹ und ›Design für alle‹ werden zumeist synonym gebraucht. »Das Konzept setzt den Fokus auf die Gestaltung von Produkten, welche von einer heterogenen Gruppe genutzt werden können, ohne dass eine Anpassung oder ein spezielles Design erforderlich wäre« (Bernasconi 2017, 39). Produkte sollen für alle Menschen nutzbar sein, d. h. der Individualität und Verschiedenheit von Menschen entsprechen, keine Sonderlösungen erfordern.

Auch wenn sich die Grundsätze auf Produkte aller Art, die Gestaltung von Lern- und Lebensräumen beziehen, können diese auch für Medien und deren Nutzung anwendbar gemacht werden. Sieben Prinzipien universellen Designs (Center for Universal Design 1997) sind maßgebend:

1. »Breite Nutzbarkeit durch Menschen mit unterschiedlichen Fähigkeiten.
2. Flexibilität in der Benutzung durch Anpassungsmöglichkeiten.
3. Einfache und intuitive Bedienung unabhängig von spezifischer Erfahrung, Wissen und Sprachfähigkeiten.
4. Sensorisch wahrnehmbare Informationen und Kompatibilität zu Techniken und Geräten, die von Menschen mit sensorischen Beeinträchtigungen genutzt werden können.
5. Hohe Fehlertoleranz der Produkte.
6. Niedriger körperlicher Aufwand bei der Nutzung alltäglicher Produkte.
7. Größe und Platz für Zugang und Benutzer mit unterschiedlicher Größe und Beweglichkeit.« (Bernasconi 2017, 39 f.)

Ein Produktdesign für alle unterstützt die gleichberechtigte Teilhabe und fördert die Entwicklungen im Kontext von Inklusion (vgl. ebd.).
Medien erfüllen dabei folgende Funktionen:
- Prozesse und Sachverhalte veranschaulichen, z. B. etwas erst sichtbar machen durch Zeitlupentechnik, Trickfilm, Vergrößerung;
- indirekte Erfahrungen da ermöglichen, wo unmittelbare Erfahrungen nicht oder nur unter größtem Aufwand zu realisieren wären;

- sozialen Austausch ermöglichen;
- Umgang mit verschiedenen Präsentationsformen, z. B. computerbasiertes Arrangieren von Bild und Schrift;
- Übernahme von Lehrfunktion, um phasenweise die Lehrpersonen zu entlasten;
- Unterstützung des Lernens durch Differenzierung und Individualisierung;
- Multiplikationseffekte für weitere Schüler*innen;
- eigene Aufzeichnung (vgl. Tulodziecki 2009, 294);
- Entwicklungs- und Fortschrittsdokumentation im Rahmen pädagogischer Diagnostik.

Medien unterstützen die Vermittlung und Aneignung, dienen dem Austausch im Lernprozess und der Präsentation der Ergebnisse. Sie werden selbst zum Gegenstand der kritischen Reflexion.

4.2.5.6 Rituale und Regeln

Eine »Regel ist eine aus bestimmten Regelmäßigkeiten abgeleitete, aus Erfahrungen und Erkenntnissen gewonnene, in Übereinkunft festgelegte, für einen Bereich als verbindlich geltende Richtlinie« (wikipedia.org/wiki/Regel_(Richtlinie)). Beispiele sind Regeln für das soziale Verhalten, Regeln für Kommunikation, Straßenverkehr, Abläufe, Spiele. Sie bestimmen verschiedene gesellschaftliche Bereiche.

Soziologisch betrachtet werden Regeln (oder Normen) stets reproduziert und existieren damit immer weiter. Pierre Bourdieu veranschaulicht soziale Verhältnisse als Spiel, dessen Spielregeln für alle maßgeblich sind. Jedes Feld, so auch das pädagogische, verfügt über Regeln, die für die Akteure gelten (vgl. Bourdieu 1987, 85 f.). Die Entstehung von Regeln oder wie und ob sie verändert werden können, wird meistens nicht hinterfragt. Im schulischen Kontext werden Regeln jeweils für und mit den Schüler*innen, aber auch mit Eltern bzw. als Regelwerk für alle Akteure der Schule vereinbart. Zumeist sind es Regeln für das soziale Verhalten, zu Kommunikation und Umgang.

In jeder Gemeinschaft, in jedem Zusammenleben, -lernen, -spielen und -arbeiten sind Regeln bedeutsam, sie sind durch das soziale Feld und die Formen sozialen Umgangs in einer Kultur (in Kulturen) bestimmt, entstehen aber auch durch Absprachen und Vereinbarungen. Sie steuern das Verhalten mit- und untereinander. Die in Entwicklung befindlichen Kinder und Jugendlichen werden zunehmend mit Regeln vertraut. In spielerischer Art und Weise lernen sie in Rollen- und Regelspielen die Sinnhaftigkeit von Regeln kennen, befolgen sie und erfahren, dass und wie sie Regeln verändern können. Nur gemeinsam erarbeitete Regeln sind für Schüler*innen sinnvoll. Regeln zielen auf verschiedene Bereiche des Zusammenlebens, so Kommunikation (z. B. *Wir hören uns zu!*), Respekt und Umgang miteinander (z. B. *Niemand darf verletzt werden!*), Reflexion (z. B. *Höre der Rückmeldung zu. Stelle erst dann Fragen!*). Zu viele und zu unterschiedliche Regeln überfordern die Schüler*innen. Zugleich sind gesetzte Regeln bzw. vereinbarte Konsequenzen im alltäglichen Prozess herausfordernd für Lehrpersonen, da sie Flexibilität unterbinden und durch ständige Kontrolle dazu herausfordern, sie zu überschreiten bzw. zu verändern.

Im gemeinschaftlich organisiertem Unterricht und im Schulalltag sind ohnehin Regeln durch das pädagogische bzw. didaktische Feld gesetzt.

Regeln sollen verlässliche Strukturen bieten, klar und eindeutig formuliert werden, auf Absprachen, Akzeptanz und Verständnis basieren, überprüfbar und veränderbar sein.

Beobachtete ›Regelverstöße‹ können unterschiedliche Ursachen haben: Unverständnis, Überforderung, Ambivalenz, fehlende Klarheit und Übersichtlichkeit, aber auch Dialog- und Kommunikationsbedürfnis, Bedürfnis nach Mitbestimmung und Beteiligung, nach Kooperation und Aktivität.

Neben Regeln sind im unterrichtlichen Kontext auch RITUALE (lat. *ritus,* engl.: *ritual* – religiöse Regel, Brauch, Sitte) gebräuchlich: Alle Kulturen entwickeln Zeremonien und Verhaltensweisen, die immer wiederkehren und über längere Zeiträume gleich bleiben, z. B. das Händeschütteln bei der Begrüßung. Rituale sind »sozial geregelte und von den Mitgliedern einer Gruppe, Institution oder Gesellschaft weitgehend gleichförmig ausgeführte Handlungsabläufe« (Schaub/Zenke 2000, 458), dienen der Vereinfachung und Stabilisierung des sozialen Handelns, kehren häufig wieder, schaffen Handlungskompetenz, geben Struktur und vermitteln ein Gefühl der Zugehörigkeit (vgl. ebd.).

In folgenden Situationen sind Rituale beobachtbar bzw. einsetzbar: bei Begrüßung, Verabschiedung, in anderen Kommunikationssituationen; bei Festen und Feiern usw. Im Unterricht und Schulalltag werden die immer wiederkehrenden Elemente eingesetzt, so z. B.:

- beim Wechsel von Phasen, Sequenzen oder Tätigkeiten, etwa um die Freiarbeit zu beenden und in die Pause zu gehen;
- beim Beginn oder Ende einer Phase, Sequenz, um eine Situation anzukündigen;
- um Aufmerksamkeit zu wecken, z. B. der Lehrperson zuzuhören;
- um durch bestimmte Bewegungsrituale Sicherheit zu geben, z. B. drei Runden laufen, bevor die erste Unterrichtssequenz beginnt;
- um durch Kontakt- und Kommunikationsrituale den Schulalltag zu beginnen und zu beenden;
- um Orientierung zu bieten, z. B. die Gruppe nach einem vereinbarten Zeichen/Ritual zu versammeln u. a. m.

Wie bei den Regeln dargestellt, können Rituale vereinbart, aber auch verändert werden. Sie können Schüler*innen z. B. im Autismusspektrum entgegenkommen und diese unterstützen. Sie bieten Orientierung und Struktur. Zugleich ist jedoch zu konstatieren, dass das Einsetzen von Regeln und Ritualen nur Mittel ist, um »die Welt zugänglicher zu machen« (Rödler 2017a, 23). Das Gleiche gilt für die vielfach im Kontext von Autismus empfohlenen Konzepte, wie TEACCH und PECs: »Ohne einen Sinn-ermöglichenden Dialog, den diese Methoden absichern können, werden diese Verfahren nur zu einer gesellschaftlich akzeptableren Form des Autismus.« (ebd.)

4.2.5.7 Raum und Zeit

Die Begriffe ›Raum‹ und ›Zeit‹ sind bislang als wissenschaftlicher Terminus in der Pädagogik (resp. der Erziehungs- und Bildungswissenschaft) noch kaum berücksichtigt. ›Raum‹ wurde in Kap. 4 in der Bedeutung von ›sozialem Raum‹ im Sinne Pierre Bourdieus verwendet. Dieser kennzeichnet ein ›Feld‹ als sozialen Raum, indem verschiedene Akteure aktiv sind und sich mit ihrem jeweiligen ›Kapital‹ und ihrem ›Habitus‹ in dieses einbringen und damit den ›Raum‹ als solchen erst schaffen. Die hier beteiligten Akteure, ihre Rollen und Beziehungen untereinander sind in Kap. 4.2.2 dargestellt. Der Raum existiert als physischer und als sozialer Raum und wird zeitlich strukturiert. Der Begriff der ›Zeit‹ wird in der Pädagogik z. B. durch das Merkmal sog. ›guten Unterrichts‹ im Sinne »effektiver Lernzeit« (Meyer) gebraucht. Dieser Terminus bleibt jedoch weitgehend unterbestimmt. Mit dem Soziologen Pierre Bourdieu ist zu konstatieren, dass menschliche

Praxis »zeitlich strukturiert« (Fröhlich/Rehbein 2014, 201) und »im Raum zu verorten« (ebd., 202) ist. »Weil sie selbst zeitlich strukturiert ist, vermag Praxis wiederum Zeit zu strukturieren« (ebd., 201). Die pädagogische Praxis ist zeitlich strukturiert, so z. B. durch die Schul-und Unterrichtszeiten. Zugleich strukturiert sie durch wiederkehrende Rhythmen und Abläufe, Rituale, Regeln und Gewohnheiten den sozialen Raum. Diese Prozesse des Lernens basieren auf Interiorisationen, die wiederum durch die Zeit bedingt sind. Durch Lernen und Entwicklung bildet sich der Habitus aus. Der Habitus selbst ist »als solche vergessene Geschichte« (ebd., 201), in ihm ist die »gesamte Vergangenheit« (ebd., 202), »die ihn erzeugt hat« (ebd.) aufgenommen. Für die pädagogische Arbeit ist damit die Lebensgeschichte und die unmittelbare Lebenswelt der Schüler*innen, deren Zugang zu sozialen Räumen, bedeutsam.

In schulischen Kontexten soll RAUM für alle Schüler*innen wahrnehmbar, erfahrbar und zugänglich sein und dialogische, kooperative und individuelle Lerngelegenheiten bieten. Räume können zu Aktivitäten, Handlungen und Tätigkeiten auffordern, aber auch die Möglichkeit des Rückzugs und der Ruhe bieten. Räume sind »Hybride aus materiellen Bedingungen und sozialer Nutzung« (Löw 2000, 119). Damit sind in der Schule folgende Perspektiven aufzunehmen:
- der physische Raum (z. B. Architektur, Schulräume, …);
- die Vorstellung von Raum, Erfahrbarkeit von Raum/Räumen (z. B. aus Perspektive der Schüler*innen);
- der Raum als sozialer Handlungsraum mit bestimmten Funktionen (z. B. vorbereitete Lernumgebung, Raum für Ruhe, Bewegungsraum, …)

An Pierre Bourdieu angelehnt, ist der SOZIALE RAUM sowohl ein »Raum von Unterschieden« als auch ein »Raum von Beziehungen« (vgl. Fröhlich/Rehbein 2014, 221). Die relationale dreifache Differenz des sozialen Raumes besteht:
- »in den sozialen Positionen durch Nähe, Nachbarschaft oder Entfernung zueinander,
- in den habitusbedingten Dispositionen,
- in den Positionen, die die sozialen Akteure selbst vornehmen.« (ebd., 222)

Damit ist der soziale Raum in der Schule ein Raum, der individuelles und gemeinsames Spielen, Lernen und Arbeiten gewährleisten kann und zugleich Differenzen und soziale Positionen (z. B. die Stellung in einer Klasse oder Gruppe) anzeigt. Eine Analyse der sozialen Positionen und der Beziehungen der Schüler*innen untereinander kann Lehrpersonen und Teammitarbeiter*innen hilfreiche Informationen über die Klassengemeinschaft bieten.

Neben der oben dargestellten soziologischen Sichtweise zum Phänomen des Raums wird diesem in der REGGIOPÄDAGOGIK (vgl. Göhlich 1998) besondere Bedeutung beigemessen. Sie wird bislang besonders im vorschulischen Bereich diskutiert. Grundelemente der Reggiopädagogik (benannt nach der norditalienischen Stadt Reggio Emilia) sind:
- das Bild vom Kind,
- die Bedeutung von Identität und Gemeinschaft,
- die Vorstellung von Bildung und Lernen,
- die Bedeutung von Projekten,
- die Rolle Erwachsener und
- die »Bildungsfunktion von Räumen (der Raum als dritter Erzieher)« (vgl. www.kindergartenpaedagogik.de/1138.html, abgerufen am 21.12.2017).

Neben den beiden Erzieher*innen in einer Gruppe kommen dem Raum als »drittem Erzieher« zwei Hauptaufgaben zu: Geborgenheit zu geben (Bezug) und Herausforderung (Stimulation) zu sein (vgl. ebd.).

Der Raum umfasst nicht nur die Räume in der Einrichtung und deren Ausstattung, sondern »auch das ganze von den Kindern (überwiegend fußläufig) erschließbare Umfeld ... Mit ihrer Präsenz im Alltagsleben der Stadt bringen sich Kinder in die Welt der Erwachsenen ein und kommunizieren mit ihr« (ebd.). Die Architektur der Einrichtungen soll Barrieren zwischen drinnen und draußen abbauen und der Eingangsbereich soll Besucher*innen einladen. In der Einrichtung

»... entwickelt sich ein interaktives, dialogisches Verhältnis zwischen den Kindern (aber auch den Erwachsenen) und dem räumlichen Ambiente ... Räume übernehmen verschiedene pädagogische ›Rollen‹ ... Sie sollen:
- eine Atmosphäre des Wohlbefindens schaffen, die sowohl Geborgenheit vermittelt als auch aktivierend wirkt;
- die Kommunikation in den Einrichtungen anregen;
- gegenständliche Ressourcen für Spiel- und Projektaktivitäten bereitstellen sowie
- Impulse geben für die Wahl von Kinderaktivitäten.« (ebd.)

Der Anspruch besteht, bei der Gestaltung der Räume von den Bedürfnissen der Kinder auszugehen:
- sich zurückziehen zu können, um Geborgenheit, Alleinsein, Nähe zu anderen zu erfahren;
- sich bewegen zu können;
- zu Tätigkeiten angeregt zu werden;
- zu Kontaktaufnahme, zum Mitmachen oder zum imitativen Handeln eingeladen zu werden;
- die Ästhetik und Sinnlichkeit des Raums zu erleben;
- Räume durch Mitgestaltung zu verändern; »zu etwas Eigenem zu machen.« (vgl. ebd.)

In der Reggiopädagogik wird der physische und der soziale Raum berücksichtigt, Letzterer durch eigene Wahlmöglichkeiten und das Schaffen von Nähe, Distanz und Gemeinsamkeit. Sowohl das Kind als Individuum als auch die Gemeinschaft steht im Mittelpunkt. Erwachsene (Erzieher*innen) sehen das Kind als Persönlichkeit und im »Besitz vielfältiger Potenziale« (ebd.), so ist es Forscher*in, Entdecker*in und Konstrukteur*in.

»Das Kind hat hundert Sprachen, in denen es sich ausdrücken kann, es verleiht auf kreative Weise seinem Eindruck über die Welt einen Ausdruck, sei es durch Worte oder durch Werke, die es gestaltet (Loris Malaguzzi) Kinder sind – ebenso wie Dichter, Musiker und Naturwissenschaftler – eifrige Forscher und Gestalter. Unsere Aufgabe besteht darin, die Kinder bei ihrer Auseinandersetzung mit der Welt zu unterstützen, wobei all ihre Fähigkeiten, Ausdrucksweisen und Kräfte eingesetzt werden (Loris Malaguzzi).« (vgl. ebd., 223)

Die Erzieher*innen sorgen für eine »positive emotionale Beziehung« (ebd.). Die in der Reggiopädagogik erarbeiteten und erprobten Prämissen haben für die erziehungs- und bildungswissenschaftliche Diskussion und die Schulpraxis höchste Bedeutung, werden jedoch bislang kaum berücksichtigt.

Auch bei MARIA MONTESSORI und ihrer Pädagogik hat der Raum als ›vorbereitete Umgebung‹ eine besondere Bedeutung. Die freie Wahl der Tätigkeit, des Raums, des Materials, der Zeit und der Partner*innen gilt als bedeutsam zum Finden des ›inneren Bauplanes‹.

Die bewusste Gestaltung des Raums zielt darauf, den Lernenden eine selbsttätige und selbstständige Auseinandersetzung zu ermöglichen. Eine Vielzahl von strukturierten und unstrukturierten Materialien stehen zur Verfügung. Der Raum ist so zu gestalten, dass der

Zugang zu ihm für alle Schüler*innen gesichert ist. Die Lernmaterialien sind erreichbar und entsprechen den individuellen Bedürfnissen und Interessen.

Zunehmend gewinnt die Architektur von Gebäuden und die Gestaltung von Räumen als Begegnungs- und Lernorte, Orte gemeinsamen und individuellen Tätigseins an Bedeutung. Eine neu gestaltete Schule in großzügiger Bauweise verfügt bspw. über offene und flexible Räume für die unterschiedlichen Aktivitäten und über Rückzugsmöglichkeiten für die Schüler*innen. In der Mitte des Gebäudes befindet sich neben der Bibliothek, dem Restaurant und der Aula ein Bewegungsparcours, der über die verschiedenen Ebenen und Etagen des Schulgebäudes verläuft und Möglichkeiten zum Klettern, Rutschen und Sich-Verkriechen in ›Höhlen‹ ermöglicht. Nach Betreten des Gebäudes erleben die Besucher*innen eine schöpferische Lernatmosphäre. Die Schüler*innen begegnen sich, führen Gespräche, arbeiten in kleinen Gruppen und können Angebote der Lehrpersonen wahrnehmen.

Sie haben stets die Möglichkeit, ihrem Bedürfnis nach Bewegung, nach Dialog und Kommunikation und nach verschiedenen Tätigkeiten nachzukommen.

Die Räume sind stets für alle zugänglich und offen. Die Lehrpersonen sind für bestimmte Räume und Lehrangebote verantwortlich. Ein Plan in der Aula gibt einen Überblick über alle Angebote des jeweiligen Tages. Die Schüler*innen wählen diese morgens allein oder mit Hilfe von Lehrpersonen aus. Sie entscheiden sich für Angebote und werden ggf. begleitet.

Neben den Lehr- und Lehrangeboten gibt es verschiedene Werkstätten, so z. B. für Musik, Kunst, Konstruktion, Literatur. In diesen kann eigenständig gearbeitet werden. In einem Logbuch vermerken die Schüler*innen ihre Aktivitäten. Die in den Werkstätten arbeitenden Gruppen bilden sich nicht nach Anweisung durch die Lehrpersonen, sondern durch die und nach den Interessen der Schüler*innen. So arbeiten in den Werkstätten zumeist Schüler*innen mit unterschiedlichen Ausgangsvoraussetzungen. Es entstehen Dialoge und Kooperationen, v. a. dann, wenn Probleme gelöst werden müssen.

Neben dem Raum als physischem und sozialem Raum der Möglichkeiten für Lernen und Entwicklung kommt der ZEIT besondere Bedeutung zu. Mit Wolfgang Kaempfer ist von einem »Doppelspiel der Zeit« (Kaempfer 1994, 9) auszugehen.

»Sie kehrt wieder, und sie kehrt zugleich nicht wieder … Die Zeit der Nichtwiederkehr ist die Zeit von Wachstum und Verfall, von Entstehen und Vergehen der Systeme, sie folgt der Linie der Geschichtszeit, sie ist irreversibel; die Zeit der Wiederkehr sorgt für die Erhaltung/Selbsterhaltung der Systeme, für die Regelmäßigkeit der Bahnen, die ein Planet um die Sonne zieht …, für den Stoffwechselzyklus der Lebewesen. Sie folgt der Linie einer Kreisbahn, sie schwingt, oszilliert. Sie ist reversibel. Im Regelfall werden beide Zeitbewegungen zugleich am Werk sein. Irreversible und reversible Zeit, Geschichts- und Verkehrszeit … das jegliches System in beide Richtungen zugleich treibt, in die Richtung von Entstehen und Vergehen und in die Richtung der Zyklen, über die es sich erhält.« (ebd., 9 f.)

Zeit »bedeutet ursprünglich teilen, zerschneiden … Erst die Fähigkeit, Zeitstrecken zu teilen, scheint zum Begriff der Zeit geführt zu haben« (ebd., 45).

»Der Rhythmus ist die uns nächste Form der Zeiterfahrung, und so kehrt er wieder in Musik und Tanz, im Schritt-, Laufrhythmus, in den Rhythmen unserer Tätigkeiten« (ebd.), im Herzrhythmus, Atemrhythmus usw. »Jeder Rhythmus, jede Schwingung, jedes Intervall kann als Zeit-Geber – als eine Uhr – verstanden werden, der den Ablauf, die Frequenz, die Einstellung, das Tempo eines Systems regelt« (ebd., 44). Zeiterfahrungen entstehen durch Wiederholbarkeit, Wiederkehr oder Unumkehrbarkeit von Zeitverläufen (ebd., 47).

Das Phänomen ›Zeit‹ erscheint in schulischen Kontexten vordergründig als Schulzeit, Lernzeit, Unterrichtszeit, Stundenrhythmus, Pausenzeit o. ä. Zeitliche Strukturierungen können Orientierung bieten, aber auch zu Isolationen führen, wenn z. B. den individuellen Zeiten und Rhythmen der Schüler*innen nicht entsprochen wird.

Inklusion ist mit der Herausforderung verbunden, die Verschiedenheit der Schüler*innen zu berücksichtigen. Schulen, die sich inklusiv verstehen, verweisen immer wieder auf deren verschiedene Tempi hin. In unterschiedlicher Schnelligkeit vollziehen sich Aneignungsprozesse. Kooperationen setzen Synchronisationen voraus.

In der REGGIOPÄDAGOGIK wird nicht nur dem Raum, sondern auch der Zeit besonderes Augenmerk gewidmet. Zeitlicher Rhythmus, eigenes Aktivitätstempo, das Bedürfnis nach An- und Entspannung findet in den reggionischen Einrichtungen Berücksichtigung. Zum einen bietet der zeitliche Rahmen Orientierung, zum anderen werden Zeiten geplant, die zur freien Verfügung stehen und von den Kindern flexibel genutzt werden können (vgl. www.kindergartenpaedagogik.de/1138.html, abgerufen am 21.12.2017).

Für die Schulpraxis können diese Ideen aufgenommen werden, um:
- gemeinsame Zeiten, z. B. für Projekte, und
- individuelle Zeiten, die von den Schüler*innen selbstständig genutzt werden, zu planen;
- den Tag gemeinsam zeitlich zu strukturieren und damit Orientierung zu bieten;
- durch Rituale den Wechsel von Zeiträumen und Aktivitäten anzuzeigen;
- zur Verfügung stehende Räume zeitlich (ggf. unterschiedlich) zu nutzen (z. B. für Bewegungs-, Spiel- und therapeutische Angebote, für individuelles und gemeinsames Lernen);
- dem Zeiterleben der Schüler*innen zu entsprechen;
- die Entwicklung von zeitlichen Vorstellungen (z. B. von Vergangenheit, Gegenwart und Zukunft; von Entstehen und Vergehen) zu ermöglichen.

4.2.5.8 Bewertung, Beurteilung und Einschätzung

Im schulischen Feld sind Bewertung, Beurteilung und Einschätzung auf die Schüler*innen und deren Produkte gerichtet, zumeist nicht auf den Lernprozess oder das Zustandekommen der Ergebnisse. Bewertungen finden zu Beginn, im Verlauf und am Ende pädagogischer unterrichtlicher Tätigkeit statt. Zugrunde liegen Erwartungen und Maßstäbe (z. B. Normen und Werte, vgl. Kornmann 2011, 269). Eine Kritik an ZIFFERNNOTEN wird seit Jahren geübt. Nach wie vor wird daran grundsätzlich festgehalten, sieht man vom Aussetzen der Ziffernnoten im Primarbereich einmal ab. Der auf Inklusion ausgerichtete Unterricht zielt darauf ab, die Kompetenzen der Schüler*innen einzuschätzen. Die Bewertung durch Ziffernnoten stellt sich als ungeeignet dar, um Entwicklungen und Kompetenzen abzubilden. Alternativen dazu sind Entwicklungsberichte, pädagogische Tagebücher, Beobachtungsbögen, Portfolios oder Kompetenzraster. Die Einschätzung und Bewertung sollte sich an der individuellen Bezugsnorm orientieren, an der Entwicklung, den Potenzialen und Möglichkeiten des Einzelnen.

ENTWICKLUNGSBERICHTE enthalten Einschätzungen zur sozialen Situation der Schüler*innen, die Resultate der Beobachtungen und vollzogene Entwicklungen. Sie sollten so formuliert werden, dass die Schüler*innen bzw. ihre Eltern diese lesen und verstehen können.

PÄDAGOGISCHE TAGEBÜCHER und BEOBACHTUNGSBÖGEN sind geeignete Möglichkeiten für die Lehrpersonen und Teammitarbeiter*innen im und nach dem Unterricht Entwicklungsfortschritte zu dokumentieren; durch Notizen und Anmerkungen im Team oder mit den Eltern Fragen zu formulieren und durch genaue Beobachtungen zu ggf. neuen Erkenntnissen zu kommen.

Portfolios sammeln und dokumentieren die Arbeitsergebnisse der Schüler*innen. Sie lassen Entwicklungsverläufe nachvollziehen. Die Sammelmappen können Grundlage für den Austausch der Lehrpersonen und Teammitarbeiter*innen mit den Schüler*innen bzw. den Eltern sein.

Ein Kompetenzraster besteht zumeist aus einer Matrix aller Kompetenzbereiche, die im Kontext eines Unterrichtsgegenstands zu erwerben sind. Die Bedeutung von Kompetenzrastern besteht v. a. darin, den Schüler*innen einen Überblick über zu erwerbende Kompetenzen zu geben, darüber hinaus sich zunehmend besser selbst einschätzen zu lernen bzw. in den Austausch mit den Lehrpersonen über erworbene und zu erwerbende Kompetenzen treten zu können.

Name				
Klasse	Fach/Fächer: Geografie/ Biologie			
Ich kann:				
Wasser sehen/ Bach erkennen	Bachlauf erkennen	Verschiedene Bachabschnitte erkennen	Bachabschnitte bezeichnen (natürlich, begradigt, renaturiert)	Auswirkungen der Veränderungen des Baches für den Menschen beschreiben
Wort ›Bach‹ verwenden	Bach beschreiben	Verschiedene Bachabschnitte am Modell erkennen	Uferzonen kennzeichnen	Bachlauf als Zeichnung erstellen und erklären
Tiere im Bach erkennen	Wasserprobe entnehmen	Wassergüte bestimmen	Wassergüte bewerten	Auswirkungen der Wassergüte auf Tier und Mensch erkennen
Pflanzen am Bach erkennen	Pflanzen auswählen	Pflanzenarten bestimmen und bezeichnen	Standorte der Uferbepflanzung beschreiben, ggf. zeichnen	Auswirkungen der Pflanzen am Ufer für Umfeld, Mensch und Tier erkennen

Abb. 14: Beispiel für ein Kompetenzraster

Kompetenzraster enthalten zumeist »Ich kann«-Formulierungen, was der ›Zone der aktuellen Entwicklung‹ entspricht. Erweitert werden kann dies durch die Kennzeichnung »Ich kann mit Unterstützung (Ich kann mit anderen gemeinsam …)«, was die ›Zone der nächsten Entwicklung‹ ausweist. Das ist eine Kompetenz im Werden, die sich als Entwicklungspotenzial zeigt.

Das Modell eines Kompetenzrasters kann sich grob an den curricularen Vorgaben und den unterrichtlichen Inhalten, zugleich an den Schüler*innen und deren ›Zone der aktuellen und der nächsten Entwicklung‹ orientieren. Im Rahmen einer pädagogischen Diagnostik können die Ausgangsvoraussetzungen, d. h. die ›Zone der aktuellen Entwicklung‹, bezüglich des Unterrichtsgegenstands erhoben werden. Neben dem fachlich-inhaltlichen Bereich sind auch Entwicklungsbereiche wie Kognition, Wahrnehmung, Sprache, Motorik u. a. m. für den Unterricht bedeutsam. Auch für diese Bereiche können Kompetenzraster erstellt werden.

Kompetenzraster				
Name	**Klasse**	**Fach/Fächer**		
Hört die wichtigsten Begriffe	Kann einzelne Begriffe benennen	Benutzt alle relevanten Begriffe mündlich	Benutzt alle relevanten Begriffe mündlich und schriftlich	Erkennt Zusammenhänge
Hört die Aufgabe	Liest und versteht die Aufgabe	Löst die Aufgabe mit Hilfe	Löst die Aufgabe selbstständig	Kann die Aufgabe anderen erklären
Kennt einzelne Begriffe	Beschreibt Vorgänge, Situationen und Erscheinungen	Erkennt Zusammenhänge und kann diese benennen	Kann mit Hilfe argumentieren	Kann fachlich selbstständig argumentieren
Arbeitet allein	Arbeitet mit einem Partner/einer Partnerin	Arbeitet mit Hilfe in der Gruppe	Arbeitet in der Gruppe und übernimmt Funktion	Reflektiert den Gruppenprozess
Beteiligt sich mit Hilfe an kooperativen Prozessen	Kennt verschiedene Rollen in kooperativen Prozessen	Übernimmt eine Rolle in kooperativen Prozessen	Übernimmt verschiedene Rollen in kooperativen Prozessen	Kann kooperative Prozesse organisieren

Abb. 15: Beispiel: Kompetenzraster Dialog/Kommunikation/Kooperation

Schüler*innen sind selbst EXPERT*INNEN FÜR DAS EIGENE LERNEN. Sie können oftmals selbst einschätzen, unter welchen Bedingungen sie am besten lernen können. Lerntempo, Aneignungswege, Kompetenzen und Ressourcen kommen dabei in den Fokus.

Regelmäßige Gespräche mit den Schüler*innen bzw. deren Beobachtung führen dazu, Lerngelegenheiten zu schaffen, die den Bedürfnissen der Schüler*innen entsprechen. Daraus ergeben sich weitere neue Differenzierungen des Unterrichts.

Differenzierung	Schüler*innenaussagen (Beispiele)
Lerntempo (schneller, langsamer, genau richtig)	»Ich lerne besser, wenn es langsamer geht.«
Sozialform (allein, mit anderen)	»Ich lerne besser in der kleinen Gruppe.«
Quantität (mehr, weniger)	»Mir ist das meistens zu viel.«
Aneignungsebene (Wahrnehmen, Agieren mit Objekten, Spiel, Experimentieren, ...)	»Ich lerne besser handlungsorientiert.«
Medien/Arbeitsmittel (Bücher, Computerprogramme, Modelle, ...)	»Ich lerne gut mit Computerprogrammen.«
Strukturierung (Anleitung, genaue Abfolge, Muster, ...)	»Ich lerne besser, wenn ich eine Vorlage habe.«
Unterstützung (Lehrkraft, Schulbegleitung, ...)	»Ich lerne am besten mit meiner Lehrerin zusammen.«

Abb. 16: Differenzierung – Schüler*innen als Expert*innen für das eigene Lernen

5 Planung und Planungshilfen

5.1 Unterrichtsplanung

Unterrichtsplanung (resp. Unterrichtsvorbereitung) ist die

> »... geistige Vorwegnahme künftigen Unterrichts. Indem Unterricht systematisch durchdacht wird, ermöglicht Planung eine langfristig konsistente Umsetzung pädagogischer Ideen ebenso wie sie die Projektierung einzelner Vorhaben und ihre materielle Vorbereitung erleichtert.« (Carle 2017, 233)

Im Allgemeinen wird Unterrichtsplanung verstanden als die Planung von Unterricht für eine Gruppe bzw. Klasse. Im Kontext von Inklusion kommt die Planung für einzelne Schüler*innen hinzu bzw. muss in die Gesamtplanung integriert werden. Zudem erfolgt die Planung nicht mehr nur durch die einzelne Lehrperson, sondern im Team bzw. in Abstimmung mit allen beteiligten Lehrpersonen bzw. Teammitarbeiter*innen. Eine besondere Herausforderung ist dabei die Interdisziplinarität.

Die Unterrichtsplanung erfolgt unter Berücksichtigung verschiedener Zeiträume. Zu unterscheiden sind langfristige Zeiträume »auf Basis gemeinsamer Leitziele« (Carle 2017, 233), mittelfristige mit der »Entscheidung für thematische Abschnitte« (ebd.), z.B. Projekte, und kurzfristige (z.B. Planung einer Unterrichtsreihe, einer Unterrichtseinheit, einer Unterrichtsstunde oder kurzzeitigen Sequenzen innerhalb einer Unterrichtsstunde). Kurzfristige Planungen folgen den Lernwegen der Schüler*innen und beziehen Differenzierungen von Lernangeboten ein.

Der Unterricht, der nicht in Stunden segmentiert ist, verlangt eine übergreifende Planung, z.B. zu einer thematischen Einheit, einer Epoche oder im Rahmen eines Projekts.

> »Entscheidungen sind zu treffen über die angestrebten Lehr-Lernziele; die Auswahl und Anordnung der Inhalte; die Verwendung von Methoden der Vermittlung; den Einsatz von Unterrichtsmitteln (Lehr-, Lern- und Arbeitsmittel, Arbeitsmaterialien); Formen der Interaktion und Kommunikation im Unterricht; Sicherung der organisatorischen Voraussetzungen.« (Sandfuchs 2011, 140)

Die Unterrichtsplanung für eine Klasse, Gruppe bzw. für den einzelnen Schüler/die Schülerin orientiert sich an dem Verhältnis von Schüler*innen und Sache/Gegenstand. Entsprechend Klafkis Analyse sind

Unterrichtsplanung

»Fragen zur Struktur des Inhalts, seine Bedeutung für Gegenwart und Zukunft der Lernenden und seine Exemplarität« (Sandfuchs 2011, 140 f.) zu klären.

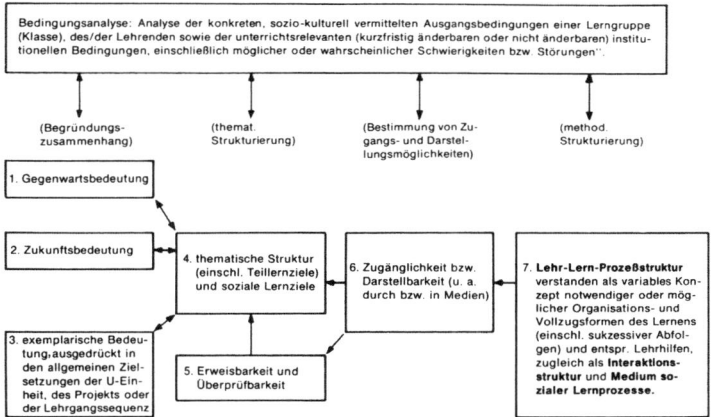

Abb. 17: (Vorläufiges) Perspektivenschema zur Unterrichtsplanung (Klafki 1985, 215)

Sandfuchs würdigt Klafkis Perspektivschema und merkt darüber hinaus kritisch an, dass das

»... Perspektivschema (ungewollt) den Eindruck (erweckt, d. V.) Unterrichtsplanung sei ohne Rückgriff auf fachdidaktische Konzepte möglich. Da jeder Unterricht fachlich determiniert ist (das gilt auch für den fächerübergreifenden Unterricht) kann die Frage nach dem Bildungswert von Unterrichtsinhalten, nach notwendigen Zielen von Unterricht nicht ohne Rückgriff auf fachdidaktische Kategorien beantwortet werden. Das gilt sowohl für die Fächer insgesamt als auch für einzelne Lernfelder innerhalb von Fächern« (ebd., 141).

Eine Sachstrukturanalyse, ebenso wie eine Handlungsstruktur- und Tätigkeitsstrukturanalyse, wie sie in der »entwicklungslogischen Didaktik« (Feuser 1995, 2011) Grundbestandteil ist, muss notwendiger Teil der Planung von Unterricht sein.

5.2 Didaktische Grundfragen

Didaktik umfasst stets die Fragen danach,
- was erreicht werden soll (Ebene des Ziels),
- warum etwas erreicht werden soll (Ebene der Motive) und
- wie etwas erreicht werden soll (Ebene der Konzepte und Methoden).

Werden die DIDAKTISCHEN GRUNDFRAGEN betrachtet, so ergeben sich mit Blick auf Inklusion folgende Konsequenzen:
- *Was?* Die Frage nach den *Inhalten* für alle Schüler*innen erweist sich durch die bestehenden unterschiedlichen Curricula für unterschiedliche Schulformen als schwierig. Die Inhalte sind entsprechend der Sachstruktur einer Analyse zu unterziehen.
- *Wie?* Die Frage nach *Methoden, Sozialformen, Medien* usw. muss dahingehend beantwortet werden, allen Schüler*innen geeignete Entwicklungs- und Lernmöglichkeiten zur Verfügung zu stellen. Gemeinsame und kooperative Arbeitsformen sollen dazu herausfordern, dass sich alle Schüler*innen als Unterstützung Gebende, Mitwirkende und als Unterstützung Empfangene erleben. Jede Schülerin und jeder Schüler soll beide Rollen (Unterstützung geben und empfangen) einnehmen können.
- *Wozu?* Die Frage nach den *Zielen* orientiert sich am Inhalt (s. o.) und an den Entwicklungs- und Lernmöglichkeiten jedes einzelnen Schülers, jeder einzelnen Schülerin. Die Ziele können individualisiert gestellt werden. Sie beziehen sich sowohl auf die fachlichen Aspekte (z. B. Sachkunde) als auch auf die Entwicklungsbereiche (z. B. Sprache, Kognition, Emotion, Wahrnehmung und Sozialverhalten).
- *Warum?* Die Frage nach den *Begründungen* für die Planungen und Vorhaben sollte sich nicht ausschließlich aus den Curricula ableiten lassen. Die Gegenwarts- und Zukunftsbedeutung und die exemplarische Bedeutung (vgl. Klafki) tritt dabei für alle Schüler*innen in den Vordergrund.
- *Wem?* Die Frage nach den *Adressaten,* d. h. den Schüler*innen mit ihren unterschiedlichen Entwicklungs- und Lernmöglichkeiten lässt sich durch eine dem Unterricht angepasste pädagogische Diagnostik beantworten. Es stellt sich dabei die Frage nach den Ausgangsbedingungen für Lernen und die Frage nach den Umfeldbedingungen,

etwa den die Schüler*innen umgebenden Lern- und Entwicklungsmöglichkeiten.
- *Wo?* Die Frage danach, in welcher *Umgebung* Lehr- und Lernprozesse stattfinden, ist zum einen von Inhalt und Zielen abhängig, zum anderen aber von den Interessen und Bedürfnissen der Schüler*innen.
- *Wann?* Die Frage nach der *Tages-, Wochen-* oder *Jahreszeit* ist von den Inhalten, den Zielen, aber auch den Schüler*innen und deren Interessen, Bedürfnissen und Möglichkeiten abhängig.
- *Wer?* Die Frage nach den *Rollen der Akteure* gewinnt in inklusiven Kontexten besondere Bedeutung, da zumeist mehrere Lehrpersonen oder Teammitarbeiter*innen in verschiedenen Rollen die unterrichtlichen Prozesse gestalten und evaluieren. So stellt sich die Frage danach, wie die verschiedenen Lehrpersonen oder Teammitarbeiter*innen kooperieren, wie Aufgaben aufgeteilt werden, wer in welchen Phasen des Unterrichts für die Schüler*innen Ansprechpartner*in ist usw.

5.3 Planungshilfen

Die MEHRDIMENSIONALE REFLEXIVE DIDAKTIK bezieht sich auf fünf unterschiedliche, ausführlich dargestellte Dimensionen. Die folgenden Planungshilfen bieten Lehrpersonen und Teammitarbeiter*innen Orientierung.

Thema: Frei wählbar je nach Klasse, Curriculum, Jahrgang, …

Ausgangssituation: Heterogenität der Klasse bzw. Gruppe/Anzahl/Differenzen/eigene Vorerfahrungen mit den Schüler*innen

Dimension I: Makrostrukturelle Aspekte
- Stellt *Inklusion* eine neue Herausforderung dar oder bestehen bereits Erfahrungen? Nach welcher (schul-)gesetzlichen Grundlage wird gearbeitet?
- Welche *kulturellen und gesellschaftlichen Normen und Regeln* werden an der Schule vermittelt? Wodurch ist die Schulkultur gekennzeichnet? Gibt es ein Schulkonzept? Wie ist dieses ausgerichtet?
- Welche *Bedingungen* sind durch Schulsystem und Einzelschule für den Unterricht gegeben?
- Wo ist im makrostrukturellen Bereich Veränderung notwendig?

Dimension II: Rollen der Akteure und Kooperationen
- Welche *Rolle* nehmen die Lehrpersonen ein (z. B. Klassenlehrer*in, Sonderpädagog*in stundenweise …)?
- Wie sind die *Aufgaben* im didaktischen Feld verteilt?
- Welche Akteure sind im didaktischen Feld tätig (z. B. Therapeut*innen, Schulbegleiter*innen)?
- Wie ist die *Planung, Durchführung* und *Evaluation* des Unterrichts organisiert (z. B. arbeitsteilig, in Kooperation)?
- Gibt es Raum und Zeit für gemeinsame Planung und Evaluation?
- Wie erfolgt die *Kooperation* der Akteure im didaktischen Feld?
- Wie erfolgt die Kooperation mit den *Eltern/Bezugspersonen?*

*Dimension III: Lehrpersonen und Teammitarbeiter*innen – Reflexion des Gesamtprozesses und Selbstreflexion*
- Wie sind die *Einstellungen* zu Inklusion?
- Wie ist die *Einstellung* zu den Schüler*innen?
- Wobei benötigen einzelne Akteure oder alle *Unterstützung?* Durch wen oder wodurch soll die Unterstützung realisiert werden?
- Wie kann eine *wertschätzende, positive Atmosphäre* in der Klasse/Gruppe geschaffen werden? Welche konkreten Möglichkeiten bietet ggf. dazu der Lerngegenstand?

*Dimension IV: Verhältnis Schüler*innen und Lerngegenstand*
- Welches *Thema* soll bearbeitet werden?
- Welches ist der *gemeinsame Gegenstand?*
- Welches sind *fachwissenschaftliche Grundlagen* (ggf. mehrere Fächer bzw. Wissenschaften/Sachstruktur)?
- Welches sind *zentrale Begriffe und Zusammenhänge?* (Keimzellmodell)
- Welche fachlichen *Ziele* werden verfolgt?
- Welche überfachlichen Kenntnisse, Fähig-, Fertigkeiten, *Kompetenzen* werden angezielt?
- Welche *entwicklungsbezogenen* Kenntnisse, Fähig-, Fertigkeiten, *Kompetenzen* werden angezielt?
- Welche *curricularen Bezüge* sind relevant?
- Erstellen Sie ein *Kompetenzraster* oder Kompetenzprofil zu einem der Kompetenzbereiche.
- Welche *kategorialen Schlüsselprobleme* (Klafki) werden berücksichtigt?

- Über welche aktuellen Denk-, Wahrnehmungs- und Handlungskompetenzen verfügen die Schüler*innen in der *Zone ihrer aktuellen Entwicklung*? Erfassen Sie diese im Bezug zum Thema.
- Welche *Entwicklungsbereiche* sind mit der Thematik und den anzuzielenden Kompetenzen gut zu vereinbaren (Sprache, Denken, Motorik, Emotion, Wahrnehmung, Sozialverhalten)?
- Über welche *Kompetenzen* verfügen die Schüler*innen bezüglich der Entwicklungsbereiche?
- Auf welche *Vorerfahrungen, Vorkenntnisse* und *Erlebnisse* kann bezüglich des Themas zurückgegriffen werden?
- Ist das Thema für alle Schüler*innen *zugänglich*?
- *Sinnhaftigkeit* der Thematik für die Schüler*innen?
- Welche *Bedeutung* hat die Thematik für die Schüler*innen heute und in Zukunft (didaktische Analyse – Klafki)?
- Welche *Bedürfnisse* und *Interessen* haben die Schüler*innen? Wie sind diese mit der Thematik zu verknüpfen?
- Über welche *führenden Tätigkeiten*, mit der sich die Schüler*innen vordergründig die Welt erschließen, verfügen sie?
- Welche *Anforderungen, Handlungen* bzw. *Aktivitäten* sind im Unterricht relevant? (Bspw.: Aufgaben verstehen und ausführen; den Verlauf eines Experiments nachvollziehen; etwas beobachten etc.) Verfügen alle Schüler*innen über die Möglichkeiten, diesen gerecht zu werden? Wie können sie individuell unterstützt werden?
- Welche *diagnostischen Verfahren* vor, während bzw. nach dem Unterricht sind geeignet, um den Kompetenzstand zu erheben und die Entwicklung der Kompetenzen zu begleiten? Entwickeln Sie dazu ggf. selbst diagnostische Vorgehensweisen.

Dimension V: Didaktische Gestaltung
- Wählen Sie ein *didaktisches Konzept* aus (z. B. Stationenlernen, Projektunterricht, Unterrichtsreihe, Wochenplan, frontale Unterrichtsphase, Freiarbeit, …)
- Welche *Methoden* sollen eingesetzt werden? (Bspw.: Erläutern, Skizzieren, Vortragen, Demonstrieren, Zeigen; zur Nachahmung auffordern, Beobachten, Mitmachen; Kooperieren, Beurteilen, Zusammenfassen, Feedback geben, Kontrollieren).
- Wie können Lehrpersonen/Teammitarbeiter*innen den Überblick über das *Gesamtgeschehen* behalten?

- Welche *Aufgaben* sollen gelöst werden? Wie können Aufgaben vorstrukturiert werden? Welche *Unterstützung* für die Lösungen können angeboten werden?
- Sollen Schüler*innen selbst entdecken und forschen? Welche Voraussetzungen sind dazu notwendig? (Bspw.: Fragen entwickeln, Probleme erkennen und lösen, Lösungen selbst suchen, Hypothesen bilden und überprüfen etc.)
- Wie können einzelne Schüler*innen beim Lernen unterstützt werden?
- Wie können die Schüler*innen durch Lehrpersonen/Teammitarbeiter*innen unterstützt werden?
- Wie unterstützen sich die Schüler*innen gegenseitig? Wie können *Lernpartnerschaften* gebildet werden?
- Wie können die Schüler*innen arbeitsteilig vorgehen?
- Wie kann die Gruppenbildung erfolgen?
- Wie soll die *Differenzierung* des Unterrichts erfolgen? Wählen Sie aus verschiedenen Differenzierungsmöglichkeiten aus. Berücksichtigen Sie verschiedene *Tätigkeiten* und *Aneignungsebenen*.
- Wie erfolgt die Ansprache der Schüler*innen (als Gruppe, individuell)?
- Welche *Lern-* und *Arbeitsmaterialien* werden den Schüler*innen zur Verfügung gestellt? (Bspw.: reale Gegenstände, Modelle, Arbeitsblätter unterschiedlichen Niveaus, Arbeitsblätter mit Visualisierungen, Sachlesebücher, Bücher, Blattsammlungen, Materialien zum eigenständigen Manipulieren/Agieren mit Objekten bzw. Experimentieren, Piktogramme; PC/Tablet und Lernprogramme bzw. Apps.). Erstellen Sie ggf. Lernmaterialien selbst und berücksichtigen Sie die Differenzierung des Unterrichts, z. B. durch Vorstrukturierung und Visualisierung von Arbeitsmaterialien. Erschaffen Sie Materialien, z. B. für Spiel; Dramatisierung, Theater. Erstellen Sie Sachlesebücher (Lesetexte auf unterschiedlichen Leseniveaus).
- Welches ist der geeignete *Lernort* (z. B. außerschulischer Lernort; Bibliothek; Funktionsraum; Klassenraum)?
- Wie kann der Lernort *strukturiert* werden, z. B. als Ort für gemeinsames und individuelles Arbeiten, für die Ablage von Unterrichtsmaterialien, die Nutzung vorhandener Medien?
- Wie erfolgt die *Orientierung* der Schüler*innen am Lernort? Erstellen Sie ggf. Materialien zur Unterstützung.

- Wie ist die *Zugänglichkeit* zum Lernort?
- Welche *Rituale* und *Regeln* sind mit den Schüler*innen gemeinsam zu vereinbaren bzw. zu entwickeln?
- Welche *Herausforderungen, Barrieren, Gefahrenpotenziale* bietet der Lernort?
- Welche physischen und psychischen Barrieren (Hindernisse) gibt es am Lernort, bezüglich des Lerngegenstandes? Wie sind diese zu beseitigen (zu überwinden)? Wie sind *Verletzungsrisiken* einzuschätzen? Welches Vorgehen gibt es bei Notfällen (z. B. Telefonnummern: Arzt)?
- Wie viel *Zeit* soll das Thema in Anspruch nehmen (z. B. Doppelstunde; Halbjahresprojekt mit XX Stunden)? Erstellen Sie einen Zeitplan mit den jeweiligen Aktivitäten und Handlungen.
- Wann und wie haben die Schüler*innen die Möglichkeit, die Zeit selbst zu nutzen? Wie werden die Schüler*innen dabei unterstützt?
- Rhythmisierung und Strukturierung des Unterrichts: Welche Handlungen und Aktivitäten wiederholen sich im Unterricht? Was kehrt zyklisch immer wieder (z. B. Ritual zu Unterrichtsbeginn)?

Formulieren Sie *Fach- und Entwicklungsanliegen* und zu erwerbende Kompetenzen.

Erstellen Sie eine *Verlaufsplanung*.

Wie soll der Unterricht *evaluiert* werden?

Abbildungen

Abb. 1:	Inklusion	8
Abb. 2:	Führende Tätigkeiten (nach Winther 2012, 271)	55
Abb. 3:	Entwicklungsstufen und Tätigkeiten (vgl. Manske, gemeinsam mit Obuchova, 2004, 48 ff.)	56
Abb. 4:	Motorische Grundeigenschaften (Zimmer 2004, S. 71)	81
Abb. 5:	Gesamtrahmen der Mehrdimensionalen reflexiven Didaktik	91
Abb. 6:	Dimensionen der Mehrdimensionalen reflexiven Didaktik	93
Abb. 7:	Dreidimensionale didaktische Struktur einer allgemeinen Pädagogik (Feuser 2011, 94)	113
Abb. 8:	Differenzierungsebenen	125 f.
Abb. 9:	Ontogenetische Entwicklung von einer Spielform zur nächsten (Zimpel 2011a, 106)	128
Abb. 10:	Geometrie – Aneignung von Winkeln	135
Abb. 11:	Geografie: Wasser ist Leben	135
Abb. 12:	Beispiel für ein Keimzellmodell (Geise 2014, 38)	149
Abb. 13:	Keimzell-Modelle	153
Abb. 14:	Beispiel für ein Kompetenzraster	171
Abb. 15:	Beispiel: Kompetenzraster Dialog/Kommunikation/Kooperation	172
Abb. 16:	Differenzierung – Schüler*innen als Expert*innen für das eigene Lernen	173
Abb. 17:	(Vorläufiges) Perspektivenschema zur Unterrichtsplanung (Klafki 1985, 215)	175

Literatur

Adam, H. (2008): Umstrittene Therapien und Fördermethoden. In: S. Nußbeck/A. Biermann/H. Adam (Hrsg.): Sonderpädagogik der geistigen Entwicklung. Göttingen u. a.: Hogrefe, 500–524

Amrhein, B. (2015): Diagnostik im Kontext inklusiver Bildung. Theorien, Ambivalenzen, Akteure, Konzepte. Bad Heilbrunn: Klinkhardt

Ayres, A. J. (2013): Bausteine der kindlichen Entwicklung. Berlin: Springer

Baacke, D. (1992): Die 6–12-jährigen. Einführung in die Probleme des Kindesalters. Weinheim: Beltz

Beck, I./Feuser, G./Jantzen, W./Wachtel, P. (2011): Vorwort der Gesamtherausgeber. In: A. Kaiser/D. Schmetz/P. Wachtel/B. Werner (2011): Didaktik und Unterricht. Stuttgart: Kohlhammer, 5–8

Becker, F. (2014): Heterogenität annehmen – inklusiv Sport unterrichten. In: B. Amrhein/M. Dziak-Mahler (Hrsg.): Fachdidaktik inklusiv. Auf der Suche nach fachdidaktischen Leitlinien für den Umgang mit Vielfalt in der Schule. Münster: Waxmann, 169–186

Bernasconi, T. (2017): Design. In: K. Ziemen (Hrsg.): Lexikon Inklusion. Göttingen: Vandenhoeck & Ruprecht, 39–41

–/Böing, U. (2015): Pädagogik bei schwerer und mehrfacher Behinderung. Stuttgart: Kohlhammer

Bitschnau, K. I. (2008): Die Sprache der Giraffen. Zur Qualität menschlicher Beziehungen. Wie die GfK Ihr Leben verändern kann. Paderborn: Junfermann

Boenisch, J. (2017): Unterstützte Kommunikation. In: K. Ziemen (Hrsg.): Lexikon Inklusion. Göttingen: Vandenhoeck & Ruprecht, 237 f.
Booth, T. (2014): Structuring knowledge for all in the 21 th Century. In: B. Amrhein/M. Dziak-Mahler (Hrsg.): Fachdidaktik inklusiv. Auf der Suche nach didaktischen Leitlinien für den Umgang mit Vielfalt in der Schule. Münster: Waxmann, 57–69
Bormann, S. (2004): Gal'perins Schule heute – neue Forschungen zum Verhältnis von Wissenschaft und Unterricht in der russischen Psychologie. In: W. Jantzen (Hrsg.): Die Schule Gal'perins. Tätigkeitstheoretische Beiträge zum Begriffserwerb im Vor- und Grundschulalter. Berlin: ICHS, Lehmanns Media, 53–150
Borst, E. (2016): Theorie der Bildung. Baltmannsweiler: Schneider Hohengehren
Boshowitsch, L. I. (2016): Etappen der Persönlichkeitsentwicklung in der Ontogenese (1. Teil, 2. Teil, 3. Teil): In: W. Lanwer/W. Jantzen (2016): Jahrbuch der Luria-Gesellschaft 2015. Berlin: Lehmanns Media, 83–120
Bosse, I. (Hrsg./2012): Medienbildung im Zeitalter der Inklusion. Düsseldorf: Landesanstalt für Medien Nordrhein Westfalen (LfM). Verfügbar unter: lfmpublikationen.lfm-nrw.de/modules/pdf_download.php?products_id=299 (Zugriff am 1.5.2017)
Bourdieu, P. (1983): Ökonomisches Kapital, kulturelles Kapital, soziales Kapital. In: R. Kreckel (Hrsg.): Soziale Ungleichheiten. Soziale Welt. Sonderband 2. Göttingen: Schwartz, 183–198
– (1987): Rede und Antwort. Frankfurt/M.: Suhrkamp
– (1992): Die verborgenen Mechanismen der Macht. Hamburg: VSA
– (2001): Wie die Kultur zum Bauern kommt. Hamburg: VSA
–/Waquandt, L. J. D. (1996): Reflexive Anthropologie. Frankfurt/M.: Suhrkamp
Brauner, D. J./Leitolf, J./Raible-Besten, R./Weigert, M. M. (Hrsg./2001): Lexikon der Presse- und Öffentlichkeitsarbeit. München: Oldenbourg
Bruner, J. S. (1971): Ein Überblick. In: J. S. Bruner/R. R. Olver/P. M. Greenfield (Hrsg.): Studien zur kognitiven Entwicklung. Stuttgart: Klett, 377–385
Buber, M. (1966): Ich und Du. Heidelberg: Lambert Schneider
– (1978a): Begegnung. Heidelberg: Lambert Schneider
– (1978b): Urdistanz und Beziehung. Heidelberg: Lambert Schneider
– (1978c): Zwiesprache. Traktat vom dialogischen Leben. Heidelberg: Lambert Schneider
– (1983): Ich und Du. Heidelberg: Lambert Schneider
– (1990): Reden und Gleichnisse des Tschuang-Tse. München: Insel
– (1992, 1994): Das Dialogische Prinzip. Gütersloh: Lambert Schneider
– (1999): Der Weg des Menschen nach der chassidischen Lehre. Gütersloh: Lambert Schneider
– (2000, 2005): Reden über Erziehung. Gütersloh: Lambert Schneider
Bundesministerium für Bildung und Frauen, Österreich (2014): Begleitheft zur DVD: Die Intelligenz der Praxis – Aus dem Archiv der Zukunft. Hamburg
Bundy, A. C. (2007): Sensorische Integration in der Schule. In: A. C. Bundy/S. J. Lane/E. A. Murray (Hrsg.): Sensorische Integrationstherapie. Theorie und Praxis 3. Heidelberg: Springer, 337–362
–/Murray, E. A. (2007): Sensorische Integration: Jean Ayres' Theorie aus heutiger Perspektive. In: A. C. Bundy/S. J. Lane/E. A. Murray (Hrsg.): Sensorische Integrationstherapie. Theorie und Praxis 3. Heidelberg: Springer, 1–76
Carle, U. (2017): Inklusive Schulentwicklung. In: K. Ziemen (Hrsg.): Lexikon Inklusion. Göttingen: Vandenhoeck & Ruprecht, 136–138
Cermak, S. A. (2004): Auswirkungen von Deprivation auf die sensorische Verarbeitung, Spiel, Praxis. In: S. S. Roley/E. I. Blanche/R. C. Schaaf (Hrsg.): Sensorische Integration. Grundlagen und Therapie bei Entwicklungsstörungen. Berlin/Heidelberg: Springer, 417–439
Crossley, R. (1997): Gestützte Kommunikation. Ein Trainingsprogramm. Weinheim: Beltz
Csikszentmihalyi, M. (1975): Das Flow-Erlebnis. Jenseits von Angst und Langeweile im Tun aufgehen. Stuttgart: Klett-Cotta

Damasio, A. R. (1996): Descartes' Irrtum. Fühlen, Denken und das menschliche Gehirn. München: List

Dederich, M. (2013): Philosophie in der Heil- und Sonderpädagogik. Stuttgart: Kohlhammer

– (2017): Differenzlinie Behinderung. In: K. Ziemen (Hrsg.): Lexikon Inklusion. Göttingen: Vandenhoeck & Ruprecht, 48 f.

–/Jantzen, W./Walthes, R. (2011): Sinnlichkeit. In: M. Dederich/W. Jantzen/R. Walthes (Hrsg.): Sinne, Körper und Bewegung. Stuttgart: Kohlhammer, 41–70

Eckardt, A. (2017): Kooperation mit Eltern. In: K. Ziemen (Hrsg.): Lexikon Inklusion. Göttingen: Vandenhoeck & Ruprecht, 156 f.

El'konin, D. B. (2010): Psychologie des Spiels. Berlin: Lehmanns Media

Feigenberg, J. (2011): Die Entwicklung der Bewegung. In: M. Dederich/W. Jantzen/R. Walthes (Hrsg.): Sinne, Körper und Bewegung. Stuttgart: Kohlhammer, 196–203

Fend, H. (2008): Schule gestalten. Systemsteuerung, Schulentwicklung und Unterrichtsqualität. Wiesbaden: VS

Feuser, G. (1989): Allgemeine integrative Pädagogik und entwicklungslogische Didaktik. In: Behindertenpädagogik, 1/28, 4–48

– (1995): Behinderte Kinder und Jugendliche zwischen Integration und Aussonderung. Darmstadt: WBG

– (2011): Entwicklungslogische Didaktik. In: A. Kaiser/D. Schmetz/P. Wachtel/B. Werner (Hrsg.): Didaktik und Unterricht. Stuttgart: Kohlhammer, 86–100

– (2013): Die »Kooperation am Gemeinsamen Gegenstand« – ein Entwicklung induzierendes Lernen. In: G. Feuser/J. Kutscher (Hrsg): Entwicklung und Lernen. Stuttgart: Kohlhammer, 282–293

– (2014): Bildung und Förderung im Kontext von Integration und Inklusion. Ein Essay. In: W. Lanwer (2014): Bildung für alle. Beiträge zu einem gesellschaftlichen Schlüsselproblem. Gießen: Psychosozial-Verlag, 13–56

– (2016a): Der Mensch zuerst! Das Aufsteigen vom Abstrakten zum Konkreten. Vortrag an der Universität zu Köln im Rahmen der Vortragsreihe »Erkenntnisgewinn am Einzelfall?« Aktuelle Ansätze in Pädagogik und Rehabilitation am 03.11.2016

– (2016b): Zur endlosen Geschichte der Verweigerung uneingeschränkter Teilhabe an Bildung – durch die Geistigbehindert-Macher und Kolonisatoren. In: E. Fischer/R. Markowetz (Hrsg.): Inklusion im Förderschwerpunkt geistige Entwicklung. Stuttgart: Kohlhammer, 31–73

– (2017a): Inklusion – Das Mögliche, das im Wirklichen noch nicht sichtbar ist. In: G. Feuser (Hrsg.): Inklusion – ein leeres Versprechen? Zum Verkommen eines Gesellschaftsprojekts. Gießen: Psychosozial, 183–286

– (2017b): Inklusive Pädagogik. In: K. Ziemen (Hrsg.): Lexikon Inklusion. Göttingen: Vandenhoeck & Ruprecht, 132–134

–/Ling, K./Ziemen, K. (2013): Geistige Behinderung als gesellschaftliche und soziale Konstruktion. In: G. Feuser/J. Kutscher (Hrsg.): Entwicklung und Lernen. Stuttgart: Kohlhammer, 345–356

–/Maschke, T. (Hrsg./2013): Lehrerbildung auf dem Prüfstand. Gießen: Psychosozial

–/Herz, B./Jantzen, W. (2014): Vorwort. In: G. Feuser/B. Herz/W. Jantzen (Hrsg.): Emotion und Persönlichkeit. Stuttgart: Kohlhammer, 9–12

–/Jantzen, W. (2014): Bindung und Dialog. In: G. Feuser/B. Herz/W. Jantzen (Hrsg.): Emotion und Persönlichkeit. Stuttgart: Kohlhammer, 64–90

Fornefeld, B.(2017): Komplexe Behinderung. In: K. Ziemen (Hrsg.): Lexikon Inklusion. Göttingen: Vandenhoeck & Ruprecht, 152–154

Friend, M./Cook, L. (2010): Interactions. Collaboration skills for school professionals. 6. Auflage, Boston: Pearson Education

Friesacher, H. (2008): Theorie und Praxis pflegerischen Handelns. Göttingen

Fröhlich, G./Rehbein, B. (2014): Bourdieu Handbuch. Leben – Werk – Wirkung. Stuttgart/Weimar: Metzler

Geise, C. (2014): Entwickelnder Unterricht in der Konzeption von Mariane Hedegaard. In: W. Jantzen (Hrsg.): Kulturhistorische Didaktik. Berlin: Lehmanns Media, 1–61
Giest, H. (2011): Das Lernen des Lernens. In: A. Kaiser/D. Schmetz/P. Wachtel/B. Werner (Hrsg.): Didaktik und Unterricht. Stuttgart: Kohlhammer, 202–205
Goffman, E. (1997): Wir alle spielen Theater. Die Selbstdarstellung im Alltag. München: Piper
Göhlich, M. (1998): Partecipazione, progettazione, centro linguaggi. Der reggianische Ansatz im Elementarbereich. Verfügbar unter: http://bidok.uibk.ac.at/library/beh1-98-ansatz.html (Zugriff am 3.8.2017)
Görner, H./Kempcke, G. (1976): Synonymwörterbuch. Leipzig: Bibliographisches Institut
Greb, U. (2012): Gesundheit und Krankheit. In: I. Beck/H. Greving (Hrsg.): Lebenslage und Lebensbewältigung. Stuttgart: Kohlhammer, 272–267
Greving, H. (2013): Grundfragen soziologischer und ökonomischer Dimensionen des inklusiven Unterrichts. In: G. Feuser/T. Maschke (Hrsg.): Lehrerbildung auf dem Prüfstand. Gießen: Psychosozial, 161–180
Heinen, N. (2003): Überlegungen zu einer Didaktik mit Menschen mit schwerer Behinderung. In: A. Fröhlich/N. Heinen/W. Lamers (Hrsg.): Schulentwicklung – Gestaltungs(t)räume in der Arbeit mit schwerstbehinderten Schülerinnen und Schülern. Düsseldorf: Selbstbestimmtes Leben, 121–144
– (2017): Elementarisierung. In: K. Ziemen: Lexikon Inklusion. Göttingen: Vandenhoeck & Ruprecht, 64–66
Hericks, U. (2013): »Allen alles dem Ganzen gemäß«. Die Idee einer Schule für alle bei Johann Amos Comenius. In: E. Rohrmann (Hrsg.): Aus der Geschichte lernen, Zukunft gestalten. Inklusive Bildung und Erziehung in Vergangenheit, Gegenwart und Zukunft. Marburg: Tectum, 15–30
Hermann, G./Riedel, H./Schock, R./Sommer, B. (1987): Das Auge schläft bis es der Geist mit einer Frage weckt. Krippen und Kindergärten in Reggio/Emilia. Berlin: Synanon
Herz, B. (2014): Emotion und Persönlichkeit. In: G. Feuser/B. Herz/W. Jantzen (Hrsg.): Emotion und Persönlichkeit. Stuttgart: Kohlhammer, 17–37
Heydorn, H.-J. (1994–1999): Werke in 9 Bänden. Hrsg. von I. Heydorn/H. Kappner/G. Koneffke/E. Weick. Vaduz: Topos
Hierdeis, H./Würker, A. (2010): Selbstreflexive Lehrerbildung. In: R. Göppel/A. Hirblinger/H. Hirblinger/A. Würker (Hrsg.): Schule als Bildungsort und »emotionaler Raum«. Opladen: Budrich, 175–197
Holzkamp, K. (1995): Lernen. Subjektwissenschaftliche Grundlegung. Frankfurt/M. u. a.: Campus
Hüther, G. (2011): Was wir sind und was wir sein könnten. Frankfurt/M.: Fischer
Huber, St. G.: Schulleitungen als Gestaltende inklusiver Schulentwicklung. In: Sonderpädagogische Förderung heute 62/2017, Weinheim: Beltz, Juventa, 121–136
Hurtig-Bohn, K. L. (2016): Sprechen und Denken, In: Zimpel, A. F.: Trisomie 21. Göttingen: Vandenhoeck & Ruprecht, 153–165
Jantzen, W. (1990): Allgemeine Behindertenpädagogik. Band 2. Weinheim u. a.: Beltz
– (2004): Die Schule Gal'perins. Tätigkeitstheoretische Beiträge zum Begriffserwerb im Vor- und Grundschulalter. Berlin: ICHS, Lehmanns Media
– (2007): Allgemeine Behindertenpädagogik. Teil 1 und 2. Berlin: ICHS, Lehmanns Media
– (2011): Körper, Selbst und (Ich-)Identität. In: M. Dederich/W. Jantzen/R. Walthes (Hrsg.): Sinne, Körper und Bewegung. Stuttgart: Kohlhammer, 15–40
– (2013):Die Idiotie ist nicht im Gehirn, sie ist nicht draußen und sie ist nicht drinnen – Edouard Seguin oder die Dechiffrierung einer Flaschenpost aus dem 19. Jahrhundert. In: E. Rohrmann (Hrsg.): Aus der Geschichte lernen, Zukunft zu gestalten. Inklusive Bildung und Erziehung in Vergangenheit, Gegenwart und Zukunft. Marburg: Tectum, 47–60
– (2015): Was sind Emotionen und was ist emotionale Entwicklung? In: W. Jantzen/W. Lanwer (Hrsg): Jahrbuch der Luria-Gesellschaft 2014, Berlin: Lehmanns Media, 14–52

- (2017): Intersubjektivität – eine tätigkeitstheoretische Perspektive. In: W. Jantzen/W. Lanwer (Hrsg.): Jahrbuch der Luria-Gesellschaft 2016. Berlin: Lehmanns Media, 77–90
Jödecke, M. (2002): Von Lew Vygotskij aufgegeben – von Wolfgang Jantzen entwickelt: Die Allgemeine Behindertenpädagogik. In: G. Feuser/E. Berger (Hrsg.): Erkennen und Handeln. Momente einer kulturhistorischen (Behinderten-)Pädagogik und Therapie. Berlin: Pro Business, 117–136
- (2008): Zum Problem von Entwicklung und Aufbau funktioneller Hirnsysteme. In: C. Manske (Hrsg.): Jenseits von PISA. Lernen als Entdeckungsreise. Berlin: Lehmanns Media, 261–267
- (2017): Therapie. In: K. Ziemen (2017): Lexikon Inklusion. Göttingen: Vandenhoeck & Ruprecht, 222–224
Johnson, D. W./Johnson, R. T. (1989): Cooperation and competition: Theory and research. Edina, MN: Interaction Book Company
-/Johnson, R. T. (2005): New developments in Social Interdependence Theory. In: Genetics, Social and General Psychology Monographs 4/131, 285–358
Kaempfer, W. (1994): Zeit des Menschen. Frankfurt/M. u. a.: Insel
Kaiser, Astrid (2011): Schlüsselprobleme. In: A. Kaiser/D. Schmetz/P. Wachtel/B. Werner (2011): Didaktik und Unterricht. Stuttgart: Kohlhammer, 157–168
Kaufhold, M (2007): Förderaspekte von Psychomotorik. Ursprünge – Weiterentwicklung – aktuelle Ansätze. Saarbrücken: VDM
Klafki, W. (1963): Das pädagogische Problem des Elementaren und die Theorie der Kategorialen Bildung. Weinheim u. a.: Beltz
- (1974): Studien zur Bildungstheorie und Didaktik. Weinheim u. a.: Beltz
- (1987): Neue Studien zur Bildungstheorie und Didaktik. Weinheim u. a.: Beltz
- (1996): Neue Studien zur Bildungstheorie und Didaktik. Weinheim u. a.: Beltz
- (2007): Neue Studien zur Bildungstheorie und Didaktik. Weinheim u. a.: Beltz
KMK (2004): Sekretariat der Ständigen Konferenz der Kultusminister der Länder der Bundesrepublik Deutschland. Standards für die Lehrerbildung: Bildungswissenschaften. Beschluss der Kultusministerkonferenz vom 16.12.2004
Kölner Stadtanzeiger (2017): Leben: Anarchie im Kopf. 16.5.2017, 2 f.
Korff, N. (2012): Inklusiver Unterricht – Didaktische Modelle und Forschung. In: R. Benkmann/S. Chilla/E. Stapf (Hrsg.): Inklusive Schule – Einblicke und Ausblicke. Immenhausen bei Kassel: Prolog, 138–157
Kornmann, R. (2011): Bewerten und Beurteilen. In: A. Kaiser/D. Schmetz/P. Wachtel/B. Werner (Hrsg.): Didaktik und Unterricht. Stuttgart: Kohlhammer, 269–273
Kron, F. W./Jürgens, E./Standop, J. (2007): Grundwissen Didaktik. München u. a.: Reinhardt
-/Jürgens, E./Standop, J. (2014): Grundwissen Didaktik. 6. überarb. Aufl., München: Reinhardt
Lamers, W./Heinen, N. (2006): »Bildung mit ForMat«. Impulse für eine veränderte Unterrichtspraxis mit Schülerinnen und Schülern mit (schwerer) Behinderung. In: D. Laubenstein/W. Lamers/N. Heinen (Hrsg.): Basale Stimulation. Kritisch – konstruktiv. Düsseldorf: Selbstbestimmtes Leben, 141–205
Langner, A. (2012): Inklusion – eine »enorme« Kraftanstrengung für Eltern. Bestandsaufnahme. Neu-Ulm: Spak
Lanwer, W. (2014a): Bildung für alle. Beiträge zu einem gesellschaftlichen Schlüsselproblem. Gießen: Psychosozial
- (2014b): Philosophisch-anthropologische Perspektiven auf Bildung für alle. In: W. Lanwer (2014): Bildung für alle. Beiträge zu einem gesellschaftlichen Schlüsselproblem. Gießen: Psychosozial, 57–86
Lehrpläne Förderschwerpunkt Geistige Entwicklung – Grund- und Hauptschulstufe: https://www.isb.bayern.de/foerderschulen/foerderschwerpunkte/geistige-entwicklung/lehrplan
Leont'ev, A. N. (1971): Probleme der Entwicklung des Psychischen. Berlin: Volk und Wissen

Lompscher, J. (2004): Lernkultur Kompetenzentwicklung aus kulturhistorischer Sicht. Berlin: ICHS, Lehmanns Media
Löw, M. (2006): Raumsoziologie. Frankfurt/M.: Suhrkamp
Luhmann, N./Schorr, K. E. (1999): Reflexionsprobleme im Erziehungssystem. Frankfurt/M.: Suhrkamp
Mahlau, K./Diehl, K./Voß, S./Hartke, B. (2011): Das Rügener Inklusionsmodell (RIM) – Konzeption einer inklusiven Grundschule. In: ZfH 11/2011, 464–472
Makarenko, A. S. (1974): Makarenko Werke, Bd. V. Berlin (DDR): Volk und Wissen
Manske, C. (2004): Entwicklungsorientierter Lese- und Schreibunterricht für alle Kinder. Die nichtlineare Didaktik nach Vygotskij. Weinheim u. a.: Beltz
– (2014): Inklusion – alle erfolgreich unterrichten. Auch Kinder mit Down-Syndrom brauchen einen Schulabschluss. Braunschweig: Westermann
Markowetz, R. (2012): Inklusive Didaktik (k)eine Neuschöpfung? Ein Beitrag zur didaktischen Diskussion über Gemeinsamen Unterricht. In: C. Breyer/G. Fohrer/W. Goschler/M. Heger/C. Kießling/C. Ratz (Hrsg.): Sonderpädagogik und Inklusion. Oberhausen: Athena, 141–160
Marvin, C. A. (1987): Consultation Services: Changing Roles for SLPs. In: Journal of Childhood Communication Disorders 11, 1–15
Maturana, H. R./Varela, F.J. (1987): Der Baum der Erkenntnis. Die biologischen Wurzeln des menschlichen Erkennens. Bern/München: Scherz
Mecheril, P. (2010): Migrationspädagogik. Weinheim u. a.: Beltz
Meschenmoser, H. (2011): Lernen mit interaktiven Medien. In: A. Kaiser/D. Schmetz/P. Wachtel/B. Werner (Hrsg.): Didaktik und Unterricht. Stuttgart: Kohlhammer, 264–268
Ministerium für Kultus, Schule und Sport Baden Württemberg (2009): Bildungsplan der Schule für Geistigbehinderte. Stuttgart: http://www.bildung-staerkt-menschen.de/unterstuetzung/schularten/SoS/SfGB/BPL_SchuleGeistigbehindert_online_oV.pdf, Zugriff am 10.8.2017
Montessori, M. (1976): Schule des Kindes. Montessori-Erziehung in der Grundschule. Freiburg: Herder
– (1997): Kinder sind anders. München: dtv
Musenberg, O./Riegert, J. (2015): Inklusiver Fachunterricht als didaktische Herausforderung. In: J. Riegert/O. Musenberg (Hrsg.): Inklusiver Fachunterricht in der Sekundarstufe. Stuttgart: Kohlhammer, 13–28
Obuchova, L. F. (1997): Einführung in das Problem der Entwicklungsaufgaben im Kontext der Theorie von Vygotskij und seiner Schule. In: Mitteilungen der Luria-Gesellschaft I/97 und II/97, 4–23 (übersetzt aus dem Englischen und bearbeitet von W. Jantzen)
Pfitzner, M./Veber, M. (2017): Inklusive Fachdidaktik Sport. In: K. Ziemen (Hrsg.): Lexikon Inklusion. Göttingen: Vandenhoeck & Ruprecht, 125–127
Pitsch, H.-J./Thümmel, I. (2015): Methodenkompendium für den Förderschwerpunkt geistige Entwicklung. Oberhausen: Athena
Prammer-Semmler, E. (2017): Heterogenität. In: K. Ziemen (Hrsg.): Lexikon Inklusion. Vandenhoeck & Ruprecht, Göttingen, 91 f.
Praschak, W. (2011): Bewegung und Handlung. In: M. Dederich/W. Jantzen/R. Walthes (Hrsg.): Sinne, Körper und Bewegung. Stuttgart: Kohlhammer, 93–101
Ratey, J. J. (2003): Das menschliche Gehirn. München: Piper
Reggio Children (1995a): Ein Ausflug in die Rechte von Kindern. Reggio Emilia
– (1995b): Springbrunnen. Die ungehörten Stimmen der Kinder. Le fontane edito. Reggio Emilia
– (1995c): Zärtlichkeit. Tenerezza. Reggio Emilia
– (1996): Die Kinder vom Stummfilm. Reggio Emilia
Reich, K. (2014): Inklusive Didaktik. Bausteine für eine inklusive Schule. Weinheim u. a.: Beltz

– (2015): Herausforderungen an eine inklusive Didaktik. In: C. Siedenbiedel/C. Theurer (Hrsg.): Grundlagen inklusiver Bildung. Teil 1. Inklusive Unterrichtspraxis und -entwicklung. Immenhausen bei Kassel: Prolog, 45–58

Ricken, N. (2010): Allgemeine Pädagogik. In: A. Kaiser/D. Schmetz/P. Wachtel/B. Werner (Hrsg.): Bildung und Erziehung. Stuttgart: Kohlhammer, 15–42

Rödler, P. (2011): Bildungsstandards und Kompetenzmodelle. In: Kaiser, A./Schmetz, D./Wachtel, P./Werner, B.: Didaktik und Unterricht. Stuttgart: Kohlhammer, 297–302

– (2017a): Autismus. In: K. Ziemen (Hrsg.): Lexikon Inklusion. Göttingen: Vandenhoeck & Ruprecht, 22 f.

– (2017b): Inkludiert und enteignet. Verschwinden im Sprachraum. In: G. Feuser (Hrsg.): Inklusion – ein leeres Versprechen. Zum Verkommen eines Gesellschaftsprojekts. Gießen: Psychosozial, 77–98

– (2017c): Stolpern fördert! Überlegungen zur ›evidence based science‹ im Nachgang zu dem ›Fakeartikel‹ KUBA in der ZfH 11/2016. In: Behindertenpädagogik 1/2017

Rogers, C. R. (1961): On becoming a Person. Boston: Houghton Mifflin

– (1973): Entwicklung der Persönlichkeit. Stuttgart: Klett

– (2014): Entwicklung der Persönlichkeit. Stuttgart: Klett-Cotta

– (2014): Die nicht-direktive Beratung. Frankfurt/M.: Fischer

Rohrmann, E. (2013): Aus der Geschichte lernen, Zukunft zu gestalten. Inklusive Bildung und Erziehung in Vergangenheit, Gegenwart und Zukunft. Marburg: Tectum

– (2017): Integration. In: K. Ziemen (Hrsg.): Lexikon Inklusion. Göttingen: Vandenhoeck & Ruprecht, 142–143

Rosenberg, M. B. (2004): Das Herz gesellschaftlicher Veränderung. Wie Sie Ihre Welt entscheidend umgestalten können. Paderborn: Junfermann

– (2007a): Erziehung, die das Leben bereichert. Paderborn: Junfermann

– (2007b): Gewaltfreie Kommunikation. Eine Sprache des Lebens. Paderborn: Junfermann

Rosenkötter, H (2013): Motorik und Wahrnehmung im Kindesalter. Eine neuropädagogische Einführung. Stuttgart: Kohlhammer

Roth, H.-J. (2017): Differenzlinie Kultur und Sprache. In: K. Ziemen (Hrsg.): Lexikon Inklusion. Göttingen: Vandenhoeck & Ruprecht, 51–53

Rubinstein, S. L. (1977): Grundlagen der Allgemeinen Psychologie. Berlin: Volk und Wissen

Sacks, O. (1996): Die körperlose Frau. In: O. Sacks (Hrsg.): Der Mann, der seine Frau mit einem Hut verwechselte. Reinbek: Rowohlt, 69–83

Sandfuchs, U. (2011) Unterrichtsplanung. In: A. Kaiser/D. Schmetz/P. Wachtel/B. Werner (Hrsg.): Didaktik und Unterricht. Stuttgart: Kohlhammer, 137–145

Schäfer, A./Werner, B. (2014): Warum ist eigentlich drei mal drei gleich zehn? Anregungen zur Gestaltung eines Mathematikunterrichts in inklusiven Settings – Perspektive der Fachdidaktik und Sonderpädagogik. In: S. Trumpa/S. Seifried/E. Franz/T. Klauß (Hrsg.): Inklusive Bildung: Erkenntnisse und Konzepte aus Fachdidaktik und Sonderpädagogik. Weinheim u. a.: Beltz, 321–333

Schaub, H./Zenke, K. G. (2000): Wörterbuch der Pädagogik. München: dtv

Schildmann, U. (2017): Differenzlinie Geschlecht. In: K. Ziemen (Hrsg.): Lexikon Inklusion. Göttingen: Vandenhoeck & Ruprecht, 50 f.

Schlichting, H. (2013): Pflege bei Menschen mit schweren und mehrfachen Behinderungen. Düsseldorf: Selbstbestimmtes Leben

Seguin, E. (1912): Die Idiotie und ihre Behandlung nach physiologischer Methode. Aus dem Englischen übersetzt von H. Neumann (Wien), hrsg. von S. Krenberger. Wien (engl. Original 1866)

– (2011): Moralische Behandlung. Hygiene und Erziehung der Idioten. Aus dem Französischen übersetzt von N. Seling-Oropresa, hrsg. von E. Rohrmann, Marburg (franz. Original Paris 1846)

Spichiger, E./Kesselring, A./Spirig, R./De Geest, S. (2006): Professionelle Pflege – Entwicklung und Inhalte einer Definition. In: Pflege 1/2006, 45–51

Spitzer, M. (2012): Digitale Demenz. München: Droemer

Stadler, M. (2011): Sinne und Wahrnehmungstätigkeit. In: M. Dederich/W. Jantzen/R. Walthes (Hrsg.): Sinne, Körper und Bewegung. Stuttgart: Kohlhammer, 82–92

Stinkes, U. (2017): Bildung. In: K. Ziemen (2017): Lexikon Inklusion. Göttingen: Vandenhoeck & Ruprecht, 32 f.

Stöger, P. (2000): Martin Buber der Pädagoge des Dialogs. Szombathely: Savaria University Press

Störmer, N. (2014): Herausfordernde Handlungsweisen. In: G. Feuser/B. Herz/W. Jantzen (Hrsg.): Emotion und Persönlichkeit. Stuttgart: Kohlhammer, 257–261

Sturm, T. (2013): Lehrbuch Heterogenität in der Schule. München u. a.: Reinhardt

– (2017): Differenz. In: K. Ziemen (Hrsg.): Lexikon Inklusion. Göttingen: Vandenhoeck & Ruprecht, 44 f.

Talyzina, N. F. (2001): Die Tätigkeitstheorie des Lernens als Grundlage einer neuen Didaktik. In: W. Jantzen (Hrsg.): Jeder Mensch kann lernen – Perspektiven einer kulturhistorischen (Behinderten-)Pädagogik. Neuwied u. a.: Luchterhand, 204–220

Terhart, E. (2006): Didaktik. In: G. Antor/U. Bleidick (Hrsg.): Handlexikon der Behindertenpädagogik. Stuttgart: Kohlhammer, 26–29

Textor, A. (2015): Einführung in die Inklusionspädagogik. Bad Heilbrunn: Klinkhardt

Tölle, P. (2017): Pflege. In: Ziemen, K. (2017): Lexikon Inklusion. Göttingen: Vandenhoeck & Ruprecht, 186–187

Tomasello, M. (2002): Die kulturelle Entwicklung des menschlichen Denkens. Frankfurt/M.: Suhrkamp

Tulodziecki, G. (2009): Funktionen von Medien im Unterricht. In: K. H. Arnold/U. Sandfuchs/J. Wiechmann (Hrsg.): Handbuch Unterricht. Bad Heilbrunn: Klinkhardt, 291–296

Unger, N. (2011): Peer-Teaching, Helfersystem und Konzepte wechselseitigen Lehren und Lernens. In: A. Kaiser/D. Schmetz/P. Wachtel/B. Werner (Hrsg.): Didaktik und Unterricht. Stuttgart: Kohlhammer, 287–291

VN-BRK (2006): Gesetz zu dem Übereinkommen der Vereinten Nationen vom 13. Dezember 2006 über die Rechte von Menschen mit Behinderungen. Verfügbar unter: http://www.un.org/Depts/german/uebereinkommen/ar61106.dgbl.pdf (Zugriff am 10.10.2015)

Vygotskij, L. S. (1934/2002): Denken und Sprechen. Weinheim u. a.: Beltz

– (1987): Ausgewählte Schriften. Band 2. Berlin: Volk und Wissen

– (2001): Zur Frage kompensatorischer Prozesse in der Entwicklung des geistig behinderten Kindes. In: W. Jantzen (Hrsg): Jeder Mensch kann lernen – Perspektiven einer kulturhistorischen (Behinderten-)Pädagogik. Neuwied u. a.: Luchterhand, 109–134

Waquant, L. J. D. (1996): Für eine wissenschaftstheoretische Reflexivität. In: P. Bourdieu/L. J. D. Waquant (Hrsg.): Reflexive Anthropologie. Frankfurt/M.: Suhrkamp

Weichert, W. (2008): Integration durch Bewegungsbeziehungen. In: F. Fediuk (Hrsg.): Inklusion als bewegungspädagogische Aufgabe. Menschen mit und ohne Behinderungen gemeinsam im Sport. Baltmannsweiler: Schneider, 55–95

Weiß, H. (2017): Differenzlinie sozio-ökonomische Lage. In: K. Ziemen (Hrsg.): Lexikon Inklusion. Göttingen: Vandenhoeck & Ruprecht, 54 f.

Wilken, E. (2014): Unterstützte Kommunikation. Eine Einführung in Theorie und Praxis. Stuttgart: Kohlhammer

Winther, C. (2012): Persönlichkeitsentwicklung in Pubertät und Adoleszenz als Kernproblem von inklusivem Unterricht in der Sekundarstufe. In: W. Jantzen (Hrsg.): Kulturhistorische Didaktik. Berlin: Lehmanns Media, 236–312

Ziemen, K. (2002a): Das bislang ungeklärte Phänomen der Kompetenz – Kompetenzen von Eltern behinderter Kinder. Butzbach Griedel: Afra

– (2002b): Eine Chance für alle Kinder und Jugendlichen – die »Vermittlung«. Grundproblem der Didaktik. In: ZfH 4/2002, 134–138

- (2004): Familien mit behinderten Kindern und Jugendlichen. In: Behinderte in Familie, Schule und Gesellschaft 6/2004, 48-59
- (2008): Reflexive Didaktik. Annäherungen an eine Schule für alle. Oberhausen: Athena
- (2010): Die begriffliche Justierung von »Kompetenz« – Konsequenzen für Diagnostik und Didaktik. In: B. Siebert (Hrsg.): Integrative Pädagogik und die Kulturhistorische Theorie. Frankfurt/M. u. a.: Peter Lang, 197-213
- (2011): Inklusion und »kulturhistorisches« Denken. In: K. Ziemen/A. Langner/A. Köpfer/S. Erbring (Hrsg.): Inklusion – Herausforderungen, Chancen und Perspektiven. Hamburg: Dr. Kovac, 9-20
- (2012): Inklusion. Verfügbar unter: http://www.inklusion-lexikon.de/Inklusion_Ziemen.php (Zugriff am 4.8.17)
- (2013a): Reflexion komplexer Unterrichtsprozesse. In: G. Feuser/T. Maschke (Hrsg.): Lehrerbildung auf dem Prüfstand. Welche Qualifikationen braucht die inklusive Schule? Gießen: Psychosozial, 267-284
- (2013b): Kompetenz für Inklusion. Inklusive Ansätze in der Praxis umsetzen. Göttingen: Vandenhoeck & Ruprecht
- (2015a): »Wir wissen nicht, wie das gehen soll! Die Unterschiede sind zu groß und außerdem sind wir dafür nicht ausgebildet.« In: Behinderte Menschen 4-5/2015, 8 f.
- (2015b): Inklusion und Didaktik. In: C. Siedenbiedel/C. Theurer (Hrsg.): Grundlagen inklusiver Bildung. Teil 1. Inklusive Unterrichtspraxis und -entwicklung. Immenhausen bei Kassel: Prolog, 29-39
- (2017a): Inklusion. In: K. Ziemen (Hrsg.): Lexikon Inklusion., Göttingen: Vandenhoeck & Ruprecht, 101-102
- (2017b): Inklusive Didaktik. In: K. Ziemen (Hrsg.): Lexikon Inklusion. Göttingen; Vandenhoeck & Ruprecht, 107-109
- (2017 c): Familien – von Kindern und Jugendlichen mit Behinderungen. In: K. Ziemen (Hrsg.): Lexikon Inklusion. Göttingen: Vandenhoeck & Ruprecht, 75-77
- (2017d): Lexikon Inklusion. Göttingen: Vandenhoeck & Ruprecht

Zimmer, R. (2004): Kursbuch Bewegungsförderung. München: Don Bosco
- (2012): Handbuch der Psychomotorik. Theorie und Praxis der psychomotorischen Förderung von Kindern. Freiburg: Herder

Zimpel, A. F. (2008): Der zählende Mensch. Was Emotionen mit Mathematik zu tun haben. Göttingen: Vandenhoeck & Ruprecht
- (2009): Isolation. In: M. Dederich/W. Jantzen (Hrsg.): Behinderung und Anerkennung. Stuttgart: Kohlhammer, 188-191
- (2010a): Kybernetik. In: D. Horster/W. Jantzen (Hrsg.): Wissenschaftstheorie. Stuttgart: Kohlhammer, 244-250
- (2010b): Alle können alles lernen. Gegenstandsanalyse als Grundlage für didaktische Selbstorganisation. In: B. Siebert (Hrsg.): Integrative Pädagogik und die Kulturhistorische Theorie. Frankfurt/M.: Peter Lang, 293-302
- (2010c): Zwischen Neurobiologie und Bildung. Göttingen: Vandenhoeck & Ruprecht
- (2011a): Lasst unsere Kinder spielen! Göttingen: Vandenhoeck & Ruprecht
- (2011b): Sensorische Integration. In: M. Dederich/W. Jantzen/R. Walthes (Hrsg.): Sinne, Körper und Bewegung. Stuttgart: Kohlhammer, 239-243
- (2012): Einander helfen. Der Weg zur inklusiven Lernkultur. Göttingen: Vandenhoeck & Ruprecht
- (2016): Trisomie 21. Was wir von Menschen mit Down Syndrom lernen können. Göttingen: Vandenhoeck & Ruprecht
- (2017a): Trisomie 21. In: K. Ziemen (Hrsg.): Lexikon Inklusion. Göttingen: Vandenhoeck & Ruprecht, 224-226
- (2017b): Kybernetik. In: K. Ziemen (2017): Lexikon Inklusion. Göttingen: Vandenhoeck & Ruprecht, 166-168

Die Autorin

Prof. Dr. Kerstin Ziemen,
Jahrgang 1962, ist seit April 2007 Professorin an der Universität zu Köln, am Department Heilpädagogik und Rehabilitation der Humanwissenschaftlichen Fakultät. Sie hat den Lehrstuhl »Pädagogik und Didaktik bei Menschen mit geistiger Behinderung« inne.

Sie promoviert 1993 an der Universität in Magdeburg mit dem Thema *Das graphische Gestalten bei behinderten und von Behinderung bedrohten Kindern*. Kinderzeichnungen wurden in ihrer Einmaligkeit und Originalität in das Zentrum der Arbeit gerückt. Ziel der Arbeit war es, Möglichkeiten der Auswertung und Interpretation aufzuzeigen.

Von 1993 bis 2001 ist sie Hochschulassistentin an der Martin-Luther-Universität Halle/Wittenberg.

Im Jahr 2001 habilitiert sie an der Universität Bremen mit dem Thema *Das bislang ungeklärte Phänomen der Kompetenz – Kompetenzen von Eltern behinderter Kinder*. Kerstin Ziemen setzt sich grundlegend mit dem Begriff ›Kompetenz‹ auseinander und bezieht diese Erkenntnisse in die Untersuchungen zu den Kompetenzen der Eltern resp. Familien und Bezugspersonen von Kindern und Jugendlichen mit Behinderung ein.

In den Jahren zwischen 2001 und 2007 hat sie verschiedene Vertretungs-Professuren wahrgenommen, so an der Humboldt-Universität Berlin, der Fernuniversität Hagen, der Martin-Luther-Universität Halle/Wittenberg und der Leopold-Franzens-Universität Innsbruck.

2014 erhielt sie den Ruf auf die Professur ›Erziehungswissenschaft mit dem Schwerpunkt Disability Studies und Inklusion‹ an die Leopold-Franzens-Universität, den sie ablehnt.

Im Laufe des gesamten wissenschaftlichen Schaffens liegt der Schwerpunkt in Lehre und Forschung zunächst auf Integration (von Kindern und Jugendlichen mit Behinderung), später Inklusion. Inklusion wird verstanden als gesamtgesellschaftliches Anliegen, welches sich auf alle Lebensbereiche und Lebensaltersphasen mit dem Ziel humanen gemeinsamen Lebens und Lernens bezieht. Grundlegende Prämisse ist es, menschliche Verschiedenheit als Ressource und Chance wertzuschätzen und anzuerkennen.

Kerstin Ziemen hält Vorträge im In- und Ausland, berät Eltern und Schulen und begleitet sie bei Schulentwicklungsprozessen. Dabei liegt der Schwerpunkt zumeist auf Didaktik und Unterricht. Ihre Arbeits- und Denkweise ist maßgeblich geprägt von Reflexivität. Der Begriff steht für Rückbezüglichkeit auf der Suche nach dem (wissenschaftlich) Unbewussten (vgl. Bourdieu/Waquant 1996). Der Mensch in seinen konkreten Bezügen, mit seinen unterschiedlichen Ausgangsvoraussetzungen, Lebenslagen und Entwicklungspotenzialen steht im Mittelpunkt; damit verbunden sind erziehungs-, resp. bildungswissenschaftliche Fragestellungen. Die Reflexivität bezieht sich sowohl auf das Fach bzw. seinen Gegenstand als auch auf selbstreflexive Prozesse von Lehrpersonen, Teammitarbeiter*innen und allen an Schule Beteiligten.

Seit 2007 ist Kerstin Ziemen Projektleiterin von INKLUNET und INKLUSION – LEXIKON. INKLUNET ist ein Informationsportal für alle an Inklusion Interessierten. Der Didaktikpool mit Unterrichtsskizzen, didaktischen Ideen und Materialien, die für inklusive Kontexte geeignet sind, nimmt dabei besondere Bedeutung ein. Er wird kontinuierlich weiterentwickelt. INKLUSION – LEXIKON ist ein Online-Lexikon mit relevanten Begriffen zum Themenfeld Inklusion. Dieses befindet sich in ständiger Erweiterung bzw. Aktualisierung.